中国科协老科学家学术成长资料采集工程项目（2021070504CG071414）、四川省高等教育学会 2024 年高等教育科学研究课题（GJXH2024YB-040）、西南科技大学博士基金项目（22sx7118）、西南科技大学研究阐释党的二十大精神专项项目（23sxb088）资助成果。

孙炜 著

# 剩有初心未肯忘

## 秉志科学家精神思想研究

中国社会科学出版社

#### 图书在版编目（CIP）数据

剩有初心未肯忘：秉志科学家精神思想研究／孙炜著． -- 北京：中国社会科学出版社，2025.3． -- （西南科技大学龙山学术文库）． -- ISBN 978-7-5227-4741-5

Ⅰ．K826.16

中国国家版本馆 CIP 数据核字第 2025C53T86 号

| | | |
|---|---|---|
| 出 版 人 | 赵剑英 | |
| 责任编辑 | 刘　洋 | |
| 责任校对 | 禹　冰 | |
| 责任印制 | 张雪娇 | |

| | | |
|---|---|---|
| 出　　版 | 中国社会科学出版社 | |
| 社　　址 | 北京鼓楼西大街甲 158 号 | |
| 邮　　编 | 100720 | |
| 网　　址 | http://www.csspw.cn | |
| 发 行 部 | 010-84083685 | |
| 门 市 部 | 010-84029450 | |
| 经　　销 | 新华书店及其他书店 | |
| 印　　刷 | 北京明恒达印务有限公司 | |
| 装　　订 | 廊坊市广阳区广增装订厂 | |
| 版　　次 | 2025 年 3 月第 1 版 | |
| 印　　次 | 2025 年 3 月第 1 次印刷 | |
| 开　　本 | 710×1000　1/16 | |
| 印　　张 | 17 | |
| 插　　页 | 2 | |
| 字　　数 | 277 千字 | |
| 定　　价 | 98.00 元 | |

凡购买中国社会科学出版社图书，如有质量问题请与本社营销中心联系调换
电话：010-84083683
**版权所有　侵权必究**

# 目 录
## CONTENTS

第一章　秉志科学家精神思想研究缘起概述 …………………… (1)
　　第一节　研究问题与可行性 ………………………………… (2)
　　第二节　研究现状评述 ……………………………………… (9)
　　第三节　研究内容与创新 …………………………………… (21)

第二章　秉志科学家精神思想生成语境分析 …………………… (26)
　　第一节　科学语境 …………………………………………… (26)
　　第二节　社会背景 …………………………………………… (39)
　　第三节　个人经历 …………………………………………… (62)

第三章　秉志科学家精神思想发展演进探究 …………………… (78)
　　第一节　孕育萌芽阶段 ……………………………………… (78)
　　第二节　系统展开阶段 ……………………………………… (86)
　　第三节　辩证审视阶段 ……………………………………… (103)

第四章　秉志科学家精神思想内涵体系诠释 …………………… (118)
　　第一节　思想基础 …………………………………………… (118)

第二节　基本内涵 ……………………………………（134）
　　第三节　结构体系 ……………………………………（148）

**第五章　秉志科学家精神思想实践案例考察** …………（160）
　　第一节　思考科学建制本土化理论 …………………（161）
　　第二节　建构中国现代生物学建制框架 ……………（167）

**第六章　秉志科学家精神思想理论特质审思** …………（175）
　　第一节　总体特征 ……………………………………（175）
　　第二节　概念比较 ……………………………………（206）
　　第三节　现实价值 ……………………………………（219）

**结论与展望** ………………………………………………（229）

**参考文献** …………………………………………………（235）

**附　录** ……………………………………………………（245）

**后　记** ……………………………………………………（266）

# 第一章 秉志科学家精神思想研究缘起概述

作为"殷忧启圣，多难兴邦"的一代学人，中国第一代职业科学家从20世纪上半叶诞生伊始，在思想深处就超越了"为学问而学问"的价值中性框架，赋予了更多探究纯粹客观知识之外的价值判断和责任命令，体现出科学救国、经世济民的鲜明价值取向。正如科学救国的先驱、中国现代生物学建制化的开拓者和奠基人、动物学家秉志（1886—1965）所言，面对"国家紊乱、贫苦极端不堪之环境，又遭最大之外患，彼辈思以科学救国，不顾一切困难，冥心孤往，以为今日国家建设之裨助。一般人或未能见到此中关系，了解此种苦心"①。在这段"苦心"探索中，秉志将对近代科学的切实体认，与对20世纪上半叶以来中国诸多激剧而深刻变革的反思述诸笔端、广布国人。对此有学者评价道，在20世纪上半叶科学认识比较狭隘的学术氛围中，在弥漫功利主义和急功近利色彩的社会环境下，秉志一代的学人为救亡图存、科学救国奔走呼号、孜孜以求，并在具体实践过程中具有比较高远、比较超拔的科学意识和科学态度，不愧为富有睿智的先知先觉者，体现出特定历史时期和社会背景下中国老一辈杰出科学家的精神气质，其精神和实践

---

① 秉志：《祖国发展动物学的前瞻》，《动物学杂志》1957年第1期。

令人肃然起敬。① 鉴于秉志在中国近现代科学思想史、科学建制史、救亡图存史中的重要地位，学界对秉志的科学思想、科学救国思想、国民性思想、科学人生观思想等进行了探讨，取得了一批高质量研究成果。本书在既有相关研究的基础上，仅择取学界关注甚少却在秉志思想体系中占据重要位置的科学家精神思想展开微观叙事。

# 第一节 研究问题与可行性

## 一 问题的提出

科学作为一个不断发展变化和丰富着的概念，不是一个能用定义一劳永逸地固定下来的单一体，科学既是运用科学方法探究自然规律、获取科学知识、增进人类智慧的认知过程，也是通过与社会的接续互动促进科学社会化、社会科学化的建制过程。在聚焦科学实践的建构主义视角下，各种异质性因素相互作用共同建构和规定着科学。在这一过程中，作为科学实践活动主体的科学家不仅是一个理性的思考者，而且是具体的行动者，② 在行动过程中形成了既受文化因素影响，又契合科学认知规范和科学实践特点的精神特质。科学的多重形象和科学家的行动者特点，内在规定了以科学研究为职业并依托于科学社会建制的科学家，不仅需要遵守求真目的的认知规范弘扬科学精神，也需要尊重向善目的的价值规范弘扬科学家精神，既在认知规范和价值规范指导下自由实践，也受到规范框架的内在约束，通过科学实践活动的开展实现求真、向善、臻美、致用的目的。

事实上，聚焦科学家在精神框架下如何有效认知和处理好认知规范和价值规范关系的讨论由来已久。在西方语境中，无论是爱因斯坦提及

---

① 李醒民：《秉志科学论一瞥》，《哲学分析》2017 年第 4 期。
② 刘大椿、赵俊海：《科学哲学的经验主义新建构》，《中国社会科学》2016 年第 8 期。

## 第一章 秉志科学家精神思想研究缘起概述

的"科学家的良心"还是默顿论述的"科学的精神气质",抑或贝尔纳、斯诺、李约瑟等对"科学家的社会责任"的强调,都从不同侧面体现出对该话题的关切;在本土语境中,早在20世纪上半叶,就有学者提出:"科学家一方面须具备科学的精神,另一方面还须具备所谓科学家的精神,如果一个从事科学研究的人,仅有科学的精神,而缺乏科学家的精神,那他便不能成为一个伟大而崇高的科学家。"① 但是,带有"光环加持"的科学家同芸芸众生一样也具有不同的性格秉性和个体需求,看似"理性严谨"的科学活动同现实生活一样也往往不是真空环境中的"象牙塔"。基于此,作为一种"应然性"倡导的价值规范和行动趋向必定受到各种"实然性"个体因素和社会因素影响,由此导致科学家"实然性"精神状态与"应然性"价值倡导之间或多或少地存在矛盾。对此,哲学家任继愈先生曾谈道:"社会上的不正之风,从古到今一直存在。只是由于多数人主持正义,相信真理,社会才能维持下去,而真正的科学家从中起着支撑作用。如果科学家也变成一般庸俗的市侩,社会就要停滞以至倒退。作为科学家如果做不到像布鲁诺、伽俐略为科学真理而献身,如能保持沉默,也还不失为对社会、对科学负责。"②

科学成就离不开精神支撑。科学家精神是科技工作者在长期科学实践中积累的宝贵精神财富。新中国成立以来,广大科技工作者在祖国大地上树立起一座座科技创新的丰碑,也铸就了独特的精神气质。无形的精神力量相较于有形的科技成果往往具有更为深远的意义和更为长久的生命。清华大学刘兵教授认为:"在老一辈科学家身上,有着不计功利研究科学、献身科学的理想主义传统;严谨、求实、不以从事科学来追求非分私利的传统。这些传统都更加需要倡导。而这种倡导之所以必要,恰恰说明老一辈科学家身上的优良传统,在今天已经受到了相当程

---

① 邱瑞五:《效法科学家的精神》,《读书通讯》1942年第36期。
② 任继愈:《科学家自身的要求和责任》,《知识就是力量》1995年第12期。

度损害。"① 2019年,中央办公厅、国务院印发《关于进一步弘扬科学家精神加强作风和学风建设的意见》,《意见》体现出三个特点:(1)首次以中央文件形式对科学家精神内涵进行全面概括,将新时代科学家精神内涵概括为爱国、创新、求实、奉献、协同、育人;(2)首次以中央文件形式对科技界转作风、强学风问题进行系统部署,要求通过自觉践行、大力弘扬新时代科学家精神等措施,改变当前科研领域不同程度存在的问题;(3)指明弘扬新时代科学家精神,号召广大科技工作者通过传承老一辈科学家优良传统弘扬新时代科学家精神。②

仅从《关于进一步弘扬科学家精神加强作风和学风建设的意见》本身三个特点出发,不免引发三个问题:(1)新时代科学家精神是否具有理论前影或说有类似内涵的概念表述?(2)当前科研领域不同程度存在的作风学风等问题是时代的凸显还是长期固有?(3)如何通过挖掘老一辈杰出科学家典型案例弘扬新时代科学家精神?通过对以上三个问题的考察,在肯定我国科技界作风学风建设主流积极向上,同时在一定程度上存在问题的客观现实基础上,以传承老一辈科学家优良传统为基础弘扬新时代科学家精神,为引导广大科技工作者在精神层面处理好科技进步与社会发展的关系、处理好科学认知规范与社会价值规范的关系注入时代精神、加强中国关切,以此凝聚起科技工作者建设科技强国、实现高水平科技自立自强的精神力量。基于以上分析,对秉志科学家精神思想进行研究具有一定的理论意义和实践价值。具体表现如下。

第一,秉志科学家精神思想研究的理论意义:(1)丰富科学思想史研究。一个时期以来,学界对秉志思想的研究主要集中于科学思想、科学救国思想等方面,相关研究成果对丰富和深化秉志思想研究起到推动作用。但是秉志的思想体系内涵丰富、涉及面广,有待从不同视角进

---

① 刘兵:《理解并传承科学家的精神遗产》,《中国科学报》2012年1月16日第2版。
② 《〈关于进一步弘扬科学家精神加强作风和学风建设的意见〉新闻通气会》,中华人民共和国科学技术部,https://www.most.gov.cn/xwzx/twzb/fbh19061301/index.html?ivk_sa=1024320u,2019年6月13日。

# 第一章　秉志科学家精神思想研究缘起概述

一步挖掘整理。本书仅择取学界关注甚少却在秉志思想体系中占据重要位置的科学家精神思想展开微观叙事，通过研究不仅能够较为系统地呈现该思想的整体全貌，而且能够涵盖与该思想密切相关的秉志的科学思想、科学救国思想、国民性思想、科学人生观，通过对老一辈杰出科学家某一特定思想的深入挖掘丰富科学思想史研究。（2）为新时代中国科学家精神进行理论溯源。广大科技工作者在从科学救国到科学报国、科教兴国、科学强国的长期实践过程中形成了具有时代特点和中国特色的精神气质。中国科学家精神的形成和发展是代序接替的历史过程，秉志科学家精神思想发端于20世纪初期中国第一代职业科学家诞生之际，发展于20世纪上半叶中国近现代诸多激剧而深刻的历史变革之中，是在基于特定时代背景和社会环境深入分析客观现实的基础上，寄希望于改变20世纪三四十年代中国科技界作风和学风问题做出的具体回应。尽管该思想是秉志的个体思想而非国家意志，但其形成和发展具有深刻的社会现实背景和特定的价值目标指向，对秉志在该时期倡导的科学家应有精神的挖掘梳理，有助于为新时代中国科学家精神进行理论溯源。

第二，秉志科学家精神思想研究的实践价值：（1）有助于弘扬新时代中国科学家精神。按照迪尔凯姆的观点，对于具体问题的考察不应仅仅拘泥于问题内部，而应该从问题的外部和相关现象进行分析阐释。与此相似的，弘扬新时代科学家精神不仅体现为对这一概念本身的考察整理，同时体现为对相关有价值概念的梳理挖掘。尽管秉志科学家精神思想与新时代中国科学家精神提出于不同的社会背景，反映在中国社会发展和科技发展的不同历史阶段，但是两者之间在一定意义上具有相似的价值归旨。本书研究有助于通过对秉志科学家精神思想的考察整理进一步弘扬新时代科学家精神。（2）有助于为传承老一辈科学家优良传统提供案例支撑。秉志是中国老一辈杰出科学家群体中的典型代表之一，通过对其思想认识和实践经历的考察整理，有助于为通过传承老一辈科学家优良传统、继承老一辈科学家精神、弘扬新时代科学家精神提供具体的案例支撑和典型印证。（3）有助于理性看待当前科技界作风和学风方面存在的问题。当前科技界作风和学风存在的问题不能仅视作时代问题的凸显，事实上早在百年前秉志就对相关问题有所思考，既分析了特定时期科技界作风学风存在问题的具体表现形式，又意识到解决该问题的复杂性和长期性，尤其是秉志对该问题的相关认识与《关于进一步弘扬科学家精神加强作风和学风建设的意见》指出的问题具有高度契合性。通过对秉志相关认识的考察梳理有助于理性和客观看待当前科技界作风和学风中存在的问题，为进一步加强科技界思想引领和政策制定，逐步实现科技界转作风、强学风提供借鉴。

## 二　可行性分析

科学技术哲学在中国的发展形成了若干相对稳定的学科方向和主要分支，主要包括自然哲学、科学哲学、技术哲学、科学技术与社会研究、科技思想史研究等方面。其中科技思想史研究注重哲学层面对科学技术本身以及相关问题的观照，既将科技史作为科技思想史的研究基础又在事实上有别于专业科技史研究，研究重点集中于案例研究、中国问题研究、与科技发展相关的思想研究三个方面。① 因此，判定秉志科学家精神思想是否符合学科范式，就是要分析该思想所及是否契合上述关于科技思想史三个重点论域的一个或者几个维度。

### （一）案例研究维度

挖掘典型人物和代表观点思想精髓的案例研究是开展科学思想研究的重要场域。聚焦本书，秉志是老一辈杰出科学家群体的典型代表之一。具体而言，第一，在科学研究方面，秉志是中国第一代职业科学家群体中的典型代表，在 50 余年的研究过程中广泛涉猎生物学领域各分支学科，尤其精于解剖学和神经学，开创国内鲤鱼实验形态学研究先

---

① 刘大椿：《科学技术哲学在中国的兴起与自然辩证法》，《自然辩证法研究》2020 年第 10 期。

# 第一章 秉志科学家精神思想研究缘起概述

河,先后于1948年和1955年当选为中央研究院首届院士和中国科学院首批学部委员,在科学研究过程中形成了独特的科研特色和科学思想;第二,在科学救国方面,作为"殷忧启圣,多难兴邦"的一代学人,秉志是《科学》杂志和中国科学社主要发起人之一,不仅在实践过程中孜孜以求而且形成颇为完备的科学救国思想;第三,在科学建制开拓方面,秉志主导创建并长期领导了国人自办的第一个高校生物系、中国最早的生物学研究南北两所、中国第一个全国性动物学会,创办多种生物学学术刊物,先后在多所高等院校和科研机构任教,受其训育的逾千名学生成为我国科技界和教育界的重要骨干。同时,秉志在上述实践过程中尤其注重建构和倡导科技界广泛认可和共同遵循的价值理念,提出并系统论述了科学家精神思想,谈及"科学家之精神,在寻求真理;科学家之目的,在造福人类。故能称得起科学家之人,不独其在专门学问上,有精深之造诣,而其道德人格,亦必高尚纯洁,有深邃之修养"①。因此,秉志不仅在科学研究、科学救国、科学建制化等实践行动中取得诸多成就,而且注重思想层面的深入思考,彰显出中国老一辈杰出科学家的精神气质和"神行兼备"的实践理性,是进行科学思想研究的典型案例。

(二)中国问题研究维度

在借鉴国外研究范式和研究成果的同时,构建具有中国特色、中国风格、中国气派的哲学社会科学话语体系,是当前国内包括科学技术哲学在内的学科研究的重点论域。聚焦本书,第一,秉志科学家精神思想本身即是一个根植于中国实际的中国概念,其形成产生于中国近现代特定的时代背景和社会环境,是在分析20世纪上半叶中国科技界作风和学风问题过程中提出的本土化命题,尤其是在概念建构和内涵阐释方面

---

① 秉志:《科学与世界和平》,载翟启慧、胡宗刚编《秉志文存》第3卷,北京大学出版社2006年版,第270页。

注重吸收以儒家思想为核心的中华优秀传统文化精髓、借助中国话语体系进行表达,在一定意义上认为科学家精神内涵规定"与吾国先哲所倡之伦理德育,多有吻合之处"①。第二,秉志注重考察科学家和国家的辩证关系,既呼吁科学同人厚植国家观念,通过科学研究为国家服务,又呼吁国家和社会为发挥科学家精神效用营造良好环境、创造有利条件,以此实现科学家与国家的有效互动。因此,秉志科学家精神思想既是根植于中国实际的"实然性"分析,也是着眼于中国未来的"应然性"期盼,是秉志以建构科学家同科学发展目标和国家意志相统一的价值共识为核心,以设计相应的规范框架为路径,以发展科学促进国家建设为归旨而进行的本土化致思。

(三) 与科技发展有关的思想研究维度

科技哲学的考察对象是科学与技术,载体是科学家和思想家,在一定意义上科技哲学可以看作是科学家和思想家对科学技术的具体考察和现实观照。聚焦本书,第一,秉志将科学家精神看作科学家和科技发展的中间环节,通过倡导和规范科学家精神品质克服不利环境和科技界作风学风方面存在的问题,引导科学家以积极的精神状态开展科学实践、促进科学发展,以此改变20世纪上半叶中国科学的落后面貌。在具体理论建构过程中呈现出以倡导和规范科学家精神品质为基础,以有效发挥精神效用促进科学发展为路径,以发展科学实现科学救国和"科学立国"为归旨的逻辑建构趋向。第二,秉志毕生倡导科学救国和"科学立国",强调精神的积极效用,但是其科学家精神思想并没有走向科学万能论和精神决定论的极端,在精神框架内部辩证审思科学精神与道德精神的关系,在精神框架外部辩证看待精神效用与外部因素的关系,反对将科学效用绝对化而忽视甚至否定精神道德的作用,不仅倡导科学家

---

① 秉志:《立国之二元素(续)》,载翟启慧、胡宗刚编《秉志文存》第3卷,北京大学出版社2006年版,第270页。

# 第一章 秉志科学家精神思想研究缘起概述

发扬"公而忘私""忠于所事""信实不欺"的"科学之精神"认知科学,还呼吁科学家坚守"勤苦奋励""持久不懈"的"科学之态度"研究科学,秉持"仁爱之心"的"科学之道德"应用科学,通过科学家有效认知科学、研究科学和应用科学实现发展科学,秉志科学家精神思想事实上是科学精神、科学意志、科学道德三者的统一体。

基于以上讨论,可以基本预设从科学思想研究诉求出发,秉志科学家精神思想研究内在契合科学思想研究三个重点论域要求,从科学思想视域下整理、挖掘和探讨该思想具有可行性和一定的理论和实践价值。

## 第二节 研究现状评述

### 一 秉志思想和实践研究

国外有研究涉及了对秉志思想和实践的考察。"The Wistar Institute of Anatomy and Biology Direotor's Report for the Year Ending"(韦斯特解剖学与生物学研究所所长年终报告)中两次提及秉志,在1918年年终报告中对秉志在韦斯特解剖学与生物学研究所的年度研究内容和工作进展情况进行介绍,说明秉志正准备教授人体解剖学,同时跟踪大鼠第三颈交感神经细胞体生长,该研究也是该所对交感神经系统生长的首次研究;在1920年年终报告中说明韦斯特解剖学与生物学研究所人事变动情况,其中秉志在1920年10月1日辞去解剖研究员一职,归国前往"南京政府师范学院"担任动物学教师,认为秉志在该所两年期间"工作出色,赢得了同事们的尊重"。斯纳德(Schneider L.)在《20世纪中国生物学革命》中对20世纪生物学在中国的发展情况及其在社会革新中发挥的作用进行研究,其中在"中国生物学20世纪上半叶发展"章节多次提到秉志,认为作为近现代以来中国最早的职业生物学家,秉志不仅开展科学研究对生物学在中国的发展做出实质性贡献,而且在科学教育中培养的大批生物学人才构成20世纪中国生物学发展的中坚力量。①

总体而言，尽管国外关于秉志的研究既有具体的实践记录又有思想挖掘，同时有一定程度的总体评判，但相关研究成果数量较少，并且缺乏专门针对秉志个人具体实践和思想认识的深入研究和系统挖掘。就作者目前掌握的文献资料而言，关于秉志思想和实践的系统资料整理和个体研究主要集中在国内。具体表现为三个方面。

（一）以文存类为主的资料整理：较为系统但并不全面

目前关于秉志文稿和论著最为系统的整理见于《秉志文存》。《秉志文存》由秉志之女、中国科学院动物研究所翟启慧研究员，中国科学院庐山植物园胡宗刚研究员整理编撰而成，在2006年秉志120周年诞辰之际由北京大学出版社出版。《秉志文存》共计三卷：第一卷为"研究论文"，收录秉志撰写的生物学领域学术论文全文30篇，提供论文条目64条，广泛涉及昆虫学、神经学、解剖学、区系调查与分类学、古生物学、鲤鱼实验形态学等方面，较为详细地反映了秉志从事生物学各领域的研究成果；第二卷为"杂著五种"，收录秉志在抗日战争期间撰写的五种"小册子"，即1940年由开明书店刊行的《竞存论略》、1946年由中国科学图书仪器公司刊行的《科学呼声》、1946年由中国文化服务社刊行的《生物学与民族复兴》，以及首次公开出版的《师鉴》《人类一斑》，集中反映了抗日战争期间秉志对科学家精神、科学理念、科学的社会功能、中华传统文化、进化论以及社会达尔文主义等方面的思考认识；第三卷为"文录、诗、书札"，收录秉志在1915—1964年撰写的文论、演讲稿74篇，诗140首，以及来往书札94封，较为系统地反映了秉志在不同时期的思想认识和人文素养。此外，还有1986年由中国动物学会内部编印的《秉农山先生诗存》，收录诗篇184首；1958

---

① Schneider L., *Biology and Revolution in Twentieth-Century China*, Lanham, MD: Row. man &b Littlefield Publishers, 2003, pp. 33-38.

## 第一章 秉志科学家精神思想研究缘起概述

年、1983年由科学出版社出版的《鲤鱼解剖》（1960年再版）、《鲤鱼组织》等著作，集中反映了秉志在鲤鱼实验形态学领域的研究成果。

从《秉志文存》"未收录之部分著述目录"可知，至少有秉志的52篇文章未收录进《秉志文存》。同时，秉志在晚年"自传"中也曾自述，抗日战争期间撰写了《竞存论略》《生物学与民族复兴》《师鉴》《过庭忆录》《训子女书》《原生动物之天演》《人类一斑》等书稿，但因为无处付印又保藏不慎，已至大半丧失，① 而以上所提及的《过庭忆录》《原生动物之天演》均未收入《秉志文存》。可见，以《秉志文存》为主的资料整理虽然较为系统，但是并不全面，有待进一步挖掘整理。

（二）以追忆性为主的行述研究：形式多样但有待深入

鉴于秉志在中国救亡图存史、科学思想史、科学建制史等领域的重要地位，对其以传记类、回忆类、考证类等多种形式呈现的行述研究比较丰富，尤其是在1986年秉志100周年诞辰、2006年秉志120周年诞辰之际，学界分别召开纪念会并集中推出一批追忆性文章。关于秉志的行述研究主要分为三类。

一是传记类。第一，书籍方面，《中国科学家传略词典》（中国科学家辞典编委会，1980年）、《中国现代科学家传记》（科学出版社，1994年）、《科学的道路》（上海教育出版社，2005年）、《中国科学院人物传》（科学出版社，2010年）、《20世纪中国知名科学家学术成就概览》（科学出版社，2015年）等书籍均为秉志立传；第二，文章方面，《科学画报》《科学通报》《动物学杂志》《中国科技史料》《生物学通报》《科学文化评论》《动物学报》《自然辩证法通讯》《中国科学院院刊》等刊物均刊登过关于秉志的传记类或访谈类文章，对秉志科学救国实践探索、科学研究成绩、个体精神气质等进行宏观反映。

---

① 秉志：《自传》，载翟启慧、胡宗刚编《秉志文存》第3卷，北京大学出版社2006年版，第304页。

二是回忆类。秉志之女翟启慧；秉志的学生以及再传学生王家楫、张孟闻、伍献文、鲍璿、陆景一、郑集、刘咸、倪达书、陈宜瑜等；学界同人胡焕庸、严济慈、王祖望、赵尔宓等，结合同秉志在学习、工作、生活中的实际接触和交流撰写回忆类文章，从言传身教、生活点滴、工作细节、教育影响等方面对秉志进行微观介绍。

三是考证类。樊洪业、郭建荣对秉志早期学历进行考实，歆名夷声对秉志在中国科学社的工作情况进行研究，李守郡就秉志在美国留学期间的身份问题进行考辨，胡宗刚对秉志接受教育情况、所言所行对子女的影响情况进行考证，胡宗刚、姜玉平对秉志在北平静生生物调查所的工作情况进行梳理，张剑对抗日战争期间以秉志为核心的中国科学社同人在上海的情况进行考证，以上成果从不同方面为深化秉志研究提供了有益参考。

但总体来看，关于秉志的行述研究在深入挖掘、主题聚焦、客观理性三个方面有待于进一步加强改进。具体而言，第一，深度不够。关于秉志的行述研究大部分停留在追忆阶段，侧重宏观叙事而缺乏整体深入挖掘。例如在传记类书籍方面，秉志均作为科学家群体一员被纳入整本书籍，不仅篇幅较短而且叙事宏观，缺乏深入细致的考究。第二，略显零散。关于秉志行述的研究者既有动物学、昆虫学、水生生物学等领域的学者，又有科技哲学、科技史等方面的专家，还有秉志的亲人、学生、同事、助手，以上研究大都孤立进行，缺乏提纲挈领的系统性研究。第三，感情色彩浓厚。很多文章是为纪念秉志而回忆其人其事，尤其是在秉志家人、学生所写的文章中塑造了一位关心学生、体贴晚辈、学识渊博、平易近人的大师形象，缺乏客观理性的审视和哲学关照。

（三）以原子式为主的思想研究：涵盖较广但不成系统

思想研究是深层次研究秉志的关键，也是破解秉志实践行动和科学成就的精神密码。关于秉志思想的研究主要集中于专业论文和学位论文两个方面。第一，在专业论文研究方面，张培富、李醒民等对秉志的科学救国思想进行了研究，认为以秉志为代表的一代学人为科学救国孜孜以求，在实践过程中体现出特定历史时期中国老一辈杰出科学家的报国之情，其中彰显的精神气质和实践经历时至今日依然令人敬佩；① 李醒民对秉志的科学思想以及关于科学与人生的关系进行了研究，认为秉志不仅倡导和呼吁科学的人生观，而且身体力行践行了自己提倡的科学人生观。② 整体而言，就笔者目前掌握的文献资料来看，尚未发现专门研究秉志科学家精神思想的研究论文。第二，在学位论文研究方面，目前有2篇专门研究秉志的硕士学位论文，一是湖北大学王驰名在乐胜奎教授指导下，在"自然科学家秉志的人文情怀"中，对秉志的人文素养和家国情怀进行了研究；二是中国科学院大学范思璐在尚智丛教授指导下，在"秉志的科学救国思想与实践"中，对秉志科学救国思想和实践进行了梳理总结和评析。就笔者目前掌握的文献资料来看，尚未发现专门研究秉志个体思想的博士学位论文以及专门研究秉志科学家精神思想的学位论文。

以上研究分别从某一方面对秉志思想认识进行了思考，相关研究成果为进一步深化秉志思想和实践研究提供了宝贵材料。但是，秉志的思想认识内涵颇为丰富，涉及科学思想、科学建制化思想、科学普及思想、科学教育思想、无神论等诸多方面，有待进一步考察整理。

## 二 科学家精神气质研究

笔者以"scientist spirit""the spirit of scientists"等为主题词在Web of Science检索获得少量关于"科学家精神"的相关文献。尽管国外缺

---

① 李醒民：《秉志的科学救国和科学立国思想》，《山东科技大学学报》（社会科学版）2018年第3期。
② 李醒民：《秉志论科学与人生》，《社会科学论坛》2020年第1期。

乏对中国语境中"科学家精神"的专门研究，但围绕科学家人格特质、科学家社会责任、科学家道德品性等相关概念展开了讨论。

（一）科学家人格特质研究

1874年，英国学者盖尔顿（Galton F.）通过对180名科研工作者自我定性报告进行数据分析，认为接受调查的科学家具有精力充沛、身体健康、有毅力、记忆力好、富有独立性等共同的人格特质，以此开启科学家人格特质研究先河；①斯坦福大学特尔曼（Terman L.）等通过对800名男性长达30年的职业生涯跟踪研究，发现科学家区别于非科学家最主要的人格特质是科学家希望超越他人、恒久不变、有决心、原创性、理智、工作精确无误；②巴赫托勒（Bachtold L.）等通过对116名女性科学家的调查问卷研究，发现以科学研究为职业的女性比从事其他社会职业的女性更加占据主导地位、更有智慧、自信，更富冒险精神和激进，对男性科学家调查也得出一致结论；③采尔斯特（Zelst R. V.）等收集了514名科研工作者的人格自我描述，认为科学产出与科学家爱好争论、坚持主张、注重实验、坚持对一个问题的观点而不会轻易改变等性格特征在一定程度上呈部分相关性；④艾特伍德（Atwood G.）的研究试图揭示科学家人格特质与科学创造力之间的关联，发现科学家的人格特质不仅影响其职业兴趣以及职业选择甚至对科学产出产生影响；⑤费斯特（Feist G.）等人研究发现，一些特定的人格特质在科学

---

① Galton F., *English Men of Science*, London: Macmillan, 1874.
② Terman L., "Scientists and Nonscientists in a Group of 800 Men", *Psychological Monographs*, Vol. 68, No. 7, 1953, pp. 1–44.
③ Bachtold L., "Personality Characteristics of Women Scientists", *Psychological Reports*, Vol. 31, No. 2, 1972, pp. 391–396.
④ Zelst R. V., "Personality Self-assessment of Scientific and Technical Personnel", *Journal of Applied Psychology*, Vol. 38, No. 3, 1976, pp. 145–147.
⑤ Atwood G., "On Subjectivity of Personality Theory", *Journal of the History of the Behavioral Sciences*, Vol. 12, No. 2, 1976, pp. 166–177.

## 第一章 秉志科学家精神思想研究缘起概述

家从事科学研究工作之前表现不明显,但是在科学家从事科学职业后变得更明显,揭示出科学职业对于科学家人格特质的定向影响。①

### (二) 科学家社会责任研究

科学家是伴随科学建制化进程出现的特定社会从业者群体,对科学家社会责任的专门研究也与科学建制化进程密切相关。在近代自然科学发展早期,科学只是部分有钱人出于闲暇为满足好奇心而开展的业余活动。伴随科学建制化进程加快和科学社会效用凸显,直到20世纪30年代,贝尔纳(Bernal J. D.)、斯诺(Snow C. P.)、李约瑟(Joseph N.)等首先关注到"科学家的社会责任"问题,贝尔纳认为科学的存在和科学实践活动开展的目的在于通过特定的研究方法和思维方式普遍造福人类,科学不仅仅是物质层面的福利希望,同时也是人类社会智慧成果的最高呈现方式,科学家在开展科学实践活动的同时应该承担起相应的社会责任。20世纪40年代,默顿(Merton R. K.)基于对当时开展科学活动的社会考察,首次将"科学的精神气质"概念在范式意义上进行考察,将"科学的精神气质"作为约束科学家的有情感色彩的价值观和规范的综合体。② 第二次世界大战期间以原子弹为代表的大规模杀伤性武器被应用于战争,使科学家对科学技术的不合理使用感到普遍担忧,进一步意识到科学家对于维护世界和平应该承担的责任,在此背景下爱因斯坦、罗素等在1955年联名发表"罗素—爱因斯坦宣言"(Russell-Einstein Manifesto),呼吁各国科学家联合起来反对核战争。在1957年举行的第一次"科学与世界事务会议"即"帕格沃什会议"上,与会代表认为科学家除了做好科研工作以外,最大的责任就是帮助人类建立一种广泛而持久的世界和平。1958年,"维也纳宣言"(Vienna De-

---

① Feist G., "A Meta-Analysis of Personality in Scientific and Artistic Creativity", *Personality and Social Psychology Review*, Vol. 2, No. 4, 1998, pp. 290–309.

② [美] R. K. 默顿:《科学社会学》(上),鲁旭东、林聚任译,商务印书馆2017年版,第363页。

claration）对科学家的责任问题和科学事业存在的价值意义进一步规定。随着新兴科技突飞猛进地发展和应用，科学共同体内部以科学家究竟需要对科学研究成果使用的社会影响负有何种意义以及何种程度的责任为核心，引发了许多新兴科技运用的伦理争论，巴伯（Barber B.）在对科学家社会责任进行分析的过程中，认为科学家对于自身应该承担的社会责任存在相异的认知方式，一方面科学家认为对于自己发现的科学原理的技术运用存在一般种类的社会责任；另一方面认为科学对于技术使用的后果负有总体责任，同时也表现为一种愤恨，但是科学家普遍承认应该承担某种程度的社会责任。①

（三）科学家品德研究

彭加勒（Poincaré J. H.）认为，科学家在科学研究和实际生活中是勤奋的、谦逊的、热情的、温和的、恬淡无欲的、富有活力的人；② 波兰尼（Polanyi M.）将信念、勇气、鉴赏力和富有冒险精神作为科学家的固有品质；③ 布罗诺乌斯基（Bronowski J.）把涉及科学家道德的 integrity（诚实）和 humanity（博爱）同科学本性相联系，认为科学家必须针对人类普遍的博爱感权衡爱国主义，同时认为不轻率做决定，诚实，具有宽容心，不诉诸偏见和权威，坦率面对无知，有礼貌，不将科学与种族、性别、政治、年龄等与科学研究无关的因素混为一谈，是学者尤其是科学家的普遍美德。④ 同时，有学者认为科学家像任何个人一样在品德方面也存在不足，萨顿（Sarton G.）认为科学家作为一个特殊的社会职业群体有时体现了高度自负和过于骄傲的倾向，在对待科学领

---

① ［美］巴伯：《科学与社会秩序》（上），顾昕、郑斌祥、赵雷进译，生活·读书·新知三联书店 1991 年版，第 78 页。

② 李醒民：《理性的沉思 论彭加勒的科学思想和哲学思想》，辽宁教育出版社 1992 年版，第 183—185 页。

③ ［美］马斯洛：《科学与科学家的心理》，邵威译，北京大学出版社 1989 年版，第 151 页。

④ Bronowski J., *Science and Human Values*, New York：ulian Messner Inc.，1856，pp. 75-76.

## 第一章 秉志科学家精神思想研究缘起概述

域甚至生活领域的问题时显得过于自以为是;① 科恩(Cohen R. S.)认为科学家同从事其他社会职业的人群一样存在类似的道德行为,这些道德行为背后隐藏着或者实际表现出迷信、空想、机会主义、追随时尚、偏见等倾向。但是,有学者认为如果将科学共同体视为一个整体,那么科学家的品德普遍高于社会平均水平;② 波普尔(Popper K.)从科学家会犯错延伸至科学的可错性角度,认为科学本身是可以有错误的,作为人的科学家同样也会犯错误,会有不同的品德表现形式;③ 罗蒂(Rorty R.)在"科学性作为道德美德"命题中,认为自然科学家经常是某些美德的鲜明范例,科学家相对地不易被腐蚀,有耐心、有理性、诚实、可靠、公正的科学家能够进入皇家学会的比例大于选入下院人员的比例;④ 拉帕波特(Rapaport M.)认为,科学家在科学实践过程中受到追求真理、宽容失败、团结协作等科研目标和科研规范的影响,科学共同体可以被看作整个社会道德共同体中的模范。⑤

国内关于"科学家精神"的研究主要集中于三个方面。

第一是科学家社会责任研究。国内关于科学家精神的相关讨论可以追溯到对科学家责任等问题的考察。莫少群认为,在科学社会化、社会科学化背景中科学对社会影响程度的不断加大,催生出"科学家的社会责任"问题,是在科学与经济和社会生活联系进一步紧密的情况下由科研一线的科学家提出,第二次世界大战后引起的和平运动则是科学家群

---

① [美]乔治·萨顿:《科学史和新人文主义》,陈恒六、刘兵、仲维光译,华夏出版社1989年版,第96页。

② Cohen R. S., *Ethics and Sciencee*, Dordrecht-Holland: Reidel Publishing Company, 1974, pp. 307-323.

③ [英]波普尔:《科学知识进化论》,纪树立译,生活·读书·新知三联书店1987年版,第1页。

④ Rorty R., *Consruction and Constraint*, *The Shaping of scientific Rationality*, Indiana: University of Notre Dame Press, 1988, pp. 70-71.

⑤ Sorell T., *Scientism*, *Philosophy and the Infatuaion with Seience*, London and New York: Routledge, 1991, p. 2.

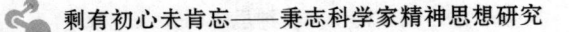

体对其应负社会责任的觉悟和总体爆发。① 刁生富通过对大科学时代科学社会化、社会科学化复杂关系的考察，认为科学家应该承担六点社会责任：一是坚持科学向善明确科研指向；二是广泛参与科学决策提高政府行为科学性；三是促进公众理解科学；四是通过对科学知识的传播引导社会舆论；五是以实际行动反对伪科学；六是注重科学后备人才培养实现科学知识的传承和发展。② 孙孝科认为科学家的社会责任不仅表现为一种长效责任和全局责任、一种内在责任和显在责任，同时表现为一种对于整个人类命运与世界发展前途的系统考量和终极关怀。③ 李醒民探讨了科学家要对社会承担道德责任的理论依据和科学家必须对社会承担的总体道德责任。④

第二是科学家精神内涵研究。尽管科学家精神是一个具有中国特色的概念，众多学者对科学家精神内涵进行总结凝练，但是像对科学精神的内涵见仁见智进行不同阐释一样，长期以来并未形成关于科学家精神内涵的明确界定。就早期认识而言，刘伯明认为科学家精神包括求知、求真、审慎三点；⑤ 陈遵妫认为"精研数理，格物致知，详察细微，耐烦忍苦，科学家之精神也"；⑥ 沈沙白将科学家精神总结为求真、耐久、勇敢、专心、牺牲、虚心、审慎、服务八条；⑦ 竺可桢认为科学家精神包含三个方面，一是不盲从、不附和；二是不武断、不蛮横；三是专心致志、实事求是。⑧ 就近期认识而言，刘超然从科学家的社会角色和职

---

① 莫少群：《"科学家的社会责任"问题的由来与发展》，《自然辩证法研究》2003年第6期。
② 刁生富：《大科学时代科学家的社会责任》，《自然辩证法研究》2001年第7期。
③ 孙孝科：《科学家的社会责任：不是什么与是什么？》，《科学技术与辩证法》2006年第1期。
④ 李醒民：《科学家对社会的道德责任》，《民主与科学》2011年第5期。
⑤ 刘伯明：《论学风》，《学衡》1923年第16期。
⑥ ［英］鲍尔：《天文家名人传（中）》，陈遵妫译，商务印书馆1935年版，第199页。
⑦ 沈沙白：《青年奋斗与成功》，国光书店1937年版，第23页。
⑧ 竺可桢：《科学方法与精神》，《思想与时代》1941年第1期。

## 第一章 秉志科学家精神思想研究缘起概述

业角色两个方面对科学家精神进行界定,认为科学家精神即科学家作为一个普通人所具有的道德品质和作为一个专业人士在科学实践活动中体现出来的道德品质、思想情操与行为规范,使其获得区别于其他社会从业人员具有的特征。科学家精神可以从两个维度进行考察:一是科学家的科学精神,主要包括理性、创新、协作、怀疑、注重实效;二是科学家的人文精神,主要包括追求价值精神、人本精神、现实精神和共享精神;① 刘德华通过对科学精神和科学家精神的区分,强调科学家的精神气质主要体现在科学家人格方面。② 余德刚认为,科学家精神是科学家作为一种特定社会职业群体,在科学实践过程中产生的和具有的价值趋向和精神品质的总称,科学家的精神特质在科学家科学实践过程中发挥作用;③ 潜伟认为科学精神的核心是求真,即科学的自然属性,科学家精神的核心是求善,即科学的社会属性,科学家在科学研究过程中不仅要受到科学规范的影响还要受到社会道德和人文规范的约束,这两种属性最终体现在科学实践活动主体即科学家身上,在科学精神的基础上强调科学家精神是一种以人为本的取向,对科学家应有精神气质的强调可以实现科学文化与人文文化的和谐统一。④

第三是科学家个体和群体精神气质研究。在科学家个体精神气质方面,马兴瑞阐释了钱学森矢志报国、追求真理、勇于创新和甘为人梯的精神;⑤ 孙洁阐释了袁隆平从家国情怀到造福世界人民的科学家精神。⑥ 在科学家群体精神气质方面,朱祖祥将中国土壤学会老一辈科学家精神

---

① 刘超然:《"万维网之父"蒂姆·伯纳斯·李的科学家精神》,硕士学位论文,重庆大学,2014年。
② 刘德华:《基于人文立场的科学教育变革》,湖南师范大学出版社2016年版,第260页。
③ 余德刚、龚松柏、余周唱晚:《论我国科学家精神的时代价值》,《毛泽东思想研究》2018年第6期。
④ 潜伟:《科学文化、科学精神与科学家精神》,《科学学研究》2019年第1期。
⑤ 马兴瑞:《弘扬钱学森的精神建设航天强国——深切怀念人民科学家钱学森同志》,《求是》2011年第19期。
⑥ 孙洁:《缅怀袁隆平院士 弘扬科学家精神》,《中国农村科技》2021年第6期。

气质总结为创业精神、献身精神、治学态度;① 胡祥明认为中国科学家精神是科学家在科学活动开展过程中内在形成的价值观总称,包括理想信念、目标追求、功能认同、途径实现和规范内化等方面;② 丁俊萍、李庆认为,中国20世纪五六十年代的老一辈科学家群体,在科学实践过程中形成了独特的精神气质,主要包括将爱国主义理想作为核心价值,将科学精神作为科学实践基础,将无私奉献作为具体科研过程展开的目标取向,注重协同和育人,其中体现出的实践和方法论原则成为中国科学家的宝贵精神财富。③

总体来看,中外关于"科学家精神"的研究范式存在较大差异,一方面,"科学家精神"作为一个具有中国特色的概念,国外缺乏对"科学家精神"的专门研究,相关研究主要从科学家人格特质、科学家社会责任、科学家道德品行等方面展开,缺乏对"科学家精神"概念的本体聚焦;另一方面,国内聚焦"科学家精神"概念本身,取得了大量有价值的研究成果,但是在突破研究方法、择取研究对象、融合研究学科等方面有待进一步拓展,具体表现在:一是在研究方法方面,大多数研究是围绕政府文件对科学家精神进行阐释性研究,在具体研究过程中缺乏对这一问题的独立思考,正如有学者认为弘扬科学家精神不应仅仅拘泥于政策文件而应彰显新时代特质;④ 二是在研究对象方面,对"两弹一星"功勋科学家等在新中国建设中做出突出贡献的老一辈科学家研究宣传颇为深入,对在新中国成立前卓有成就和声望,以及长期从事社会显现度较低的基础科研领域的老一辈科学家的研究宣传虽然有了进一步重视,但是有待进一步加强;三是在研究学科方面,研究者的学

---

① 朱祖祥:《学习老一辈科学家对土壤科学的献身精神——在中国土壤学会第五次会员代表大会上的讲话》,《土壤通报》1984年第1期。
② 胡祥明:《中国科学家精神时代内涵的凝练及塑造》,《科协论坛》2018年第12期。
③ 丁俊萍、李庆:《20世纪五六十年代中国科学家精神及其价值》,《思想理论教育导刊》2020年第3期。
④ 宋维嘉:《弘扬科学家精神应彰显新时代特质》,《科技日报》2022年2月14日第8版。

科范围广泛,从科学技术哲学、科学技术与社会、思想政治教育、认知心理学、历史学等专业择取不同视角展开研究。但从哲学的高度、历史的广度对科学家精神进行研究还有很大空间,需要融合历史视野、多学科视角以进行更好把握。

## 第三节 研究内容与创新

### 一 研究内容

本书围绕秉志科学家精神思想展开,在对研究缘起概述铺垫的基础上,从生成语境、发展演进、内涵体系三个方面对秉志科学家精神思想进行理论挖掘,择取秉志对中国现代生物学建制化的实践行动对该思想进行案例印证,通过将理论挖掘和案例印证两个方面相结合,以期呈现该思想的实践理性以及秉志个人"神行兼备"的精神气质。在此基础上,对秉志科学家精神思想的理论特征、概念比较和现实价值进行审思。具体研究内容如下。

第一章为秉志科学家精神思想研究缘起概述。本章从问题的提出和可行性分析两个方面介绍秉志科学家精神思想研究的缘起和可行性,对学界考察秉志思想和实践的个体研究、探讨科学家精神气质的研究情况进行总结评述,阐明本书的具体内容、研究方法以及在研究过程中可能存在的创新之处。通过以上工作为后续研究打好基础。

第二章为秉志科学家精神思想生成语境分析。本章借鉴学界从历史、社会、个体三个维度审思秉志思想生成语境的研究范式,从科学发展的历史进程、中国 20 世纪上半叶的社会环境、秉志的思想和实践经历三个方面分析秉志科学家精神思想的生成语境:在科学发展的历史进程语境中,择取近代科学发展进程中科学精神的启蒙、科学建制化进程中科学家的角色演变、科学家精神的历史呈现三个维度对秉志科学家精神思想生成的历史背景进行考察;在社会语境中,择取科学本土化进程中中国职业科学家出现、20世纪上半叶中国职业科学家开展科学工作的困境、该时期国内科技界作风和学风方面存在的问题三个维度对秉志科学家精神思想生成的社会背景予以分析；在个体语境中，将秉志的经历划分为中西会通的教育经历、置身其中的社会变革、国家观念的情感认同三个既相对独立又密切交织的阶段，对秉志该思想生成的个体经历进行梳理。通过以上研究分析秉志科学家精神思想生成的特定历史背景和社会环境，同时对秉志个人成长和实践经历进行介绍。

第三章为秉志科学家精神思想发展演进探究。本章借鉴学界从发端、成形、深化三个阶段审思社会思潮和个体思想演进的研究范式，将秉志科学家精神思想发展演进划分为1909—1931年的萌芽发端阶段、1931—1945年的系统展开阶段、1945年之后的辩证审思阶段三个既前后相继又密切交织的阶段：在留学和归国初期的孕育萌芽阶段，秉志通过在留学期间受"真正之科学家"影响和归国初期对国内"纯洁之科学家"的呼唤，体现出对科学家精神气质的感性关切和初步思考；在抗日战争期间的系统展开阶段，秉志基于科学救国目的倡导科学家精神，立足国难时期探讨科学家社会责任，同时对科学精神与科学家精神的内在关联进行阐述；在抗战结束后的辩证审思阶段，秉志基于对抗日战争的审思和"科学立国"目的辩证看待科学家精神的效用限度，在精神框架内部辩证看待科学精神与道德精神的效用，在精神框架外部辩证看待精神效用与外部因素效用，并在20世纪60年代国际形势大动荡时期出于维护世界和平的目的完成对科学家精神概念的正名，经过三个阶段的发展最终形成颇为系统和完备的概念表述和思想体系。通过以上研究明晰秉志科学家精神思想的发展演进轨迹。

第四章为秉志科学家精神思想内涵体系诠释。本章在分析秉志关于科学理念及精神学说、科学家工作特点和职业责任、精神差异对于科学家影响相关认识的基础上，将秉志语境中的科学家精神思想基本内涵总结为"公而忘私、忠于所事、信实不欺、勤苦奋励、持久不懈、仁爱之心"六点;将体系结构概括为以"诚"为核心的"科学之精神"、以"仁"为核心的"科学之道德"、以"久"为核心的"科学之态度"三点,以上三者内在统摄于以"德"为核心的科学家之精神框架之中。通过以上研究把握秉志科学家精神思想的内涵主旨和结构体系。

第五章为秉志科学家精神思想实践案例考察。本章择取秉志奠基和开拓中国现代生物学建制化的实践过程对秉志科学家精神思想进行案例考察,分析秉志对科学建制本土化的理论思考以及对中国现代生物学建制化的实践开拓,通过具体实证案例印证秉志科学家精神思想的实践理性和秉志个人"神行兼备"的精神气质。

第六章为秉志科学家精神思想理论特质审思。该章在之前论述的基础上审思秉志科学家精神思想的总体特征和现实价值。本书认为,该思想在建构趋向方面呈现实证精神指导下的结构功能主义进境,在理论倾向方面体现出专业借鉴、人文渗透、哲学关照的理论气质,在价值指向方面寄希望于由"实然性"向"应然性"超越,同时对"以创新术、诚恳合作、作育人才"三点隐含内涵进行了挖掘,对个别观点的个体局限性和时代局限性进行审思。对科学精神与科学家精神,秉志语境中的科学家精神与国内同期相关认识、"科学的精神气质"、新时代科学家精神等相关概念进行比较。本书认为尽管秉志科学家精神思想形成已逾百年,但其呈现的时代精神和中国关切,对引导科学家在精神层面处理好科技进步和社会发展的关系,为新时代中国科学家精神进行理论溯源,通过传承老一辈科学家优良传统,弘扬新时代中国科学家精神等方面仍然具有一定的现实价值。

## 二 创新之处

目前学界关于秉志科学思想、科学救国思想、科学人生观、"国民性"认识的研究成果颇丰,但是对在秉志思想体系中占有重要位置的科学家精神思想的专门研究尚不多见。本书聚焦秉志科学家精神思想研究主题，创新点体现在如下四个方面。

第一，在资料使用方面，本书紧扣研究主题，在参考学界既有研究、深入研读《秉志文存》的基础上，广泛收集与本书研究相关学术文献和秉志原始论著，注重对新材料、新史料的挖掘使用。

第二，在研究方法方面，本书综合运用文献分析法、历史与逻辑相统一的辩证方法。历史与逻辑相统一的辩证方法是学术研究过程中应该坚持的基本方法。诚然，这一方法并不是规定逻辑进程同研究主体的发展过程完全契合，因为研究对象往往是跳跃式和曲折式向前发展的，如若完全困拘于历史的具体表象，则难以实现对研究对象发展规律的客观认识。聚焦本书，首先，在逻辑进程和框架搭建方面，从分析秉志科学家精神思想的生成语境起首，继而考察该思想的发展演进，总结归纳其内涵体系，择取秉志奠基和开拓中国现代生物学建制化的实践过程对该思想进行案例印证，在此基础上对秉志科学家精神思想体现的总体特征和当代价值进行审思；其次，在内容阐述和理论挖掘方面，本书尽管有许多抽象性的概括归纳和逻辑演绎，但并非完全是纯粹理性意义上的思辨，而是严格以秉志本人的相关论述和客观历史事实为依据，坚持史论结合、论从史出、深挖思想的原则。力求理论挖掘与案例印证相补充，纵向历史考察和横向社会叙事相统一，整体审思和具体观照相结合，通过运用历史与逻辑相统一的辩证方法客观和较为深刻地呈现该思想的整体面貌。

第三，在研究内容方面，本书一是较为清晰地分析了秉志科学家精神思想的生成语境和发展演进脉络、较为系统地总结出该思想的基本内涵和结构体系，挖掘到三点隐含内涵，对该思想个别观点的个体局限性和时代局限性进行审思，对其现实价值进行阐释；二是积极与学界展开对话，与一些相关学术观点，例如"秉志是一位科学万能论者"，秉志科学家精神思想的具体内涵"只是平行罗列，其间没有主次，没有要领，无法构成一个纲举目张的逻辑结构和逻辑体系"等进行商榷，通过

## 第一章 秉志科学家精神思想研究缘起概述

挖掘文献资料和展开归纳演绎提出不同观点。

第四，在案例挖掘方面，本书在对秉志科学家精神思想进行理论挖掘的基础上，择取秉志奠基和开拓中国现代生物学建制化的实践过程，对该思想进行案例印证，以该思想对这一过程予以观照。通过理论和实践的结合呈现该思想的实践理性和秉志个人"神行兼备"的精神气质。

# 第二章 秉志科学家精神思想生成语境分析

思想认识作为一种主观见之于客观的意识活动，尽管具有对客观现实环境的超越性和着眼未来的前瞻性，但整体而言是对特定时代背景和社会环境的反映。科学家精神思想作为秉志提出并在实践过程中不断发展完善的思想认识，其形成必然根植于特定的历史背景和社会环境。事实上，该思想既是西方语境和科学语境中的科学精神在中国的本土化嫁接和聚焦科学家主体的人格化观照，又是秉志基于特定的思想和实践经历，对20世纪上半叶中国诸多深刻历史变革中体现的时代之需和现实之问的个体回应。

## 第一节 科学语境

### 一 科学以及科学精神的启蒙发展

近代自然科学从自然哲学中剥离以来，在发展过程中逐渐形成一套符合学科自身特定目标指向的思维方式和研究方法，在探求未知世界、发现和应用客观规律、增进人类智慧的同时促使科学精神得到不断彰显。科学底蕴和科学精神意蕴深厚，学界对此亦见仁见智提出不同观点，本节聚焦研究主旨，结合秉志相关论述予以分析。

## 第二章 秉志科学家精神思想生成语境分析

通常认为近代自然科学发端于古希腊,在古希腊时期哲学介入对自然问题的思考,古希腊自然哲学传统内在蕴含了自然科学的元素构成,在秉志的语境中,"科学系由哲学发展而出,自成为一种学问,有其自身之范围,限界分明,不容与他学相混。希腊时代之科学未得脱离哲学。其发展亦未克驰骋尽致"①。"科学本系由哲学脱胎而出,西洋古代之学问无有所谓科学者,而只有哲学包括一切,故哲学之原义,系爱知(philosophy 系爱好 philo 与知识 sophy 二字合并而成)。所有知识统可归于哲学之范围。西洋上古之时,最重要之学问,唯哲学而已。"② 需要指出的是,秉志将"sophy"解释为"知识",将哲学原义解释为"爱知",但在现代语境中一般将"sophy"解释为"智慧",将哲学原义解释为"爱智"。古希腊自然哲学的哲学骨架和元素构成决定了人和自然分殊作为主体存在和客体存在的根本特质,既注重通过经验对各种自然表象进行总结归纳,又注重通过理智对蕴藏在各种自然表象背后的固有规律进行分析演绎。

在近代自然科学萌芽早期,伊奥尼亚学派创始人泰勒斯最早将"水是万物的始基"作为世界物质本源,以赫拉克利特为代表的爱菲斯学派将火看作一种宏观物质形态。此后,恩培多克勒综合伊奥尼亚学派和爱菲斯学派的观点提出"四根说",将水、火、土、气四种元素看作世界物质本源的组成部分,德谟克利特提出宇宙万物本源是原子与虚空的"原子论"。相异于从泰勒斯到德谟克利特对物质世界的关注,苏格拉底更倾向于对作为"有思想的动物"的人自身的关注,认为人的活动都带有明确的目的性并且对自然界和人类社会产生影响。此后柏拉图将苏格拉底的"唯心"思想精髓推向高峰,提出"哲学王"(philosophy king)概念。亚里士多德在继承和批判柏拉图思想的基础上,认为人的

---

① 秉志:《科学呼声》,载翟启慧、胡宗刚编《秉志文存》第 2 卷,北京大学出版社 2006 年版,第 94 页。
② 秉志:《师鉴》,载翟启慧、胡宗刚编《秉志文存》第 2 卷,北京大学出版社 2006 年版,第 224 页。

剩有初心未肯忘——秉志科学家精神思想研究

思想认识来源于对自然界客观真实的感觉，离开对自然界客观真实的感觉便不会产生知识。这种对知识生成的认识论转向促进了近代自然科学研究范式的变迁。这一时期的自然哲学家开始用新的视角看待世界，并对世界图景秩序和自然表象背后的原因进行思考，在增进人类智慧的同时促进了人类思想进步。但整体而言，自然科学在古希腊时期依然处于自然哲学范式之中，对此秉志认为，"古时所谓学问者，不如今日之分门别类，畴范明晰。即以欧洲而论，希腊诸先哲未尝脱离哲学，而专攻一门所谓科学者。至苏格拉底、柏拉图等，皆哲学家，而无科学之贡献。亚里士多德治科学最深，而始终在哲学范围内，未曾析而二之"①。

随着基督教在中世纪兴起，近代自然科学在宗教势力的束缚中进入黑暗年代，"今人皆知研究科学之可贵，而四五百年以前，欧洲适值教焰方张，各国皆陷于黑暗，即所谓中古黑暗时代。希腊先哲甫使科学有萌芽之势，然至中古而尽为宗教所摧残。当其时苟有人研究自然界之各现象，发见新义，与宗教经典相异者，必为教会所不容，其身命将不可保。故其时研究科学，乃最危险之事也"②。中世纪时期科学精神在漫长的中古黑暗时代艰难抗争并潜在发展，在这一过程中孕育了近代自然科学的诞生。至古希腊晚期和罗马时代，许多人对理性的功能和作用产生怀疑，古希腊时期的科学理性传统遭受严重打击，对此秉志谈及，"迨中世纪沦于黑暗，神学之势力大张，新旧约之所言，学者奉为金科玉律，不敢稍生异议"③。至13世纪，托马斯·阿奎纳把理性引进神学，同时科学实验精神开始萌芽，罗杰·培根提出了"实验科学"概念，认为逻辑推理不能保证科学研究的确定性，只有通过实验证明才能确证科学研究结论，反对依据权威和书本判断真理，主张使用实验方法

---

① 秉志：《科学呼声》，载翟启慧、胡宗刚编《秉志文存》第2卷，北京大学出版社2006年版，第96页。
② 秉志：《科学呼声》，载翟启慧、胡宗刚编《秉志文存》第2卷，北京大学出版社2006年版，第74页。
③ 秉志：《生物学与民族复兴》，载翟启慧、胡宗刚编《秉志文存》第2卷，北京大学出版社2006年版，第150页。

## 第二章　秉志科学家精神思想生成语境分析

解决问题。总体来看，科学精神在中世纪宗教神学的束缚下导致了理性与信仰的二元划分，如何摆脱理性逻辑异变，重新确立理性思维和理性方式成为逻辑和历史发展的必然。

14—16世纪欧洲新兴资产阶级主导发动了文艺复兴运动。文艺复兴运动不仅是文学与艺术的复兴，哲学、科学在该时期也得到进一步发展。"然卒以人心智慧之不容永久遏抑，至欧洲中古以后，所谓黑暗时期者已经过去，学术复生（renaissance 此名词译为'文艺复兴'欠妥。其实为各种学术之复兴）科学之潮流，汹涌澎湃，排山倒海而不可当。于此始渐放其光芒。"① 文艺复兴运动时期，达·芬奇主张向大自然请教，将观察和实验看作研究自然科学的唯一方法，倡导亲身实践进行实验的科学方法和科学态度，实验科学的进一步发展引发了科学史的革命。通常认为，近代自然科学起始于天文学革命，一批科学斗士在科学实践过程中表现出反对权威、勇于批判、探索创新的精神，对此秉志谈及，"欧、美中古时代，其政治之恶劣、经济之枯竭、宗教之黑暗、文化之堕落、人民之涂炭，有非意想所及者，然哥白尼（Copernicus）、博郎诺（Bruno）、噶利留等，奋力于科学之研究，未几遂有多数之后进"②。近代自然科学的显著发展导致唯物主义世界观的发展，经验主义者代表弗朗西斯·培根主张通过观察获取认识，通过实验的方法归纳得到一般原理，即归纳法，实验方法和归纳方法的提出和使用对科学研究进一步发展产生重要影响，对此秉志认为，"科学之方法，首尚观察与实验。此二者乃经验所由日积而日富者也"③。文艺复兴时期重新恢复了理性价值，创新创造、科学实验、理性求真的科学精神的发展为科学解放奠定了理论和思想基础。

---

① 秉志：《科学呼声》，载翟启慧、胡宗刚编《秉志文存》第2卷，北京大学出版社2006年版，第94页。
② 秉志：《科学与民族复兴》，载翟启慧、胡宗刚编《秉志文存》第3卷，北京大学出版社2006年版，第137页。
③ 秉志：《人类一斑》，载翟启慧、胡宗刚编《秉志文存》第2卷，北京大学出版社2006年版，第320页。

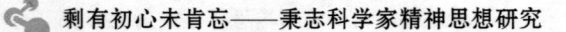

17、18世纪欧洲资产阶级反对封建统治的思想启蒙运动是近代以来的第二次思想解放运动。欧洲新兴资产阶级意识到自然科学方法不仅适用于自然科学研究领域，同样可以应用于研究人类社会现状和历史发展问题，"科学"和"理性"两个思想主题作为启蒙运动的核心在欧洲得到广泛传播。笛卡儿作为理性主义者代表，将寻求明晰而又确实的知识作为理性的运用原则，认为科学认识的原点是在理性直觉的基础上获取带有必然性、普遍性、确定性和自洽性的知识，继而通过逻辑推理和数学演绎等方法推导出整体知识体系，对此秉志谈及，"补利梯力（Priestley）、奈端、笛卡儿（Descartes）等，继续奋斗，欧洲各国乃渐有进步"①。启蒙运动期间的科学实证精神和理性精神对整个欧洲社会产生了深刻影响，特别是进一步认识到理性规律不单在自然领域存在，而且在人类社会领域也同样存在；理性精神不仅是对待自然世界的正确原则，也是对待人类社会的恰当态度。科学的方法和思维逐渐介入社会、经济、政治、法律等领域，促使了社会科学诞生。

科学精神作为科学的灵魂，呈现出与科学本身发展相符合的要求，这一精神效用通过对特定客观现象或者事物本质的认知进而对作为主体的人的意识和行为产生作用。在科学语境下，科学精神是在科学具有多种形象的规范框架下，通过科学家的具体科学实践凝练得到的科学的本质规定，这一内在规定既与具体的科学活动以及保证这一活动有效开展的科学思想、科学方法密切相关，也为科学家从事科学实践提供了精神指引，在不同语境和不同认知主体中，科学精神具有不同的内涵表现形式②，无论是科学作为一种知识体系内在要求的求真精神、实证精神、理性精神，还是科学作为一种研究活动内在规定的竞争精神、开放精神，抑或科学作为一种社会建制内在统摄的包容精神、合作精神，各种

---

① 秉志：《科学与民族复兴》，载翟启慧、胡宗刚编《秉志文存》第3卷，北京大学出版社2006年版，第137页。

② 参见任鸿隽《科学精神论》，《科学》1916年第1期；龚育之《关于保卫科学精神》，《自然辩证法研究》2001年第9期；刘大椿《论弘扬科学精神》，《求是》2001年第24期。

内涵之间相互作用形成一个既相互交织又彼此分殊的复杂结构体系，在保证科学实践活动有效开展的同时也建构和发展着科学体系。

## 二 科学建制化与科学家角色演变

在近代自然科学产生早期，科学作为一种基于闲暇和好奇心的纯粹理智活动较少与社会发生关涉，但是伴随科学建制化不断发展形成的科学事业既不可能超脱于社会之上自发形成，也不可能游离于社会之外自为运行，科学家作为科学实践主体在科学实践活动由自发走向自觉的过程中扮演着重要角色。事实上，作为一种特定称谓的"科学家"一词由来并不长，秉志认为"当科学尚未发达，各种专门之工作未曾出现以前，所有科学之萌芽皆包括于哲学之中"①。科学家社会职业的出现与发展同科学建制化进程密不可分，科学家职业本身经过了大学教师、业余科学家、职业科学家的角色演变过程。

1095—1291年，罗马天主教教皇多次发动指向地中海东岸国家穆斯林的十字军东征，战争促使大量阿拉伯和古希腊文化典籍流传至欧洲，在一定意义上对基督教文化与其他文化融合革新产生了积极影响。在此背景下，从12世纪中期开始，以学习阿拉伯和古希腊经典典籍为主要内容的大学不断建立，尽管教会对该时期的大学采取严格控制，但作为依托于大学建制的职业教师为了能够通过具有说服力的教育获得学生信任，内在形成一种严格的逻辑论证精神。1400年前后，穆斯林再次对东罗马帝国发动战争，导致大批古希腊学者来到意大利，其中唯名论学者对于理性精神和实验方法的推崇加速了为宗教神学服务、论证基督教信仰的经院哲学衰落，唯名论学说与希腊学术相互融合并最终促成文艺复兴运动。文艺复兴时期新型大学不断建立，大学教师职业化进程进一步加快，部分教师开始以教授人文课程和自然科学课程获取工资，

---

① 秉志：《师鉴》，载翟启慧、胡宗刚编《秉志文存》第2卷，北京大学出版社2006年版，第236页。

一些大学教师和学者逐渐对自然科学产生兴趣，分化出专门以教授自然科学为职业的教师并获得相应工资维持生活。在此期间欧洲各国学生纷纷来到意大利求学，大学教师职业化不仅孕育了科学家职业雏形，也内在规定着未来科学家的职业和内容。

但整体而言，在16世纪之前科学依然作为神学的奴婢未能摆脱附庸位置。1543年哥白尼受到文艺复兴运动熏染出版《天体运行论》，以此反对《圣经》对所有观念的挟持，认为作为一门科学的天文学具有区别于基督教教义的特有对象、方法和意义，在宣告自然科学独立的同时进一步促进了人类思想解放。此后众多自然科学爱好者开始在哥白尼认知框架下观察和研究自然现象，探求自然规律，通过建立学术团体拉开科学建制化的序幕。在16—18世纪的科学建制化起步阶段，业余科学家成为科学实践活动的主体，但是由于刚刚起步的科学对社会影响甚小，以致提不出任何获得社会支持的理由，尽管有法国科学院等机构为研究人员发放政府专门津贴，但获益人员很少，并且多数科学家仅靠从事科学研究难以维持生活，所以当时开展科学实践活动的人员一方面是像培根、牛顿这样家庭富足的人；另一方面是像哥白尼、拉瓦锡这样在哲学家、医生、商人、教师、牧师等职业之外利用业余时间开展研究。由于该时期社会对科研人员约束甚少，业余科学家大都出于个人兴趣爱好进行研究，研究方向的不固定性导致科学组织专业性不强、结构松散，以致该时期成立的猞猁学社（Accademia dei Lincei，1603-1630）、西芒托学院（Academia del Cimento，1657-1667）等学术团体都未存在太长时间。

随着近代自然科学发展和科学社会效用不断凸显，科学领域逐渐摆脱只有少数闲暇人员凭借兴趣爱好开展业余活动的状况。18世纪中期以后，第一次工业革命在英国发端，技术科学从科学体系中分离出来直接服务于工业资本经营，工业资本家为通过技术科学促进工业资本增值积极支持科学研究，通过建立研究所、实验室等促进技术科学在生产中发挥实际效用,工程技术人员和科学家依靠工业资本家给予的报酬满足生活需要。各种科学组织随着科学分化迅速分化,各种专业科学学会相继成立。同时社会对于科学理论的需求进一步加大,要求科研人员丰富知识储备、训练科学思维方法全身心投入科学研究,业余科学家面对科学专业化发展的需要逐渐失去生存条件,业余科学研究被专业科学研究逐渐代替。1834年,惠威尔(Whewell W.)认为需要使用一个一般性的词汇称呼和说明英国科学促进协会接纳的成员,由于"哲学家"一词过于广泛,因此提出"科学家"一词,将"一般培植科学的人"命名为"科学家"。

科学作为一种客观知识通常而言是价值无涉的,但是作为一项依托于社会建制的研究活动却承载了价值观念和伦理道德。科学家自孕育、诞生以来,尽管职业本身在不同阶段经过了大学教师、业余科学家、职业科学家的角色演变过程,科学家作为科学实践主体在科学实践活动由自发走向自觉的过程中扮演着重要角色,但是科学家不再脱离于社会之外,而是被赋予了更多探究纯粹客观知识之外的与科学认知规范和社会价值规范相适应的价值判断和责任命令,这些价值判断和责任命令不仅是科学家开展科学实践、促进科学事业有效运行的保证,同时也构成了科学家的精神框架的主体规范,对此秉志认为"现在学科学的人,和以前学科学的态度不同了。以前的人学科学,完全为好奇求学问为真理,任个人的兴趣而研究,对于国家社会的情形,毫不过问,但现在的科学家便不同了,不论中外凡治科学者,皆与社会发生关系。研究科学的目的,不一定对于社会有用,但是只要得到真理,都可以应用于社会,增进人类的智慧"[①]。

## 三 科学家主体与科学家精神呈现

通过分析科学家社会角色的演变可以发现,科学家的职业演变是一

---

[①] 秉志:《科学家对于社会的责任》,《科学世界》1937年第7期。

个接续发展的历史过程。科学家职业形成历史过程中对科学家价值判断和责任命令的规定，一方面来源于科学本身探究纯粹客观知识的特定目标指向；另一方面来源于对杰出科学家在科学实践过程中呈现出的与科学认知规范和社会价值规范相适应的某些意志品格和行为态度的总结，科学作为一种知识体系的目标指向以及对杰出科学家意志品格和行为态度的借鉴共同建构着科学家的精神气质。科学精神首先表现为科学家的一种精神状态，这种精神状态具体表现为科学家在科学实践过程中体现出的情操和要求。

（一）追求真理

科学家基于闲暇和兴趣爱好探究隐藏在各种自然界表象背后的原因和规律，是科学得以产生和发展的重要动因之一。对此秉志认为，"俄国当帝制之时，其贵族中骄奢淫逸，盘乐怠遨者固属不少，然亦有于舒适生活之中潜修科学，有优美之成绩者。此等人皆能利用其优游闲暇之岁月，在娱乐消遣中获得专门之科学知识"①。"科学家之有重要之贡献，揭穿自然之秘密。其余各种学术之专家，穷年矻矻，昼夜张皇，以求新知者，亦无非其兴趣浓厚，有以驱使之。"② 科学家通过理性思维和科学方法，探究客观世界各种表象背后的本质，获得对世界图景的客观性和规律性认识，由此规定了科学家以追求真理为目标获得真实的、客观的、精确的知识。早在古希腊时期，哲学家便形成了求真求实、崇尚真理的传统。米利都学派的泰勒斯、阿那克西曼德，以及之后的苏格拉底、柏拉图、亚里士多德等都敢于质疑权威、坚持真理。对此秉志认为，"欧洲文化鼎盛之邦，在上古之时，首推希腊。其哲学大师，如苏格拉底氏、柏拉图氏、亚里士多德氏，皆千古未有之奇人。著书立说，

---

① 秉志：《科学呼声》，载翟启慧、胡宗刚编《秉志文存》第2卷，北京大学出版社2006年版，第72页。

② 秉志：《人类一斑》，载翟启慧、胡宗刚编《秉志文存》第2卷，北京大学出版社2006年版，第321页。

发明真理"①。科学家把追求真理作为科学事业的崇高目标,通过具体实践能够愈来愈明晰描绘客观的世界图景,正是源自科学家自身所具有的求真求实、崇尚真理的精神特质。任鸿隽认为,"科学家是个讲事实学问,以发明未知之理为目的的人"②。正是基于对以上精神特质的考量。未知真理的获得需要在具体实践中实现,排除个人感情因素和主观意愿,以一种客观理性的态度探求自然规律,科学结论的证实或证伪都需要以实践作为途径,这一过程要求科学家养成求真求实、崇尚真理的人格素养和道德准则,严格依据事物本身的客观存在认知事物,而不基于个人主观意愿和情感好恶弄虚作假、欺骗或受到外来因素影响。例如牛顿在发现万有引力定律后没有马上公布成果结论,而是经过多年的进一步论证和验证,确定理论的相对完备性和数据的可靠检验性后才在《自然哲学的数学原理》中予以公布。"英国之大科学家奈端(Newton)氏,终其身不作一谎语。其日记所载,个人琐屑之事,有至奇诞者,然皆系事实,无一字之虚伪。盖其人系一最纯粹之科学家。"③ 科学在科学家不断怀疑权威、探索真理的过程中获得发展,科学家受其影响也形成了探寻真理和捍卫真理的勇气。

(二) 勇于探索

科学研究起源于闲暇和兴趣爱好,但是科学家仅有闲暇和兴趣爱好并不能促进科学的产生和发展,以满足好奇心为主观动机并付诸对自然界的实践探索最终促进了科学研究活动的形成和发展。科学探索的过程是从对自然现象的已知理解到对自然现象未知规律的认知方式,是科学不断发展和取得突破的重要途径。自然现象的表象错综复杂,科学家可

---

① 秉志:《师鉴》,载翟启慧、胡宗刚编《秉志文存》第 2 卷,北京大学出版社 2006 年版,第 205 页。
② 任鸿隽:《何为科学家》,《新青年》1919 年第 3 期。
③ 秉志:《科学精神之影响》,载翟启慧、胡宗刚编《秉志文存》第 3 卷,北京大学出版社 2006 年版,第 145 页。

以通过实证方式获得感性认知，但是自然界隐藏在表象背后的固有规律和运行本质不会自发呈现，取得科学研究成果、发现自然规律不能仅仅依靠感官获取。自然世界的复杂性、多样性和无限性决定了科学探索实践的长期性和艰难性，科学研究对象没有边界，科学研究过程没有终点，科学探索进路没有尽头。科学研究离不开一定的物质基础和资源条件，更需要科学家锲而不舍、执着探索。纵观科学史，科学发现或科技发明不会自发形成，都是在科学家勇于探求真理、接续追求真理的实践过程中得以实现。例如飞机的研制过程，1896 年美国天文物理学家兰利（Langley S. P.）研制出带动力的飞机模型，飞行留空时间近 3 个小时，成为人类历史上重于空气的动力飞行器稳定持续的第一次飞行。1903 年，兰利为美国陆军和海军研制的能用于战争的载人飞机"空中旅行者"在首次飞行实验过程中失败，经过修复后再次试飞又发生机尾折断，受到嘲笑和抨击的兰利受此打击郁郁抑塞不久去世。此后莱特兄弟（Wright Brothers）在兰利既有研究的基础上进一步进行研究，创造出更加便利的机械，最终促使飞行原理变为事实，而兰利的前期研究成果也受到社会认可。对此，秉志认为，"兹后继之者精益求精，愈形改进。迨上次欧战时美国政府大举制造。全国辟无数机场。而其第一之机场，则以郎氏之名为纪念，所谓郎雷机场（Langley Field）是也，盖承认其创始之功也"[①]。

（三）创新创造

自然界运行有其自身规律，但是面对直观呈现的各种表象，仅凭直观感觉和外在现象难以把握自然界的运行规律和表象背后的本质，只有在经验基础上通过理性逻辑推理和严谨实验才能到达彼岸。科学家相信，自然界存在一定的运行规律和因果联系，世界秩序的规律不仅具有客观存在性而且具有可理解性，通过逻辑思维和科学实验可以发现、验

---

① 秉志：《科学呼声》，载翟启慧、胡宗刚编《秉志文存》第 2 卷，北京大学出版社 2006 年版，第 105 页。

证自然规律，认识世界，并利用发现的客观规律改造世界。基于科学内在的规定性和科学的本质特征，科学活动是一项理性的事业，是在符合经验存在的基础上通过理性逻辑对自然表象背后固有规律的提炼和还原。但是对客观事实的反映并不意味着局限于事实本身，科学内在规定的求真求实精神决定了在批判和审思基础上的创新创造精神，内在规定了科学家追求真理、批判权威的精神气质。科学进步和发展的历史，在一定意义上可以看作通过不断批判和质疑在发现问题的基础上解决问题的历史，科学这种内在属性决定了作为科学研究主体的科学家在批判和质疑的基础上创新创造的精神品格。批判和怀疑是在质疑的基础上发现问题和解决问题，质疑的态度不仅是突破已有理论束缚的恰当态度，同时质疑的精神也是破除对权威的盲目崇拜、突破已有观念束缚的重要精神力量。但是质疑不是盲目自发的怀疑主义，科学家在科学探索过程中能够克服行动和思想的自发性和盲目性，坚定和明确探索未知的长期性和方向性，正是科学家大胆假设、小心求证的结果。例如就进化论来看，正是有了对物种不变论的否定和怀疑才有了达尔文进化论思想的产生。① 科学家在怀疑既定结论的同时通过理性思维和实验验证进行创新和突破，批判和怀疑如果仅仅停留在思想层面，严格来讲难以实现创新目的，科学家只有在尊重客观规律的同时坚持从客观存在出发，在怀疑和批判的基础上取得新发现、新发明，引入新的观点或新的实践，才能为科技进步提供活力。

（四）敬业献身

科学研究是一项复杂、长期的理性活动和实践活动，科学规律的发现、科学原理的阐明、科学成果的公布往往需要科学家长期的努力和付出，甚至为捍卫真理、批判权威、改变不符合客观事实的既有观念付出生命。伴随科学社会化、社会科学化的发展，科学家作为一种特定的社

---

① 秉志：《达尔文〈物种由来〉的一世纪》，载翟启慧、胡宗刚编《秉志文存》第3卷，北京大学出版社2006年版，第331页。

会职业，其科学实践工作不再是自然科学萌芽早期局限于科学家个体的个人事务，更多体现为作为个体的科学家与作为整体的社会的一种相互关系。纵观科技史，众多杰出科学家为捍卫科学真理献身，"波兰天文学家哥白尼氏（Copernicus）穷毕生之力，研究太阳系统，发见太阳为各天体之中心，其学说实为近代天文学之鼻祖。彼一生窃自研究，不敢以其所发见者语诸人，惧为教会所知而罹重罪。迨身死之前数日，始将其书稿付梓。其书印就，甫及展阅，而已溘然长逝矣。盖彼以身死之后，可任听教廷之处置，其志殊可悲矣。意大利之物理学家伽利里倭氏以发见物理学新理，大招教廷之怒。榜掠烙炙，幽闭禁锢，两目至于失明。最后逼命自供所著述者尽属欺人之语，朝夕诵教经，以自忏悔，始得出狱。伽氏虽有极大贡献，而其晚年遭此荼毒，岂非人世最可痛之事乎。故研究科学，在欧洲中古时期，实非易事。非具极大决心，或深藏潜匿者，不能为之。当时遭教廷刑祸者，不止伽氏一人，此不过举其一例。然而在淫威钳制之下，卒使科学得遂其发长，此其中有无数志士之奋斗，冒尽危难，亲遭诛戮而不悔"①。随着科学与社会不断融合，科学技术的发展给人类社会带来的物质财富极大改变了物质水平，人们的生活生产方式同科学技术发展愈来愈密切。杰出科学家在进行科学探索的同时将通过科学技术造福人类作为从事科学研究的目标。当科学研究发展成为一种社会事业，科学家的科学兴趣同科学探索实践紧密相连，科学探索突破"为学问而学问"和满足好奇心的原始冲动，研究的动机也不再仅仅局限于取得智力上的愉悦，而是发展成为一种增进人类智慧、探明科学规律、捍卫科学真理的意志和精神。

近代自然科学诞生以来，基于科学自身特定的价值目标和思维方法，科学在发展过程中逐渐摆脱自在存在和自为运行的状态，内在形成一套符合自身特定目标指向的思维方式和研究方法，在认知和探索未知

---

① 秉志：《科学呼声》，载翟启慧、胡宗刚编《秉志文存》第2卷，北京大学出版社2006年版，第74页。

世界客观规律的同时，在其学科内部形成了以求实、理性、创新、实证等为主要内涵的科学精神。伴随科学建制化进程出现的职业科学家，内在要求除却服务于科学本身探究纯粹客观知识的目标规定以外，还被赋予了更多探究纯粹客观知识之外的与科学认知规范和社会价值规范相适应的价值判断和责任命令，同时这些价值判断和责任命令也构成了科学家的主体精神框架，杰出科学家在探究纯粹客观知识和与社会接续互动过程中呈现出的意志品格和精神品质，为秉志提出科学家精神提供了思想借鉴。

## 第二节　社会背景

### 一　科学本土化与中国职业科学家

尽管本土语境中的"格物致知""即物穷理"存在时间较长，但是西方语境中的近代自然科学传入中国较晚，与此相适应，中国科学建制化水平也相对滞后。近代中国科学本土化是在特定历史情境中的特殊进程，总体呈现出科学理念本土化和科学救国两条路径，虽然大体表现为科学理念本土化促进了科学救国思想的产生和科学救国思潮的兴起，科学救国思潮进一步巩固和拓展科学理念本土化的实践趋向，但总体而言，两者之间相互交织很难做出完全区分，对此有学者认为，"社会角色意义上的中国第一代科学家与新文化运动的先锋们几乎是并肩成长的。前者致力于科学的体制化，后者兴起了科学主义思潮。两者在发展时间上是平行前进的，在社会功能上是互相补充的"[①]。近代中国科学本土化的实践趋向不仅是近代中国社会转型的一部分，而且伴随这一进程的展开直接促成中国第一代职业科学家在 20 世纪初期诞生，中国职

---

[①] 樊洪业：《"赛先生"与新文化运动——科学社会史的考察》，《历史研究》1989 年第 3 期。

业科学家的出现为秉志提出科学家精神思想提供了研究主体。

现代意义上的科学至少包含三层含义：一是在器物层面作为既定知识或作为物化器物的科学成果；二是在制度层面产生上述成果的一整套科学建制以及牵涉其中的社会支持系统；三是在思想层面制约科学活动本身也制约着社会对科学活动干预方式的价值观念、思维方式、精神气质。① 20世纪初西方近代科学在中国的本土化进程也总体呈现出这一实践趋向，正如梁启超总结道："中国人渐渐知道自己的不足，第一期先从器物上感觉不足，第二期是从制度上感觉不足，第三期便是从文化根本上感觉不足。"② 在这一特定历史进程中，一批爱国知识分子深受西方科学影响，在救亡图存的特定时代背景和社会环境中对中国近百年来各种救国探索进行反思后，倡导通过西方语境中的科学拯救中国并萌发了科学救国思想。科学救国思想在历史和社会多重原因交织影响下，逐渐发展成为一股以实现救亡图存为归旨的社会思潮。

历经明末清初和晚清两次"西学东渐"，中国人对西方近代自然科学逐渐有了感性认识。在第一次"西学东渐"时期，中国人较早接触到西方近代自然科学，徐光启援引儒家传统概念以"格物穷理""格物致知"指代科学，在一定意义上可以看作是中国人对西方语境中科学概念的最早表述方式；在第二次"西学东渐"时期，开展西方科学著作译介的传教士和传统士大夫仍然沿用徐光启时期对于科学概念的处理方式，例如在徐寿和伟烈亚力（Wylie A.）等人筹办的格致书院，慕维廉（Muirhead W.）和傅兰雅（Fryer J.）等编纂的《格物穷理问答》《格致汇编》等科技书籍中，依然用"格致""格物穷理"指代科学。

1840年鸦片战争爆发后，部分传统士大夫从维护封建统治的意愿出发，意识到西方先进的科学技术即"长技"不仅能够充斥国力而且有助于实现"制敌""制夷"的目的，表达出向西方学习的愿望。尽管

---

① 雷环捷、刘大椿：《20世纪初科学在中国的本土化进程及其反思》，《东北大学学报》2018年第6期。

② 梁启超：《梁启超史学论著四种》，岳麓书社1985年版，第7页。

## 第二章 秉志科学家精神思想生成语境分析

该时期部分对于"长技"的认识只是局限于肤浅的技术层面,然而其却是早期科学救国思想的源头。此后,部分有识之士通过开展引介西学、翻译科技书籍等活动促进西方自然科学书籍不断传入中国,伴随这一过程的开展,国人对西方近代自然科学的认识进一步加深,接受了用中国传统词汇"格致"代指西方近代自然科学。特别是洋务运动的开展为西方近代自然科学在中国的启蒙和传播提供了条件,其间日本哲学家西周将"science"翻译为"科学"。但受中体西用传统观念影响,国内仍然采用不违背儒家传统思想体系的"格致"代指科学。洋务运动期间通过译介西书传播科学、创办京师同文馆等新式学堂(见表2.1)进一步推广"格致"教育,派遣幼童留学等方式客观上对魏源主张的"师夷"思想进行了具体实践,这一时期国人对于科学的认识已经逐渐突破鸦片战争期间只关注器物层面的局限而逐步开始关注学理层面,在这种科学观转向下科学救国思想萌芽得到进一步发展。

表2.1　　　洋务运动时期创办新式学堂列表

| 创办时间（年） | 新式学堂名称 | 创办时间（年） | 新式学堂名称 |
| --- | --- | --- | --- |
| 1862 | 京师同文馆 | 1889 | 珲春俄文书院 |
| 1864 | 广州同文馆 | 1890 | 江南水师学堂 |
| 1866 | 福州船政学堂 | 1890 | 奉天旅顺口鱼雷学堂 |
| 1874 | 上海江南制造局操炮学堂 | 1891 | 湖北算术学堂 |
| 1876 | 福州电气学堂 | 1893 | 湖北自强学堂 |
| 1880 | 广东实学堂 | 1894 | 山东烟台海军学堂 |
| 1880 | 天津水师学堂 | 1894 | 天津医学堂 |
| 1880 | 天津电报学堂 | 1895 | 江南陆师学堂 |
| 1882 | 上海电报学堂 | 1895 | 山海关铁路学堂 |
| 1885 | 天津武备学堂 | 1896 | 南京铁路学堂 |
| 1886 | 广东黄埔鱼雷学堂 | 1896 | 湖南湘乡东山精舍 |

续表

| 创办时间（年） | 新式学堂名称 | 创办时间（年） | 新式学堂名称 |
| --- | --- | --- | --- |
| 1887 | 新疆俄文馆 | 1896 | 南京储才学堂 |
| 1887 | 广东水陆师学堂 | 1896 | 湖北武备学堂 |
| 1888 | 北京昆明湖水师学堂 | 1896 | 湖北务农学堂 |
| 1889 | 山东威海卫水师学堂 | 1898 | 湖北工艺学堂 |

资料来源：根据《师夷长技：中国近现代科技转型的历史轨迹与哲学反思》（第1卷），中国人民大学出版社2019年版；《百年历程：中国科技工作者群体的起源与成长》，科学出版社2017年版，整理编制。

中国在甲午中日战争中战败后，统治阶级效仿日本模式开始施行维新变法。在维新变法时期，日式译词"科学"传入中国，在康有为1897年整理的《日本书目志》中首次引入西方语境中的"科学"一词，在梁启超1899年编撰的《论太平洋之未来与日本国策》中援引"科学"代替"格致"。在此背景下更多爱国知识分子和有识之士投入救亡图存运动，在对近代以来教育救国、实业救国、文化救国等各种救国方案考察反省之后提出了科学救国方案。19世纪末20世纪初，以严复、梁启超等为代表的一批先进知识分子致力于引介和传播西方思想文化，特别是对达尔文进化论学说和赫胥黎学说的引介传播为当时的中国学术界和思想界带来新的观念，对此秉志认为，"四十年前，侯官严几道先生迻译英国赫胥黎（Huxley）氏所著之《天演论》（Evolution And Ethics）一书，风行全国。吾国人士咸倾心于该书意义之精深，议论之警辟"[①]。严复在1902年提出"以科学为艺，则西艺实西政之本；设谓艺非科学，则政艺二者乃并出于科学，若左右手然，未闻左右之相为本末也"[②]，认为发展"科学"是充斥国力、救亡图存的根本，这一思想

---

① 秉志：《科学呼声》，载翟启慧、胡宗刚编《秉志文存》第2卷，北京大学出版社2006年版，第121页。
② 严复：《严复论学集》，商务印书馆2019年版，第129页。

## 第二章 秉志科学家精神思想生成语境分析

主张在一定意义上可以看作科学救国思想的最早表述。但整体而言,在该时期科学救国思想仍然处于萌芽阶段,一方面科学救国思想仅仅局限于为一些维新派知识分子所了解,尚未形成代表人物群体;另一方面科学救国思想的影响范围十分有限,尚未出现聚焦科学救国的宣传机构、传播刊物等固定舆论阵地;同时,把科学仅仅定义为"实用科学"和"纯粹科学",没有认识到科学思想和科学精神的价值意义。

20世纪初中国出现又一次留学潮(见表2.2),大批有志青年在科学救国思想影响下远赴海外学习西方先进科学技术,并以此为进境寻求救国之道。留学生在海外求学过程中对中外科技发展水平差异和国家实力悬殊有深刻印象,秉志晚年回忆道:"留美十余年,对祖国的委靡不振,受列强逼凌,国家岌岌不保,忧惕愤激,最为痛苦。"① 在此背景下,留学生对于科学救国主张的主观认同进一步加深,并通过成立科学社团、创办科学期刊、呼吁加强科学研究和应用、强调科学人才教育培养、面向社会民众普及科学知识等方式将对科学救国主张的主观认同转化为科学救国的具体实践。在这一过程中以任鸿隽、秉志等为代表的一批留学生对于科学救国思想的倡导和行动最为彻底,并在一定意义上促进了科学救国思想向科学救国思潮的最终转变和兴起。②

表2.2　　　　民国初年(1912—1922)留美学生统计

| 年份 | 男生/人 | 女生/人 | 性别未详/人 | 总数/人 |
| --- | --- | --- | --- | --- |
| 1912 | 69 | 4 | 6 | 79 |
| 1913 | 109 | 14 | 15 | 138 |
| 1914 | 155 | 16 | 19 | 190 |

---

① 秉志:《自传》,载翟启慧、胡宗刚《秉志文存》第3卷,北京大学出版社2006年版,第303页。
② 朱华:《近代化视野中的科学家与科学救国思潮研究》,人民出版社2017年版,第76页。

续表

| 年份 | 男生/人 | 女生/人 | 性别未详/人 | 总数/人 |
|---|---|---|---|---|
| 1915 | 172 | 17 | 24 | 213 |
| 1916 | 143 | 19 | 19 | 181 |
| 1917 | 136 | 21 | 16 | 173 |
| 1918 | 183 | 26 | 20 | 229 |
| 1919 | 219 | 20 | 22 | 261 |
| 1920 | 322 | 26 | 47 | 395 |
| 1921 | 304 | 40 | 43 | 387 |
| 1922 | 307 | 49 | 47 | 403 |
| 合计 | 2119 | 252 | 278 | 2649 |

资料来源：根据《师夷长技：中国近现代科技转型的历史轨迹与哲学反思》（第1卷），中国人民大学出版社2019年版；《百年历程：中国科技工作者群体的起源与成长》，科学出版社2017年版，整理编制。

1914年6月，一批在美国康奈尔大学的留学生倡议刊行一种杂志向国人介绍科学，任鸿隽、秉志、胡明复、赵元任、周红、章元善、过探先、金邦正、杨铨九人在"科学月刊缘起"上签名，随即成立专门发行《科学》杂志的科学社。[①]《科学》月刊的发起人不仅是宣传和实际践行科学救国思想的先驱，而且在中国近现代自然科学发展方面做出贡献，胡适评价道："此发起诸君如赵（元任）君之数学物理心理，胡（明复）君之物理数学，秉（志）、金（邦正）、过（探先）三君之农学，皆有所成就。"[②] 1915年1月，中国近代第一种定期综合性科学杂志《科学》月刊正式出版。《科学》月刊将提倡科学以此实现科学救国作为办刊的基本目的，在"发刊词"中旗帜鲜明地表达了将科学救国作为《科学》办刊的指导思想，"百年以来，欧美两洲声明文物之盛，

---

[①] 任鸿隽：《中国科学社社史简述》，《中国科技史料》1983年第1期。
[②] 胡适：《胡适留学日记手稿本》，上海人民出版社2015年版，第226页。

## 第二章　秉志科学家精神思想生成语境分析

震烁前古，翔厥来源，受科学之赐为多"①。基于该指导思想，秉志等纷纷为《科学》月刊撰稿提倡科学（见表2.3），其中秉志于1915年在《科学》杂志第1期发表的《生物学概论》中呼吁国人重视不同学科门类在科学救国中的效用，谈道："吾国人知欧美物质之文明，尽由算学、物理、化学进步所致，好学之士，覃精殚思，从事于此数者，大不乏人。由此以入机械、工程、制造诸学者，亦实繁有徒。而于生物学，则绝少问津者，以为此则草木虫鱼之小道耳，非今日所急也，嗟乎，高谈救国，而于天然生物之利，休养生息之道，不能知；以此言学，以此求治，亦綦难矣。"②

表2.3　《科学》杂志第1卷第1期文章目录列表

| 文章名称 | 作者 |
| --- | --- |
| 例言 | 社员 |
| 发刊词 | 社员 |
| 说中国无科学之原因 | 任鸿隽 |
| 心理学与物质科学之区别 | 赵元任 |
| 平面数学 | 陈茂康 |
| 万有引力之定律 | 胡明复 |
| 欧姆定律 | 杨孝述 |
| 水力与汽力及其比较 | 周仁 |
| 胶灰制造法 | 李垕身 |
| 生物学概论 | 秉志 |
| 中美农业异同论 | 过探先 |
| 森林学大意 | 金邦正 |
| 加里雷倭传 | 杨铨 |

---

① 《发刊词》，《科学》1915年第1期。
② 秉志：《生物学概论》，《科学》1915年第1期。

续表

| 文章名称 | 作者 |
|---|---|
| 调查：中国留美学生科目调查表，英三岛常年教育费，欧美全年所受煤烟之损失，植物之花色与花香，山东土质之分析，日本明治年间之丝业 | |
| 新闻：世界最大之电灯，日蚀与电浪之影响，太阳能力之利用，无线电灯之新发用，飞艇转运宝石，世界最高之无线电站，叶脉与树年之关系，臭虫之研究 | |
| 杂俎：世界之大发明，牛顿轶事三则，费耳玛难题，易圆为方，猫之善跌 | |
| 附录：和平进行曲 | 赵元任 |

资料来源：根据《科学》月刊第1卷第1期整理编制。

《科学》月刊杂志创刊后，发起人感到仅仅依靠一本科学杂志难以发展中国科学，于是提出改组科学社的建议。1915年10月，科学社改组定名为"中国科学社"，推举任鸿隽、秉志、赵元任、胡明复、周仁组成第一届董事会。严济慈对于中国科学社的成立缘由和历史地位评价道："中国科学社是由一些留美的学生任鸿隽、赵元任、杨铨、胡明复、秉志等发起的。他们感奋于要用先进的科学技术唤醒沉睡的祖国，在伊萨康乃尔大学校园内成立了'中国科学社'。……这是我国第一个现代科学技术的学术团体。"[①] 中国科学社在社务工作开展中将科学研究和科学普及并重，注重通过发展科学技术和传播科学常识为社会公众服务。[②] 创刊《科学》月刊和成立中国科学社，为进一步开展科学救国奠定了宣传实践基础、提供了固定舆论阵地，促使科学救国思想由一种仅仅为部分传统士大夫和先进知识分子认同的思想主张逐渐演变成为具有广泛社会影响的思潮。

《科学》杂志创刊及中国科学社成立后，20世纪初中国又经历了两次划时代的历史事件，1911年爆发的辛亥革命和1919年爆发的五四新

---

① 金涛：《严济慈先生访谈录》，《中国科技史料》1999年第3期。
② 任鸿隽：《中国科学社社史简述》，《中国科技史料》1983年第1期。

## 第二章 秉志科学家精神思想生成语境分析

文化运动使中国社会受到震动。尤其是在新文化运动时期，胡适将"研究问题，输入学理，整理国故，再造文明"作为新文化运动的总纲领，强调"评判的态度"和"科学的精神"，科学精神在改造中国传统思想的过程中被广泛应用并得到进一步发展和弘扬。启蒙运动精神传入中国后引发强烈社会反响，对"德先生"和"赛先生"的尊崇充分体现出该时期中国有识之士对西方近代启蒙思想的认同和渴望，对此有专家认为，"五四科学派的代表人物丁文江、任鸿隽、杨铨、胡明复、秉志、王星拱、唐钺、胡适等，由于与那个时代最先进的批判学派的科学观'接轨'，因而他们对科学的要义具有深刻的洞见——其中包括对科学的内涵、外延和特质的认知；对科学的社会功能的全面审视；对科学精神的深入剖析；对科学方法的重视与探究；对科学的文化意蕴和文化影响的探索；对反科学思潮的辩驳等"[①]。

科学建制化进程与科学发展水平呈现部分正相关性，西方近代自然科学传入中国较晚，科学建制本土化进程起步和发展也相对滞后。受科学理念本土化和由科学救国思想到科学救国思潮的转变影响，中国科学建制化水平持续加快。在这一进程中，一方面以传播新思想、新文化和教授西方近代自然科学为主的新式学堂广泛建立，科学人才培养水平得以提升；另一方面中国地质学会、中国科学社生物研究所等科学研究机构相继成立，科学团体和科学传播交流刊物不断出现（见表2.4）。对此竺可桢在1950年回顾时认为，中国近代自然科学实际上在20世纪上半叶才得以"产生"，五四运动时期科学和民主的口号同时提出，1916年丁文江领衔成立的中央地质调查所（另有文献认为中央地质调查所成立于1913年）以及之后秉志领衔成立的中国科学社生物研究所是中国较早的自然科学研究机构，此后科学研究逐渐在高等院校有了立足点[②]。

---

① 李醒民、胡新和、刘大椿、殷登祥：《"科学、技术与社会发展"笔谈》，《中国社会科学》2002年第1期。
② 竺可桢：《中国科学的新方向》，《科学通报》1950年第2期。

总体而言，伴随科学建制本土化进程，20世纪初开始，科学教育机构、研究机构、学术团体的建立促使国内形成较为完整的科学建制体系，在此背景下，中国第一代职业科学家于20世纪上半叶登上历史舞台。

表2.4  20世纪初期（1907—1937）中国主要科学社团和发行刊物列表

| 社团名称 | 成立时间（年） | 主要发起人 | 刊物名称 |
| --- | --- | --- | --- |
| 中国药学会 | 1907 | 王焕文 | — |
| 中国科学社 | 1915 | 任鸿隽 | 《科学》《科学画报》 |
| 中华农学会 | 1917 | 陈嵘 | 《中华农林会报》 |
| 中华森林会 | 1917 | 凌道扬 | 《森林》 |
| 中国地质学会 | 1922 | 丁文江 | 《中国地质学会志》 |
| 中国气象学会 | 1924 | 竺可桢 | 《气象杂志》 |
| 大中华科学研究社 | 1925 | 吴稚晖 | 《科学周报》 |
| 中国矿冶工程学会 | 1926 | 翁文灏 | 《矿冶杂志》《矿冶专刊》 |
| 中国生理学会 | 1926 | 林可胜 | 《中国生理学杂志》 |
| 中华自然科学社 | 1927 | 赵宗燠 | 《科学世界》 |
| 中国营造学社 | 1929 | 朱启钤 | 《中国营造学社汇刊》 |
| 中国测验学会 | 1931 | 艾伟 | 《测验》 |
| 中国地学会 | 1931 | 葛绥成 | 《地质季刊》 |
| 中国化学学会 | 1932 | 陈可忠 | 《化学》《化学通讯》等 |
| 中国物理学会 | 1932 | 李书华 | 《中国物理学报》 |
| 中国考古学会 | 1933 | 顾鼎梅 | 《中国考古学会季刊》 |
| 中国植物学会 | 1933 | 胡先骕 | 《中国植物学杂志》 |
| 中国科学化运动学会 | 1933 | 吴承洛 | 《科学的中国》 |
| 中国动物学会 | 1934 | 秉志 | 《中国动物学杂志》 |

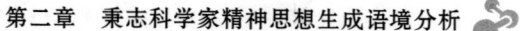

第二章 秉志科学家精神思想生成语境分析

续表

| 社团名称 | 成立时间（年） | 主要发起人 | 刊物名称 |
|---|---|---|---|
| 中国地理学会 | 1934 | 翁文灏 | 《地理学报》 |
| 中国数学会 | 1935 | 胡敦复 | 《中国数学会学报》《数学杂志》 |
| 中国化学工程学会 | 1935 | 张洪源 | 《化学工程》 |
| 中国心理学会 | 1937 | 刘廷芳 | 《中国心理学报》 |

资料来源：根据《百年历程：中国科技工作者群体的起源与成长》，科学出版社 2017 年版；《中国科技社团概览 1568—1988》，湖北科学技术出版社 1990 年版，整理编制。

置身于科学救国思想到科学救国思潮演进历史进程中的秉志深受影响，不仅在科学救国方面开展了诸多实践行动，而且注重对科学的社会功能和科学家的精神气质进行思考阐释，一方面，秉志在系统反思科学功效及其与国家关系的基础上，倡导通过科学拯救中国，用科学的方法、科学的知识和科学的精神改造中国，"今日者吾国人生死存亡之关头，日益迫近矣，有知识之人，勿再存观望之心理，谓谈科学救国者之迂缓，不足以救燃眉之急也。欲救此害，唯有本诸科学而已"①。另一方面，秉志以实现科学救国为目标，在系统考察 20 世纪上半叶中国科学发展面临困境和科技界作风和学风问题的基础上，对作为科学研究和科学救国主体的科学家的"应然性"精神气质进行思考，认为"吾国今日处于荆天棘地之中，有知识者宜尽力所能，以图挽救。科学可以救国福民，唯视吾人之努力"②。需要指出的是，科学救国思想同教育救国、实业救国等思想主张一样是一种片面的思想。单靠教育的、文化的、实业的或科学的途径，既不可能挽救民族危亡，亦不可能富国兴

---

① 秉志：《科学与国力》，载翟启慧、胡宗刚编《秉志文存》第 3 卷，北京大学出版社 2006 年版，第 104 页。
② 秉志：《所望于科学同人者》，载翟启慧、胡宗刚编《秉志文存》第 3 卷，北京大学出版社 2006 年版，第 140 页。

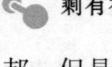

邦。但是，秉志等代表的一代学人对科学救国的深入思考和具体实践充分体现出特定时代和社会环境中中国第一代职业科学家的家国情怀和实践理性，其精神和实践在今天看来依然令后人肃然起敬。①

## 二 20世纪上半叶开展科学工作的困境

由于特定的时代背景和社会环境，伴随近代中国科学建制本土化进程产生的中国第一代职业科学家，从产生伊始在开展科学研究工作方面便面临诸多困境，困境的存在不仅影响了"科学救国"目标的达成，也对当时科技界的整体作风和学风产生了不利影响。仅就秉志从事的生物学领域而言，20世纪上半叶除却动荡不安的社会环境，国内生物学发展还面临资金短缺、学科发展不平衡、门户之见和学术派系倾轧等具体困境，而诸多困境的存在不仅阻碍了中国近代科学发展，也对科学家的精神状态造成了影响。

### （一）资金短缺

20世纪上半叶国家财政收入大部分或被用作军饷或被当权者中饱私囊，对此有学者认为，中华民国成立三十六年以来"一心只从自私自利方面打算，从不曾分心力去注意到培植教育，保护这为数甚少的国内科学家们。全国的教育经费，拿来与70%—80%军事费相比从来就没有超出过政府预算4.7%。这说明了为什么在中国科学家和科学成就会这样荒凉"②。政府资金投入不足导致科研单位和教育机构经费严重短缺。据统计，全面抗战前国内"每年用于科学研究之款项大约四百万元，不及美国用于工业研究两日之款项……所有国内生物学研究机关之经费不到二十五万元"③。对此，秉志在1928年写给任鸿隽的信中也提到，

---

① 李醒民：《秉志的科学救国和科学立国思想》，《山东科技大学学报》（社会科学版）2018年第3期。
② 孙守全：《被遗忘了的中国科学家》，《科学》1947年第6期。
③ 胡先骕：《中国亟应举办之生物调查研究事业》，《科学》1936年第3期。

## 第二章 秉志科学家精神思想生成语境分析

"北京协和之多财善贾，尤非此间所敢望，然则此间一勺之水，欲蜚声于国际学术界，弟即耗尽心血，其前途尚辽远也"①。资金严重短缺不仅限制了国内科学技术发展，而且阻碍了科研机构和高等院校正常运行，"治乱靡常，经济困窘，各大学与研究机关之设备，不易添置；研究人员生活艰苦，而工作衰退；后学青年，受社会不良之影响，颇多视自然科学研究为畏途"②。以致科学家和大学教授连基本生活都无法维持，据统计，在全面抗战爆发前一年，科学家和大学教授薪金工资能够维持中等收入群体水平，但到1946年薪金只有原来的3%，实际收入已经比不上人力车夫的收入，在物价不断上涨的环境下有限的收入已经不能维持个人生活，更无法负担家庭成员生活。③ 1947年，一名教授所领薪金工资约为142万元（法币），约合今天的660元，还不够买10袋面粉（见表2.5），当时一名西南联合大学教授的最高薪金也不够两个成年人的生活费。战争期间政局不稳，当局腐败，物价飞涨，使得当时的科技工作者收入处于最低点，几乎难以维持生计。④

表2.5　　物价加成和教授薪金例举表（1946—1947）

| 时间 | 生活补助费基数（法币）/元 | 物价加成/倍 | 教授薪金（法币）/元 | 约今折合/元 |
|---|---|---|---|---|
| 1946年3月 | 50000 | 150 | — | — |
| 1946年12月 | 170000 | 1100 | — | — |
| 1947年5月 | 340000 | 1800 | 1420000 | 660 |

资料来源：根据《百年历程：中国科技工作者群体的起源与成长》，科学出版社2017年版，整理编制。

---

① 秉志：《致任鸿隽》，载翟启慧、胡宗刚编《秉志文存》第3卷，北京大学出版社2006年版，第402页。
② 张肇骞：《中国三十年来之植物学》，《科学》1947年第5期。
③ 孙守全：《被遗忘了的中国科学家》，《科学》1947年第6期。
④ 何国祥、刘薇、施云燕、刘春平、张楠、吕华：《百年历程：中国科技工作者群体的起源与成长》，科学出版社2017年版，第109页。

## （二）学科发展不平衡

中国早期生物学发展带有很大的自发性和随意性，大多数科学家都按照自己的科研理念开展研究，同类型科研机构重复建设。由于科研经费缺乏导致投入不足，该时期即使是生物学领域发展较好的生物调查分类学也发展不平衡，对注重应用、关系国计民生的学科分支有所侧重，而基础学科研究则被忽视。例如在植物学领域，与人民生产生活具有密切关系的真菌学和木本植物学研究较多，对与人民生活关系不大的苔藓等低等植物分类学研究较少；在动物学领域，脊椎动物学以兽类研究最为薄弱，除却秉志等做过一些江豚和老虎的形态解剖工作，发表了"Preliminary Observations on the Osteology of Neomeris Phocaenoides"（《江豚骨骼之研究》）、"On the Skeleton of Felis Tigris"（《虎骨骼之研究》）、"On the Structures of the Hard Palate of Felis Tigris"（《虎硬腭之研究》）等论文（见表2.6），其他相关专家进行过一些零星研究外，几乎没有形成系统的专门研究。①

表2.6　　秉志归国初期（1921—1936）发表学术论文列表

| 序号 | 论文名称 |
| --- | --- |
| 1 | 《浙江沿海动物采集记》，《中国科学与文学杂志》1921年第5期 |
| 2 | "On the Growth of the Largest Nerve Cells in the Superior Cervical Sympathetic Ganglion of the Albino Rat-From Birth to Maturity"，*Neurol*，1921，33（3） |
| 3 | "On the Growth of the Largest Nerve Cells in the Superior Cervical Sympathetic Ganglion of the Norway Rat"，*Neurol*，1921，33（4） |
| 4 | "The Biology of Ephydra Subopaca Loew, Memoir Cornell Univ"，*Station*，1921，49 |
| 5 | "Preliminary Observations on the Osteology of Neomeris Phocaenoides"，《中国科学社生物研究所丛刊》1925年第4期 |
| 6 | "On the Testis and its Accessory Structures in the Porpoise"，*Hong Kong Naturalist*，1926，32（2） |

---

① 夏武平：《我国五十五年来的兽类学》，《动物杂志》1989年第4期。

## 第二章 秉志科学家精神思想生成语境分析

续表

| 序号 | 论文名称 |
|---|---|
| 7 | "On the Skeleton of Felis Tigris",《中国科学社生物研究所丛刊》1926 年第 1 期 |
| 8 | 《白鲸舌之解剖》,《中国科学社生物研究所丛刊》1927 年第 3 期 |
| 9 | 《一种海蛇的研究》,《中国科学社论文专刊》1927 年第 5 期 |
| 10 | 《中国白垩纪之昆虫化石》,《古生物志》1928 年乙种第 13 号第 1 册 |
| 11 | 《中国北方之田螺化石》,《古生物志》1929 年乙种第 6 号第 5 册 |
| 12 | 《河南一种新陆龟化石》,《中国地质学会期刊》1929 年第 3 期 |
| 13 | 《周口店出土之龟化石》,《中国地质学会期刊》1930 年第 3 期 |
| 14 | 《厦门沿海之动物》,《静生生物调查所汇报》1930 年第 8 期 |
| 15 | 《哈尔滨螺类之新种》,《静生生物调查所汇报》1930 年第 10 期 |
| 16 | 《安阳殷墟出土之龟壳》,《静生生物调查所汇报》1930 年第 13 期 |
| 17 | "Two New Cretaceous Fresh Water Gastropods from Mongolia", *American Museum Novitates*, 1930, 437 |
| 18 | 《一种龟类化石》,《中国地质学会期刊》1931 年第 1 期 |
| 19 | 《抚顺琥珀中之蟑螂类昆虫》,《中国地质学会期刊》1931 年第 2 期 |
| 20 | 《热河化石虫类的一新种》,《中国地质学会期刊》1931 年第 2 期 |
| 21 | 《蒙古之软体动物化石》,《中国地质学会期刊》1931 年第 10 期 |
| 22 | 《南京的动物区系》,《中国科学社生物研究所丛刊》1931 年第 4 期 |
| 23 | "Preliminary Notes on the Natural History of Nanking", *Branch Royal Asiatic Soc*, 1931. LXII |
| 24 | "Motor Localization of the Cerebral Cortex of the Guinea Pig (Cavia cobaya)", *Neurol*, 1931, 52 (2) |
| 25 | 《新疆腹足类软体动物》,《北京大学季刊自然科学版》1932 年第 3 期 |
| 26 | 《华北螺类之五新种》,《静生生物调查所汇报》1932 年第 2 期 |
| 27 | 《中国沿海腹足类之调查》,《静生生物调查所汇报》1932 年第 3 期 |
| 28 | 《长江中下游之动物区系》,《北京博物学杂志》1932 年第 7 期 |
| 29 | 《半指蜥蜴舌部之解剖》,《中国科学社生物研究所丛刊》1932 年第 3 期 |
| 30 | 《浙江二种新的鱼化石》,《中国地质学会期刊》1933 年第 2 期 |

续表

| 序号 | 论文名称 |
|---|---|
| 31 | 《中国西北部之螺类志》,《静生生物调查所汇报》1933年第4期 |
| 32 | "The Economic Fishes of Certain Sections of the Chinese Coast, The Economic Fishes of Certain Sections of the Chinese Coast", *Pacific Sci*, 1933 |
| 33 | 《豚鼠大脑皮层的电刺激对四肢影响的延缓性》,《中国科学院生物研究所丛刊》1934年第2期 |
| 34 | 《新疆之四种化石昆虫》,《中国动物学杂志》1935年第1期 |
| 35 | 《北戴河齿贝之新种》,《中国动物学杂志》1935年第1期 |
| 36 | "The Molluscan Shells of Hong Kong", *Hong Kong Naturalist*, 1936, 7（2） |

资料来源：根据《秉志科研论文集（1915—1936）》《秉志教授主要论著目录》《中国科技史料》1986年版等整理编制。

（三）门户之见和学术派系倾轧

民国时期在不同学校成长起来的学者尤其是有不同国家留学背景的学者，甚至不同研究领域的学者，在学术研究、培养学生时形成自己的指导思想和工作纲领，进而或多或少都会形成自己的圈子乃至学术派别，尤其一些比较有能力的自信的科学家如果一意孤行不免产生隔阂和门户之见。当时学术界派别观念比较严重，例如中央研究院各部门负责人多为有英美留学经历的学者，而北平研究院各所负责人则几乎都是留法学者。在生物学领域，留学日本、从事实验生物学研究的罗宗洛（1898—1978）认为，留学美国、从事生物分类学研究的秉志的学生遍布中央大学和中国科学社生物研究所，其他大学和研究机构骨干也多为秉志的学生，认为以秉志和胡先骕为核心的学术势力是当时生物学界最大、最强势的。① 为此罗宗洛等商议举办实验生物学会时，将在欧洲或日本留学的经利彬、汪德耀、贝时璋、张作人、童第周等作为可以团结的力量，而将秉志、胡先骕等一批留学美国、在中央大学和中国科学社

---

① 罗宗洛：《回忆录（续）》,《植物生理学通讯》1999年第1期。

生物研究所工作的人员排除在外。① 诚然，对上述事例的引用仅是来自客观学术史料的分析，罗宗洛以及上述提及的诸位科学家同秉志一样均为中国现代生物学做出重要贡献，是值得后学敬仰的老一辈杰出科学家。对于当时普遍存在的门户之见和学术派系倾轧，曾在中央大学和中央研究院动植物研究所工作的邓叔群（1902—1970）回忆："1928年我谢绝了外国的聘任回国，一心想大量培养祖国的专业人才，并首先研究大田作物的病害及其防治。为此我应聘到大学任教，教植物病理学及首次开设的真菌学，并从事研究工作。不料被学阀排斥，他们拉帮结派、控制经费、垄断重要科研项目，既做不出成果又不准他人研究，或等他人研究出成果时利用派系权势剽窃之。如此破坏科研进展，阻碍中国摆脱落后，实令人深恶痛绝。"②

在社会环境恶劣、资金奇缺、学科发展不平衡、门户之见和学术派系倾轧严重的困境中，资金短缺容易导致资金争夺，学科发展不平衡容易导致在科研过程中厚此薄彼，妄论他人工作，门户之见和学术派系倾轧则更为严重，不仅容易导致科学家之间不能合作甚至诋毁和恶意破坏他人科研工作，例如有学者认为，1938年，日寇两次纵火烧毁中国科学社生物研究所即为学术派系倾轧内斗所致，但具体缘由还待进一步考证。在此困境中科学家无法获得物质方面的支持，就只能寄希望于精神力量。

## 三 20世纪上半叶国内科学界作风学风存在问题

在秉志看来，20世纪三四十年代国内科学界作风和学风存在诸多问题，具体表现为缺乏学术民主、缺乏诚信、缺乏公开精神、缺乏敬业奉献精神、缺乏家国情怀五个方面。

---

① 罗桂环、李昂、付雷、徐丁丁：《中国生物学史》（近现代卷），广西教育出版社2018年版，第168页。

② 《邓叔群》，载中国科学院学部联合办公室编《中国科学院院士自述》，上海教育出版社1996年版，第331页。

(一) 缺乏学术民主

表现有二，一是门户妒嫉恶习。"科学界之人，宜本科学之精神，大公无我，唯理是从。同人若有成绩，我当羡慕，奋励自将，求与媲美可也。同人工作若有错误，我宜善意规劝，彼此相勖，以冀真理之大明可也。同人有奋斗于困难之中者，我力不能相助无论已，倘一举手一投足之劳，即可减少其困难，俾其进行，日见顺利，从而辅翼襄助之可也。同人之事业费几许心血，而稍见端倪者，从而爱护怜惜，同情照顾之可也。"① 然而在近代自然科学在中国传播初期，门户之见和学术派系倾轧已经蠢蠢欲动，秉志认为科学界门户之见和学术派系倾轧存在的原因在于科学家私心太甚，科学家需要提高觉悟，通过效仿杰出科学家大公无私的精神改进道德。秉志将此类"制造系派，党同伐异之鄙夫"称为"科学之罪人"。门户偏见又表现为师生传承偏见和留学国家偏见，前者"发生野心欲使国内之后生，与其所学相同者，尽出其门下。其人若肯受业而来，彼必设法使获相当之便宜。而对于未曾受业者，则排斥讥评，甚至从中干涉其工作，阻挠其计画，偏私之心，公然不讳。此风一开，科学界中彼此效尤，门户倾轧，势所必至"。后者"以其留学之国度，分为派别。与其不同国度之留学者，成敌对之势。自己无所贡献，而妄誉他人之工作，自己稍有所习，而即视人不值一道，此等人之用心行事，与科学之精神，倍谬已极，除为科学障碍外，无他事也"。② 二是学术专制。秉志将此类学阀称为"器小易盈鼓簧惑众之浅人"，科学发展在国内属于萌芽阶段，基础科学、应用科学等各种科学门类均需要大力提倡，而不应该厚此薄彼、妄加轩轾。"在科学中稍事研究，甫有著述者，辄自视为权威。于是乃是丹非素，张己伐物，对于

---

① 秉志：《所望于科学同人者》，载翟启慧、胡宗刚编《秉志文存》第3卷，北京大学出版社2006年版，第140页。

② 秉志：《科学呼声》，载翟启慧、胡宇刚编《秉志文存》第2卷，北京大学出版社2006年版，第78页。

自己所习者，颇有珍重自夸之意，对自己所未尝问津，而为人所专攻者，辄鄙弃之不遗余力。且其天性心理至为卑贱，择国内势力所在而极力捧之。奉称甲派而攻击乙派，极赞其与己相类者，而力诋其与己相异者。"①

（二）缺乏诚信

秉志把缺乏诚信而有剽窃行为的科学家称为"学术之蟊贼"，认为"凡有学而无行者，皆不得谓之真正之学者，纵其智力过人，不过恃其天赋较优，于学问上剽窃一二，以之害人病物而已，皆可谓学术之蟊贼也。近世治科学者，率犯此病，在吾国尤甚。"究其原因是部分科学家不专于所业治学不精而又想投机取巧利假借科学之名谋取私利，"所治之学尚未能精，而已存欺人之心，行害人之事，社会平民受其剥削不堪言状。盖此等人以市侩之精神从事于实用之科学，最初之原动力无非谋利，毫不足语于为国为民，牺牲服务之精神，其存心既极卑鄙，其为人亦极险诈，以如是之人，而在学问技术上稍有成就，亦唯有挟其所长，以榨社会而已。然而学问之事，究非小人之所得篡窃，世界任何民族之中，有以科学欺骗民众，损人利己者，其人究不得成为学术之伟人"②。以上行为的存在不仅损害了科学家在社会公众中的形象，而且严重阻碍科学发展，长此以往"则此国之科学事业乃万无希望"。"任何国家，其人民之治科学者，若多不肯实心踏地，力造极峰，而浅尝辄止，器小易盈，动以所贩于外人者，以为炫耀其国人之资，则此国之科学事业乃万无希望，此可断言者矣。数十年来吾国士夫热心教育者，日日谋科学之发展，而所得仅系残枝零叶者，不能不归咎于治斯学者也。"③

---

① 秉志：《科学呼声》，载翟启慧、胡宗刚编《秉志文存》第 2 卷，北京大学出版社 2006 年版，第 78 页。

② 秉志：《师鉴》，载翟启慧、胡宗刚编《秉志文存》第 2 卷，北京大学出版社 2006 年版，第 222 页。

③ 秉志：《师鉴》，载翟启慧、胡宗刚编《秉志文存》第 2 卷，北京大学出版社 2006 年版，第 222 页。

（三）缺乏公开精神

秉志将科学家自私之心过甚、视学问为私产的行为概括为缺乏"科学家公开之精神"。具体而言缺乏公开精神又分两类，一类是居奇自私深闭固拒的"技术匠人"，"此等人以所学者受社会之需求，其作研究也，必有甚高之条件，必有甚大之经费，充足之设备，方肯动手。口口声声，谓彼所专门者，非如此不能进行。使科学完全资本化，使懒惰者以此藉口。只此之故，科学遂愈被社会视为神秘奇贵之物，非有大力者不足以习之用之"。此等人"其与技术匠人坚守秘密，不肯以其术传人者无所异。唯以匠人自私之精神施之于科学，实予科学发展之前途一严酷打击也"。另一类是不愿提携后学的"自私自利之小人"，"绝不肯以其知识经验，从事于培植后学。既以一己之学识为秘密奇宝，凡有向之领教者，彼必表示极度偃蹇不屑之致，俾殷然以来者，为之废然而返，使青年对于科学有一极艰极难之印象。以为研究工作，绝谈不到，犹天之不可阶而升。其摧残有志之青年，亦已甚矣"。[①]"峻其门墙，对后辈不屑教诲，使之无所问津，深闭固拒，以其所长者为枕中之秘，此乃自私自利之小人，绝不是语于学人之列。此等人有害于国家人民，与汉奸驵侩无异。科学界之同人，凡有正义感者，当共弃之。"[②]

（四）缺乏敬业奉献精神

秉志认为科学家投身科学事业应有高尚的初心，而不应仅仅将科学作为谋取私利的资本，部分科学家从事科学研究工作的最初动机在于借助科学获得物质财富，将学习到的科学知识仅仅视为谋取个人物质私利的资本。以获得物质财富、谋取个人私利的态度选择科学职业，无论从事基础科学研究还是应用科学研究，其目的只是在于获得技术知识，即

---

[①] 秉志：《科学呼声》，载翟启慧、胡宗刚编《秉志文存》第2卷，北京大学出版社2006年版，第77页。

[②] 秉志：《国内生物学工作之展望》，载翟启慧、胡宗刚编《秉志文存》第3卷，北京大学出版社2006年版，第291页。

使研求精深也仅是一个"技术之人""科学之匠人",而不是真正的科学家。由于科学家从事科学职业的动机不纯,故而缺乏敬业奉献精神,一是不专心本业见异思迁,"凡习科学之人,外慕徙业者,皆毫无结果之可言。吾国科学方始萌芽,犯此病者甚众,无非缺乏忠挚之精神耳"①;二是浮夸浮躁盲目追逐热点,"吾人既学科学,要当有相当之信仰。近来吾国之人,稍习科学而未能深入者,因一时风尚所趋,好为时髦,以某一种科学足以怂动一般人之视听,遂恭维之,而睥睨其他。其实各种科学皆重要,无一不为国家所急需"②;三是怨天尤人缺少坚守精神,"勿谓设备不足,而不能研究也,勿谓授课过忙,而推诿也,勿以生活困难,机缘太少,而遽舍去也。破釜沉舟,势力奋斗,务以所学贡献于国人。倘吾国治科学者,皆具此种精神,则科学何患不发达。科学发达,则实业自然兴起,任何问题,皆可以科学方法研究之,国家何复患贫乎?"③ 上述行为和心理可概括为,"况国内事事皆不易为,欲从事研究,苦无设备,欲从事实业,又无机会,国人科学之知识,既极浅薄,同道中之深造者,又极寥寥,在此科学极形幼稚之中国,吾所学者,尽足敷衍一切,不妨暂行休息,谋个人物质上之安愉,于是借其留学之资格,高等学位之虚衔,于教育实业政治等界,占一较优位置,为计甚得,至于受困难,竭心力,仍在科学中解决一无有经济价值之问题,未免太愚,可以不必也。此种心理,要足代表一班今日国内之所谓科学家者。吾国科学之难以发展,亦以此为原因,此吾同人所当引以为耻者也"④。

---

① 秉志:《科学呼声》,载翟启慧、胡宗刚编《秉志文存》第2卷,北京大学出版社2006年版,第86页。
② 秉志:《科学三点》,载翟启慧、胡宗刚编《秉志文存》第3卷,北京大学出版社2006年版,第122页。
③ 秉志:《科学与国力》,载翟启慧、胡宗刚编《秉志文存》第3卷,北京大学出版社2006年版,第103—104页。
④ 秉志:《科学在中国之将来》,载翟启慧、胡宗刚编《秉志文存》第3卷,北京大学出版社2006年版,第114页。

(五) 缺乏家国情怀

面对该时期愈演愈烈的空前国难，秉志对一些科学家对于国家存亡和社会民众麻木不仁给予抨击，"吾国今日之大患，莫过于国难日深。而多数人民，瞢不之省，对于国家之利害，率麻木不生痛痒。尤莫过于知识分子，自便其私，不肯竭智尽能，为国家效其分寸"①。一是只求自利不肯为国效力，"颓惰自甘，贩货转卖，甚至改途易辙，以求自利。毫不知以所学为国家效其分寸，此最可痛心者也。故吾望科学界之同人，万不可存优游无事之心，各本所学，努力前进。无论所学何门，既是科学，皆足为国家人民之助"②；二是只图升官牟利愧对国人父老，"今日吾国习科学者，其数已不为少，其有研究经验者亦渐众，徒在外国大学得高等学位，博荣誉者，无补于国家之危亡，而图升官牟利者，更不足以对国人父老"③；三是故步自封不肯工作，"吾国之科学家，往往于既得相当训练与知识之后，即不肯努力于研究，故智自封，蹉跎不进。国家方需要其有所贡献，乃藉口于环境不佳，不肯工作。其有以对国家与人民乎?"④ 更有甚者仗其所学剥削民众，"如近日通都大邑之中，人民密集，某种实用之科学，为人生健康幸福之所赖。习是学者，以其所学如此需要，遂乘机榨取。谋利之心，过于强炽。视人民之生命健康，无足重轻，唯求所以满足其贪欲。重价盘剥，潦草塞责，黑心冷血，简傲陵人。贫苦之人民罹于灾厄，毫无救助。较裕之人可得其助者亦必大受剥削。此种行为，演成风气，何怪人视科学与道德为毫无

---

① 秉志：《彻底之觉悟》，载翟启慧、胡宗刚编《秉志文存》第3卷，北京大学出版社2006年版，第141页。
② 秉志：《所望于科学同人者》，载翟启慧、胡宗刚编《秉志文存》第3卷，北京大学出版社2006年版，第139页。
③ 秉志：《科学与国力》，载翟启慧、胡宗刚编《秉志文存》第3卷，北京大学出版社2006年版，第103页。
④ 秉志：《国难时期之科学家》，载翟启慧、胡宗刚编《秉志文存》第3卷，北京大学出版社2006年版，第156页。

## 第二章 秉志科学家精神思想生成语境分析

关系乎"①。

通过以上分析，可以大体明晰秉志科学家精神思想产生的社会语境（见图2.1）。在近代中国科学理念本土化传播和科学救国思潮影响下，中国科学建制本土化进程不断加快，促成中国第一代职业科学家在20世纪上半叶登上历史舞台。基于当时特定的时代背景和社会环境，中国近代自然科学发展面临社会动荡不安、资金严重短缺、各学科发展不平衡、门户之见和学术派系倾轧严重等困境，这些困境的存在不仅影响了国内科学发展水平，而且对科学家的精神状态和作风学风状况产生影响，以致20世纪三四十年代国内科学界普遍存在缺乏学术民主、缺乏诚信、缺乏公开精神、缺乏敬业奉献精神、缺乏家国情怀等作风和学风问题。基于对中国近代科学发展特殊进程的考量，秉志为突破实然性局限，通过精神力量克服客观环境带来的阻碍，呼吁建构一种应然性价值倡导，以此规范科学家的精神品质发展科学技术，突破实然性困境和应然性目标的矛盾实现科学救国的归旨。

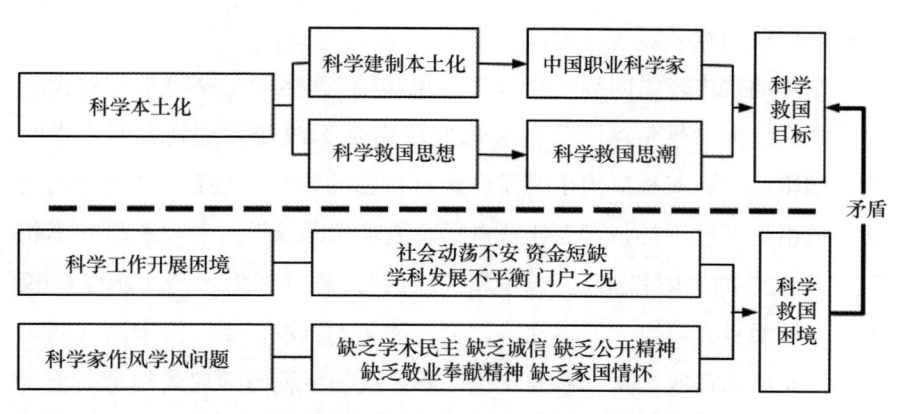

图2.1 秉志科学家精神思想生成社会语境示意图

---

① 秉志：《科学呼声》，载翟启慧、胡宗刚编《秉志文存》第2卷，北京大学出版社2006年版，第85页。

## 第三节 个人经历

探讨秉志科学家精神思想离不开对秉志个人的考察，这一思想的形成固然有特定的时代背景和社会环境，但是秉志的个人经历在该思想形成过程中也发挥了重要作用。

### 一 中西会通的教育经历（1886—1920）

秉志（1886—1965），字农山，原名翟秉志，祖居东北双城子，本系满族，隶属正蓝旗，祖上由沈阳入居北京，后于康熙年间迁至河南定居，至秉志出生时已在开封住家三百年之久。祖父翟万顺以教书为生，父亲翟海林为前清举人，"生于道光乙巳年，中同治癸酉乡试，九上公车不第。执教乡里公学约卅年，尽力培植贫寒子弟。卒时五十五岁，时光绪庚子秋九月。先君终身不仕，伏处乡里，夙甚疾瘵，然忧国极切"①。家中每年有三四十两银子的收入，又有田地四十亩由亲戚代耕，家庭条件较为宽裕。

幼年的秉志较之同龄人颇为"心思顽钝"，尽管父辈时常呼枕携途循循提命，但"性情浮躁"的秉志并没有什么改变，直到十四五岁时仍不知奋勉。翟海林借用小时候母亲对自己的训导对他说："吾十四五时，汝祖母即已不甚督责，任吾自择。欲求学即求学，不欲求学亦不相强。"②父亲的失望和无奈令秉志心甚自愧，感觉如果不努力求学不仅上负亲心而且无以自立，遂立志读书，随父先习经、史、汉宋诸大儒之书，次及唐宋诸家之文，后及制义，系统接受传统国学启蒙教育。重智育轻德育并不是这一书香门第的训子之道，敬服曾文正公的翟海林对子

---

① 秉志：《先君事略》，载翟启慧、胡宗刚编《秉志文存》第3卷，北京大学出版社2006年版，第366页。
② 孙炜、史玉民：《中国百年生物学的先驱探索——秉志的实践开拓与精神传承》，《中国科学：生命科学》2022年第12期。

## 第二章 秉志科学家精神思想生成语境分析

女的家国情怀和道德品行要求极严，常言"读书之人，不必获有功名，始能为国效力。倘有志利世，莫如敦品砺行，奋勉求学。己身既修，绩学日久，即可整躬率物。己立立人，已达达人"，教导子女为人要"存好心、行好事"，处事"性情要佳、气量要宏、志气要坚"。① 严管深教背后更多的是父母的关爱，秉志"幼时身体颇健壮，恒无病痛。然遇天气寒冷，或时令不正，吾父母每谆谆嘱以慎重衣服饮食，唯恐稍有疏失"②。较为宽裕的家庭环境、父母的言传身教和关爱使得秉志的童年充满温馨愉悦，"思及幼时，吾父母兄弟皆在时，每日塾中读书，家中嬉戏。父母召吾等有所训谕，皆于吾等为人处世，有甚大关系者。则觉吾一生最乐之事，无过于此时矣"③。1900年翟海林去世，秉志读书因无人领导不得门径枉费了不少时间精力，考取秀才后参加乡试落榜。

1901年，清政府为挽救统治危机实施新政兴办新学，翌年河南巡抚锡良上奏筹设河南大学堂。办学伊始因民风未开无人应考，遂从乡试落榜人员中选取秀才迫令入学。符合入学条件的秉志于1902年"被自愿"进入河南大学堂，间日上午学习经学四小时，下午学习算学四小时，全日学习英文八小时。当时社会仍将科举视为正途，河南大学堂也允许学生请假离校参加科考。经历过乡试失利的秉志"甚羡慕科举的虚荣，一边在学校进修，一边仍竭力研究国文"④，终在1903年得中举人。失而复得愈显珍贵，发榜当日秉志的心情不得而知，但多年后秉志将"科举"与"科学"进行比较，认为科举不过是博取虚名、谋求富贵的敲门砖，科学才是寻求真理、造福人类的真学问，"为求真理而研

---

① 孙炜、史玉民：《中国百年生物学的先驱探索——秉志的实践开拓与精神传承》，《中国科学：生命科学》2022年第12期。
② 秉志：《训子女书》，载翟启慧、胡宗刚编《秉志文存》第3卷，北京大学出版社2006年版，第244页。
③ 秉志：《训子女书》，载翟启慧、胡宗刚编《秉志文存》第3卷，北京大学出版社2006年版，第243页。
④ 秉志：《自传》，载翟启慧、胡宗刚编《秉志文存》第3卷，北京大学出版社2006年版，第302页。

究学问,与为虚名而求学问,其兴趣至不同也。为造福人类而求学问,与为富贵利达而求学问,其目的至不同也。兴趣目的之不同,故学人之精神遂分道而驰。一则终身以有,有朝闻道可以夕死之志,一则恃所学者为敲门砖,得其所欲,即中道而废"①。

翌年,京师大学堂要求各省咨送预备科生员,河南省获得十个名额。秉志经过第一场中文一篇,中国历史、地理各六问,第二场东西文翻译二篇,外国历史、地理各六问,第三场算术六问,代数及平面几何各三问,物理学及无机化学各三问共三场考试获得咨送资格。秉志入学后最好泛览科技书籍,意识到科学是格物致知、富国强民的利器,生物学不仅是有关生命的科学,而且同个人修身饬行和国家前途命运关系密切,尤其对达尔文学说和进化论最感兴趣,以后的事实证明,这一思想上的服膺对秉志的专业研究乃至整个人生轨迹都产生了重要影响。期间正值庚子赔款不久,秉志对列强的欺瞒和国家所处的危难境遇感同身受,参加了针对美国禁止华工抵制美货、抗议英国要求沪杭甬铁路特权等爱国学生运动。四年后,秉志修完预备科课程,本应分科再接受三年专业教育,但因学校未请到教师迟迟不能开课。1909年6月,学校公布预备科学生毕业分数,秉志的平均分数为七十九分一厘,根据"七十分以上为优等"的规定其毕业等第应为优等,但"因英文主课不及六十分降中等"。学部奏请宣统皇帝拟将秉志以各部司务补用,② 但是这位京师大学堂毕业的晚清举人并没有选择成为一名八品京官,而是于四个月后乘坐"中国"号轮船驶向大洋彼岸。

就在秉志从京师大学堂毕业的当月,清政府为做好庚款留美事宜设立游美学务处,由各省选取合格学生荐送进京,然后参加外务部、学部

---

① 骥千:《科举与科学》,《申报》1939年7月5日第2版。
② 北京大学校史研究室编:《北京大学史料》(第1卷 1898—1911),北京大学出版社1993年版,第388页。

## 第二章　秉志科学家精神思想生成语境分析

组织的统一考试。河南省由各处学务公所和省高等学堂、优级师范学堂考选推出13人，在22名自行报名者中仅推出秉志1人，河南巡抚在致外务部的电报中又将这14人分成三等，第一等"程度优异"者仅秉志一人，其余13人为第二等"程度较优"或第三等"略有程度"。① 七月，由各省选送的600余名考生经过五场考试最终考录47人，秉志不仅是河南省推荐考生中唯一考录者，也是唯一具有举人功名的考录者，另有6人是秀才。据《考取第一次留美学生姓名年岁籍贯清册》记载，"秉志，二十岁，河南驻防正蓝旗"②。同年10月，该批学生从上海启程赴美，抵达华盛顿后，秉志先入惟士米安高等学校补习，1910年进入康奈尔大学正式学习。

来到康奈尔大学后，秉志进入农学院昆虫系，于1913年获理学学士学位后，跟随昆虫学家尼达姆（Needham J. G.）继续在该校深造，两年后发表第一篇论文，也是中国人在国外发表的第一篇昆虫学论文"Some Inhabitant of the Round Gall of the Goldenrod"（《加拿大金杆草上虫瘿内的昆虫》）。金杆草（goldenrod）又称金印草、金棒草，是原产于加拿大东南部和美国东北部的一种菊科植物，因具有较高的药用价值被称为"北美黄连"。金杆草的茎部有许多蝇类幼虫形成的虫瘿，秉志在仔细观察3000余个虫瘿后，就蝇类幼虫形成虫瘿的过程，以及其他寄食昆虫和寄生昆虫进入虫瘿的途径进行说明，并于同年当选美国Sigma Xi荣誉学会会员。在博士论文"The Biology of Ephydra Subopaca Loew? Memoir Cornell Univ Agric Exp Stat"（《一种咸水蝇生物学的研究》）中，就一种咸水蝇的形态特征进行了分析，于1918年成为首位在美国研究昆虫学获博士学位的中国人。需要指出的是，在47名首批

---

① 李守郡：《第一批庚款留美学生的选派》，《历史档案》1989年第3期。
② 中国第一历史档案馆：《宣统年间清廷遣派赴美留学生史料选》，《历史档案》1997年第2期。

庚款留美学生中,由于种种原因仅有秉志和就读于哈佛大学物理系的胡刚复(1892—1966)两人获得博士学位。①

其间,秉志与同在康奈尔大学留学的任鸿隽等人于1914年发起成立中国科学社,集资刊行《科学》月刊。秉志积极为《科学》月刊撰稿(见表2.7),其中我国第一篇医学昆虫论文"疟蚊"由于内容全面篇幅较长在《科学》月刊连载3期。

表2.7　秉志留美期间(1909—1920)在《科学》杂志发文列表

| 文章名称 | 卷次 |
| --- | --- |
| 《生物学概论》 | 1915年第1卷第1期 |
| 《达尔文动植畜养论(一):家犬之源流》 | 1915年第1卷第2期 |
| 《达尔文动植畜养论(二):家犬之特性》 | 1915年第1卷第3期 |
| 《军事上医学之功用(一)》 | 1915年第1卷第4期 |
| 《军事上医学之功用(二)》 | 1915年第1卷第5期 |
| 《昆虫》 | 1915年第1卷第5期 |
| 《达尔文动植畜养论(三):家犬之生育及变迁》 | 1915年第1卷第6期 |
| 《细胞原理之由来》 | 1915年第1卷第7期 |
| 《说树》 | 1915年第1卷第8期 |
| 《种树(一)》 | 1915年第1卷第9期 |
| 《种树(二)》 | 1915年第1卷第10期 |
| 《疟蚊(一)》 | 1915年第1卷第11期 |
| 《疟蚊(二)》 | 1915年第1卷第12期 |
| 《疟蚊(三)》 | 1916年第2卷第1期 |

---

① 姚蜀平:《回首百年路遥——伴随中国现代化的十次留学潮》,上海教育出版社2017年版,第37页。

## 第二章 秉志科学家精神思想生成语境分析

续表

| 文章名称 | 卷次 |
| --- | --- |
| 《昆虫发达论》 | 1916年第2卷第2期 |
| 《细胞分裂论》 | 1916年第2卷第5期 |
| 《虫害》 | 1916年第2卷第6期 |
| 《说蚌》 | 1916年第2卷第8期 |
| 《古今生物学名人考》 | 1916年第2卷第9期 |
| 《养马》 | 1917年第3卷第2期 |

资料来源：根据《科学》杂志（1915—1920）整理编制。

1918年博士毕业后，秉志进入韦斯特解剖学与生物学研究所（Wistar Institute of Anatomy and Biology），围绕"人之不自然动作 involuntary motion of man"和"鼠之嫡亲交配 inbreeding"两项课题进行研究，① 其间发表了《大白鼠颈上交感神经结细胞生长的研究》和《野鼠颈上交感神经结细胞生长的研究》两篇论文，其中对交感神经系统生长的研究是韦斯特解剖学与生物学研究所首次开展此类研究，同时在宾夕法尼亚大学注册修课。在韦斯特研究所工作过半，1919年3月，秉志写信给胡适对该所盛赞有加，"此地于研究科学甚佳，日本人在此凡八人，中国人只弟一人耳"，同时在信中以已应许南京高等师范学校农业专修科主任邹秉文之邀前往该校任教谢绝了北京大学邀请，"弟已许之，背之则不义，且舍小就大，亦非君子之所取也"②。1920年7月，秉志发表"美国韦斯特生物学研究所报告"，从历史、组织、政策、当时的情形等方面对该所进行详细介绍，谈及"凡国家之欲强盛者，不能不恃学术也"③。同年10月1日，留美11年的秉志辞去该所解剖学研究员一

---

① 《欢迎秉志博士》，《南京高师日刊》1920年11月5日第2版。
② 秉志：《致胡适》，载翟启慧、胡宗刚编《秉志文存》第3卷，北京大学出版社2006年版，第397页。
③ 秉志：《美国韦斯特生物学研究所报告》，《教育杂志》1920年第7期。

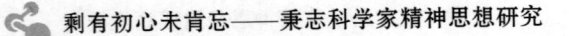

职回国，旋即开启中国现代生物学事业。1920 年韦斯特解剖学与生物学研究所的所长年终报告称秉志在该所两年期间工作出色，赢得了同事们的尊重。

## 二 置身其中的社会变革（1920—1949）

1920 年，秉志回国后受聘为南京高等师范学校农业专修科教授。当时生物学作为一门"纯粹科学"没有受到应有的重视，全国大学也没有一个生物系，生物学人才尤其是本土培养的人才非常匮乏。翌年，秉志同胡先骕一道创建了中国第一个国人自办的高校生物系南京高等师范学校生物系，秉志任系主任兼动物学教授。建系之初因经费不足办学条件艰苦，秉志发动师生动手制作实验仪器，拿出自己的薪金订购设备，利用暑假时间率领学生去沿海采集标本，编写了第一本采用中国资料的动物学教材，南京高师—东南大学生物系在秉志带领下初见规模。然而一场大火却将前期努力化为乌有。1923 年 12 月 11 日晚，生物系所在的东南大学口字房失火，大火烧了一天一夜才熄灭，"所藏书籍六百七十余部，杂志九千余份，欧美专家私人著作二千余份，此皆秉志博士私有，以供学生参考者，植物书籍三百余本。尤可惜者，为秉志博士之在美十数年实验报告笔记，及所经解剖、著作二十余箱，同宿焚如，其他具零物，亦不下数千件。闻秉博士数日前丧子，教授课不辍，谈笑自若，及闻标本著作被焚，痛不欲生，谓学生曰：宁烧我家，不愿焚学校"。秉志见火不可救，当场不省人事，面色苍白，哑不能言，他苏醒后失声痛哭。① 此后秉志着手复建生物系，培养出一大批人才，成为生物学界的一支重要力量。早年在该系学习的生物学家欧阳翥说："生物系兴，秉农山、胡步曾、陈席山、陈焕镛诸先生先后莅止，登坛讲授，一时人物称盛，冠于国中。而秉农山先生之尤力，旦夕从事，汲汲焉唯

---

① 《南京东南大学口字房大火纪》，《申报》1923 年 12 月 13 日第 10 版。

## 第二章 秉志科学家精神思想生成语境分析

恐不给。于是学者靡然从风，争欲一睹所谓生物学研究者。"① 多年后语言学家吕叔湘还曾引用这一事例教导鼓励学生，吕叔湘说，当他在南京东南大学上学时，著名生物学家秉志在那里教书。秉志用自己收集的大量生物标本武装生物系，在全国学界享有盛名。不巧那年生物系发生一场大火，秉志的标本被烧光了。眼看自己前半辈子的成果毁于一旦，秉志并没有消沉，相反却更加努力地工作。后来，他再次收集齐全生物标本，并在生物学研究上做出了重大的贡献。吕叔湘说："人家秉志是这样做学问的。他意志多坚强；而你失去的仅是三年之中收集的资料，怎么能灰心呢？"②

1922年，秉志和胡先骕在南京创办了中国第一个生物学研究机构——中国科学社生物研究所，该所也被认为是中国第一个纯粹科研机构，③由此真正开启了西方近代生物学研究在中国的本土化之路。秉志出任所长兼动物部主任，在生物学研究和出版物、生物学人才培养、扶翼其他生物学研究机构、普及现代生物科学知识等方面做出众多成就。据瞿启慧回忆，在生物研究所的时候，秉志白天要教书上课，晚上到所里做实验，所里的年轻人看他晚上工作也都跟着晚上工作，灯火通明成为当地的一景。这也不是秉志规定的，他就是觉得时间很宝贵。可是他规定周末不能工作，他就带着那些年轻人去郊游，有时候就包一条船带点吃的在玄武湖上玩一天，很注意劳逸结合。为提倡研究、传播成果，他于1925年创办《中国科学社生物研究所丛刊》，为适应当时英文作为世界科学界主流语言的情况定英文为正文，与国内外800多个学术机构建立期刊交换关系。1928年为加强北方动植物研究，秉志领衔成立中国第二个生物学研究机构——北平静生生物调查所。"静生生物调查所，创始迄今，不过两年，而其成绩，已焕然可观，其主要任务在与中国科

---

① 欧阳翥：《南京高师与生物学》，《国风月刊》1935年第2期。
② 林玉树：《扶植后学 尽心竭力》，《光明日报》1986年7月7日第2版。
③ 张剑：《从"科学救国"到"科学建国"的践行者——中国科学社对中国近代科学发展的三大贡献》，《自然辩证法通讯》2016年第3期。

学社生物研究所协力合作监审全国之动植物品种。"① 翌年他主导创办的《静生生物调查所汇报》沿用《丛刊》模式为英文刊并附以中文摘要，静生所与200多家国内外机构交换《汇报》，所发现的生物学新种和新属为国内外同行所知晓。生物学南北两所在秉志等老一辈科学家的带领下为开创和发展中国现代生物科学做出贡献。

1934年，30余名代表在江西庐山召开大会宣告中国动物学会成立，推举秉志为中国动物学会第一届理事会会长，负责学会具体会务和规划未来发展，旋即创办"专载关于动物学各方面有价值之研究论文"的《中国动物学杂志》，选举秉志任总编辑。同年，中华海产生物学会整体并归中国动物学会，后定名为"青岛海滨生物研究所"，该所为中国海洋科学特别是海洋生物学研究开辟了新途径，秉志早在1923年就有的设立海滨生物实验所的畅想历时11年后变为现实。② 其间秉志受聘担任国立编译馆动物发生学和比较解剖学两个名词审查委员会主任委员，审定动物发生学名词1750条，为近现代动物学在中国传播扫除一大障碍。

1931年春，秉志受中华教育文化基金会委托赴辽宁视察，南归后应泛太平洋学术会议邀请撰文《国内生物科学（分类学）近年来之进展》，文中对东北大学砺行教育、东北大地庠序肃穆的情况称许有加。后秉志的学生林文将其译为中文发表，由于译文未经秉志校阅，发刊后发现存在很多疵失，在秉志的要求下林文重行厘正，直至1933年才校阅完成，林文在后记中写道"今日重读此文，而东北大学已随辽宁沦陷于寇仇者越二年矣，'风景不殊，而举目有山河之异'。诵复斯言，何胜悲痛"③。

---

① 秉志：《国内生物科学（分类学）近年来之进展》，载翟启慧、胡宗刚编《秉志文存》第3卷，北京大学出版社2006年版，第90页。
② 秉志：《倡设海滨生物实验所说》，载翟启慧、胡宗刚编《秉志文存》第3卷，北京大学出版社2006年版，第49—51页。
③ 秉志：《国内生物科学（分类学）近年来之进展》，载翟启慧、胡宗刚编《秉志文存》第3卷，北京大学出版社2006年版，第99页。

## 第二章 秉志科学家精神思想生成语境分析

此后国难日益深重。"七七事变"爆发后南京沦陷，日寇将中国科学社生物研究所未及转移的标本掠走后，于1938年两次纵火将该所遗留南京的所有房屋烧毁，而与该所在同一街道的其他学术机构却幸免于难，显然这是日寇针对该所的报复。1930年，日本人岸上谦吉等未经我国政府批准，以进行动物资源调查为由闯入四川，秉志得知后组织人员前往四川采集调查并满载而归，而岸上谦吉却步步落后终至病死四川。"生物所与博物馆在日军陷落南京时被毁，因为生物研究所曾经抢了日本岸上谦吉一批人的上风，所以引起仇恨，被烧得特别干净。"①

生物研究所被毁后，秉志来到上海复建实验场所开展研究。太平洋战争爆发后日寇占领租界，秉志改名"翟际潜"蓄须明志不为敌伪所用，一方面躲到中药厂研究药材蛀虫，并写成《烟碱熏治药材蛀虫之研究》；另一方面作为中国科学社的核心人物领导起中国科学社在上海的工作，对此有专家认为，抗日战争期间有大量科技工作者因为各种原因滞留在沦陷区，"以秉志为核心的中国科学社同人选择了与敌对抗、对抗不成就隐姓埋名，但决不合作的道路。他们做出了这种选择，就需要面对这种选择所带来的困境，好在他们度过了这一困境，迎来了民族解放。如何同情地理解其他人的不同选择，可能是后来的研究者在面对学术与政治、普世的科学与有国界的国家时不得不面对的矛盾与困境"②。需要指出的是，由于缺乏相关影像资料，秉志在抗战期间"蓄须明志"长期仅被视为一种气节表征，2021年公布的一张照片（见图2.2）对此提供了影像佐证。

作为一名系统接受过传统国学教育的举人，秉志向来"看不上"通俗文学，告诫子女"彼等心目中所谓文学者，乃俗派之文学，看小

---

① 《中国科学社三十五周年启事》，《科学》1949年第1期。
② 张剑：《另一种抗战：抗战期间以秉志为核心的中国科学社同仁在上海》，《中国科技史杂志》2012年第2期。

**图 2.2　抗战期间秉志（前排中蓄须者）同中国科学社同人在上海影像（1942 年）**

资料来源：姚韧九《从一张珍贵合影谈谈我所了解的中国科学社》，《科学》2021 年第 3 期。

说，作白话文而已。真正之文学根本于六经百氏，陶熔于近世科学哲学之事实理想以出之者，彼辈畏之避之，与畏惧科学正相同"①。而抗战期间秉志不仅作起通俗文学还写起了"聊斋"。一次交谈中《大公报》主笔张季鸾提议"书生报国，笔扫千军"②，秉志遂用笔名"骥千""禾山"在《申报》倡设"科学与人生"专栏发文激励国人抗日斗志，被敌伪察觉后又化名"伏枥""夷"在《学林》等继续写作。"科学聊斋"是秉志为《申报》《科学画报》的专栏撰稿，累计发文 20 余则，在《大老妖》《鬼声》等小文中阐明"世人所传鬼怪，皆以真象不明，遂笃信以为真也。科学之精神，在求真理，凡遇一种现象，无论如何奇

---

① 秉志：《训子女书》，载翟启慧、胡宗刚编《秉志文存》第 3 卷，北京大学出版社 2006 年版，第 251 页。

② 王家楫、张孟闻、郑集、刘咸、倪达书、鲍璿：《回忆业师秉志》，《中国科技史杂志》1986 年第 1 期。

突，必寻究根底，而得其确实之原因"①；在《固圉》《殷鉴不远》等文中，号召国人学习蜜蜂、刺背鱼"遇到外敌，奋起抵抗"精诚团结，讽刺侵略者是旅鼠、蝗虫等"最喜进犯他区"的动物，警告侵略者"动物侵掠新区，适遇劲敌，未能树立势力，以获任何利益，反至丧失生命，足为侵略者鉴矣"②。他还受邀为游击区撰写《竞存略论》，《竞存略论》将"物竞天择，适者生存"法则引申至人类社会："自然界之有竞争，无时或息。动物不胜竞争之烈而绝种，与夫互助奋斗而蕃衍者，亦在可以察见。人类乃动物之一，其国族之盛衰兴亡，夫岂能有例外。"③ 以此阐明国家至上、民族至上之意，呼吁国人知所借鉴，互助奋斗冲破难关。

抗战胜利后秉志受邀到复旦大学任教，后中央大学又发来邀请，秉志应允有暇时到中大讲课，但"反动的教育部与中大积不相能，使中大研究工作不能便利进行。我只得利用该校抗战后破旧的设备，因陋就简以为之。教课虽无问题，而研究乃极度困难"④。抗战前，秉志曾将1915—1936 年发表的论文装订成册置于中国科学社生物研究所交流传阅。2019 年中科院动物研究所整理编辑《秉志科研论文集续编（1937—1964）》（见表 2.8）。

表 2.8　　秉志 1937—1964 年发表学术论文列表

| 序号 | 论文名称 |
| --- | --- |
| 1 | 《关于哺乳类大脑皮层功用之数则》，《中国科学社生物研究所丛刊》1937 年第 7 期 |

---

① 骥千：《花头怪》，《科学画报》1940 年第 8 期。
② 骥千：《殷鉴不远》，《科学画报》1940 年第 4 期。
③ 秉志：《竞存论略》，载翟启慧、胡宗刚编《秉志文存》第 2 卷，北京大学出版社 2006 年版，第 1 页。
④ 秉志：《自传》，载翟启慧、胡宗刚编《秉志文存》第 3 卷，北京大学出版社 2006 年版，第 305 页。

续表

| 序号 | 论文名称 |
| --- | --- |
| 2 | 《安徽腹足类之数新种》,《中国科学社生物研究所丛刊》1938年第1期 |
| 3 | 《家兔大脑动作区正常及受伤后之测定》,《中国科学社生物研究所丛刊》1939年第4期 |
| 4 | 《白鼠大脑皮层损伤后呼吸现象所受之影响》,《中国科学社生物研究所丛刊》1940年第9期 |
| 5 | 《一部分大脑皮层受损后对于气体代谢之影响》,《中国科学社生物研究所丛刊》1941年第10期 |
| 6 | 《正常气体代谢与大脑皮层一部分损伤后情形之比较》,《中国科学社生物研究所丛刊》1942年第4期 |
| 7 | 《白鼠大脑皮层人为损伤对基础代谢之影响》,《中国科学社生物研究所丛刊》1942年第5期 |
| 8 | 《烟碱熏治药材蛀虫之研究》,《中国水生生物学汇报》1950年第1期 |
| 9 | 《家蚕产丝器官生理量度之研究》,《中国水生生物学汇报》1950年第1期 |
| 10 | 《关于家蚕习性与行为之观察》,《动物学报》1954年第1期 |
| 11 | 《硬骨鱼脑对于某些化学刺激的反应》,《动物学报》1956年第2期 |
| 12 | 《鲤鱼骨骼肌的初步观察》,《动物学报》1958年第3期 |
| 13 | 《鲤鱼韦氏器官及其附近各质的形态与生理》,《科学记录》1958年第5期 |
| 14 | 《关于鱼脑的几点》,《科学》1958年第2期 |
| 15 | 《鲤鱼骨骼肌在生理上的类别》,《科学》1958年第4期 |
| 16 | 《鲤鱼神经系统的初步观察》,《动物学报》1959年第3期 |
| 17 | 《在家蚕生活史各阶段中的几种实验》,《科学》1959年第2期 |
| 18 | 《鲤鱼交感神经系统的大纲》,《科学》1959年第4期 |
| 19 | 《鲤鱼(Cyprinus carpio)的水静机制》,《动物学报》1961年第Z1期 |
| 20 | 《幼鲤大侧肌隔骨针的观察》,《动物学报》1962年第2期 |
| 21 | 《鲤鱼平衡系统的神经连系》,《动物学报》1964年第4期 |

资料来源：翟启慧《秉志教授主要论著目录》,《中国科技史料》1986年第1期。

## 第二章 秉志科学家精神思想生成语境分析

### 三 国家意识的情感认同（1949—1965）

新中国成立后，年逾花甲的秉志受到人民政府礼遇，受邀成为全国政协第一届全体会议特别邀请人士并参加开国大典。① 中国科学院水生生物研究所组建后，秉志从复旦大学来到该所。当时水生所的研究人员很多都是秉志的学生或助手，所长王家楫和副所长伍献文更是南京高师生物系培养的第一届学生，1948年王家楫、伍献文和业师秉志同时当选中央研究院首届院士，1955年三人又同时当选中国科学院首批学部委员。秉志认为"学部委员可以仿照人民代表的办法，到各地视察，接受科学家们的意见，提交学部。他说：'只要把任务明确起来，学部委员一年会有许多工作可以做的，而且可以起推动全国科学的作用的'"②。王家楫和伍献文对秉志非常敬重，终身执弟子礼，路遇秉志都毕恭毕敬侧立一旁请老师先走，而秉志也继续甘为人梯、奖掖后学。

秉志晚年主要从事鲤鱼实验形态学研究，据秉志晚年助手潘兴光回忆，秉志认为在教学和科研工作中，应该有我国自己的教科书与科研的参考书。长期以来，我国动物学的教材不用中国的名产鲤科硬骨鱼类作代表，而仅引用国外以软骨鱼类鲨鱼代表鱼类资料是不正确的，为此他就紧密结合人民生活和发展经济的生产实际，选择我国有很多经济价值的常见鲤科硬骨鱼类的鲤鱼，系统深入细致地开展研究，以补充国内过去缺乏的全面的专著资料。秉志多次研读并摘录生物进化文献，探究从鱼类、两栖类、爬虫类、鸟类、哺乳类直到人类的进化奥秘。秉志"有一种枯草热的疾病，每年都要发作。在发病的时候，他也不肯离开实验室。多少次的失败，他从不灰心，失败了再来"③。据秉志晚年助手徐

---

① 《中国人民政治协商会议第一届全体会议代表名单》，《人民日报》1949年9月22日第3版。
② 《使科学院成为全国学术中心的关键何在——科学院学部委员分组会旁听记》，《人民日报》1957年5月27日第2版。
③ 《老柏长涵万代春》，《人民日报》1959年12月1日第4版。

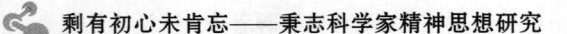

一树回忆，秉志"本来还要做一个比鲤鱼更原始的四种鱼的系统发育研究，但是没有做完，只做了最原始的八目鳗和鲶鱼，完成了《鲤鱼解剖》和《鲤鱼组织》两本书"。《鲤鱼解剖》在秉志"在水生所的时候就基本做完了，早就可以出了，为什么书出的晚呢，秉老非常认真，认为要看的一定要自己看，他就翻来覆去地看，直到1958年才出版"。①

作为第一、二、三届全国人大代表，秉志积极结合专业所长为国家建设发展建言献策。新中国成立初期血吸虫病在南方特别是长江中下游地区长期肆虐。1953年8月，秉志从发动群众捕灭钉螺，加强卫生教育，注意捕捉方法（用竹筷或长的竹镊或铁镊、罩篱、稀布水网，捉得后放于木桶或瓦罐或铅桶中，最后用火烧之）、对患者施以中西医药治疗等方面，就防治血吸虫病提出建议。1956年2月，他向毛泽东写信，认为鉴于土埋灭螺容易复生，建议在消灭血吸虫病工作中，对捕获的钉螺采用火焚的办法永绝后患，毛泽东收信后指示卫生部请秉志参加防治血吸虫病会议。② 秉志遂给中央防治血吸虫病九人小组致信，并再一次重申了发动群众"捕螺焚螺"才是根除病患的根本。同年，鉴于当时生态环境破坏的情况，秉志同钱崇澍等5位科学家在1956年第一届全国人民代表大会第三次会议上提出《请政府在全国各省划定天然森林禁伐区，保存自然植被以供科学研究的需要》提案，随后中国科学院与广东省会商于同年建立全国第一个自然保护区鼎湖山国家级自然保护区。

1965年2月20日，秉志上午在实验室工作，下午开会，回家后稍觉不适，至深夜动脉硬化性心脏病突发，在送往医院的途中于21日凌晨2时10分辞世，享年80岁。③

总体来看，科学家精神思想是秉志个体思想和实践经历同特定的历史背景和社会环境碰撞形成的思想火花。近代自然科学诞生以来，科学

---

① 《毛泽东、周恩来关于卫生防疫和医疗工作的文献选载》，《党的文献》2003年第5期。
② 《毛泽东、周恩来关于卫生防疫和医疗工作的文献选载》，《党的文献》2003年第5期。
③ 王承周：《中国动物学会秉志理事长逝世》，《动物学杂志》1965年第3期。

基于自身特定的学科目标和研究方法形成了独特的精神气质，随着科学建制化加快，科学家作为一类专门职业走上社会舞台，职业科学家受到科学精神和社会价值规范影响形成了既符合科学认知规律，又与社会价值规范相协调的精神气质，科学家精神气质的学科规范和历史积淀为秉志提出科学家精神提供了思想借鉴。就国内而言，20世纪初近代科学本土化进程持续加快，在该时期出现的中国第一代职业科学家产生伊始，受科学救国思潮影响在思想深处超越"为学问而学问"的价值中性框架，赋予了科学家更多探究纯粹客观知识之外的价值判断和责任命令，体现出科学救国、经世济民的鲜明取向。面对国内科学发展社会环境动荡不安、资金短缺、学科发展不平衡、门户之见和学术派系倾轧等困境对科学家的精神状态和作风学风造成的影响，秉志认为20世纪三四十年代国内科学家缺乏学术民主、缺乏诚信、缺乏公开精神、缺乏敬业奉献精神、缺乏家国情怀，这一困境难以达成科学救国目标，为突破实然性的局限呼吁建构一种应然性的价值规范，通过科学家精神规范科学家精神品质实现科学救国归旨。

# 第三章　秉志科学家精神思想发展演进探究

任何一种较为成熟的社会思潮必然存在萌芽、形成以及深化发展的演进过程，正如梁启超所言："凡文化发展之国，其国民于一时期之中，因环境之变迁，与夫心理之感召，不期思想之进路，同趋于一方向，于是相与呼应汹涌，如潮然。始焉其势甚微，几莫之觉；寖假而涨——涨——涨，而达于满度；过时焉则落，以渐至于衰熄。凡'思'非皆能成'潮'；能成'潮'者，则其'思'必有相当之价值，而又适合于其时代之要求者也。凡'时代'非皆有'思潮'；有思潮之时代，必文化昂进之时代也。"① 虽然梁启超该论述聚焦于时代思潮，但对个体思想也同样适用，秉志科学家精神思想的发展演进经历萌芽发端、初步形成、深化发展三个阶段。诚然，该思想的发展演进是接续的过程，对其所做的阶段划分亦是相对的，各个发展阶段并非相互独立，之所以进行划分并非割裂该思想整体性，而是以此更加清晰地认识其逻辑形成轨迹。

## 第一节　孕育萌芽阶段

### 一　留学时期受到"真正之科学家"影响

1909—1920 年，秉志先后在美国康奈尔大学和韦斯特解剖学与生

---

① 梁启超：《清代学术概论》，岳麓书社 2010 年版，第 13 页。

## 第三章 秉志科学家精神思想发展演进探究

物学研究所学习科研。其间,秉志通过阅读科学家传记和与杰出科学家实际接触,对"真正之科学家"呈现出的精神气质有了感性认识和直观了解。

### (一) 通过阅读科学家传记获得感性认识

笔者通过多篇论著发现秉志喜欢阅读科学家传记,如在《科学与国运》中向国人引介巴斯德传记"*The Life of Pasteur*":"巴氏之研究,所涉及之范围,工作之性质,及其一生在科学中之故事,凡欲知其详者,可就其传记(*The Life of Pasteur*, by Rene Vallery Radot, translated by R. L Devonshire)观之。"并阐述该传记反映出的巴斯德的精神气质:"吾人一阅其传记,即知巴氏一生,乃处处遭遇困难者。而能不挠不屈,以一人之奋斗,强其国,富其民,甚至造福于全人类。诚可谓豪杰之士,不世出者矣。"① 在《科学家之长寿与大器晚成》中明确指出他翻阅过多位科学名人传记:"吾人试翻阅科学发达史,或科学名人之传记,所得最深之印象,即科学界之伟人,皆寿命甚长,如牛顿(Newton)、达尔文(Darwin)、巴斯德(Pasteur)等无不年逾古稀。"②

秉志在美国留学期间广泛阅读过巴斯德、牛顿、达尔文、爱迪生、华莱士、恩格勒等人的传记,对传记体现的"真正之科学家"精神气质有了直观感性的认识,并且在后续论述中进行了系统总结阐述。例如,他认为英国生物学家赫胥黎(Huxley T. H.)的四种精神气质需要国内科学家奉以为师,一是潜心研究、精益求精,"其精攻动物学、解剖学,冥心孤往,卒臻至诣。在生物学上贡献之富,罕有及之者。凡从事生物学者,当奉以为师"。二是坚持真理、敢于质疑,"其力辟宗教之邪说,使科学不为宗教所蹂躏,再演欧洲黑暗时代之惨剧,主张思想自由,不惮冒社会之不韪,而明目张胆,大放厥词,与宗教家斗争。而

---

① 秉志:《科学与国运》,载翟启慧、胡宗刚编《秉志文存》第3卷,北京大学出版社2006年版,第261页。
② 秉志:《科学家之长寿与大器晚成》,载翟启慧、胡宗刚编《秉志文存》第3卷,北京大学出版社2006年版,第187页。

卒赖其力,宗教之狂焰,因之少敛。十九世纪各科学著作中,无复有宗教各种名词,窜于其中。后世学者知研究科学,不必再以宗教中所认为规律者,扰乱其心思,凡主张思想自由者,当奉从为师也"。三是视野开阔、厚积薄发,"赫氏研究专门之学既至深且久,复出其余力旁涉文哲诸学。凡关于政治历史经济等问题,无不讨论。斯宾塞尔氏自谓其一生研究学问,最大益友,当推赫氏。其精而能博,绝非一偏一曲之士所能及。后世专门之士,欲免褊狭之弊者,所当奉以为师也"。四是服务国家,面向社会,"赫氏虽研究著述,纷忙至甚,而国家各种义务,向不以无暇而避却。故为国家及各公民团体所任之职务极多。盖欲以学术谋社会之幸福,使近世最新之知识,不至为知识阶级所专有。后世学者有已达达人之心者,当奉以为师"。①

秉志认为,美国物理学家爱迪生(Edison T. A.)表现出五种精神气质,一是家庭寒苦不足介意,"爱氏之父,为一乡间之农人,勤苦自给。而爱氏自十二岁时,即有志向外发展。此后其生活类于极贫苦之幼童,历经折磨而不悔,无非欲达到研究科学之目的,思以其学识技能有所建树于世。吾国贫苦之青年,宜有此种决心,以求不徒生一世也"。二是机会缺乏不足困人,"吾国青年恒以无相当机会为叹。如家庭无力供给其求学,或时局不靖,碍其上进。试问爱氏有何机会乎。其所值之时,非美国内战方殷,政治混淆之时期乎。爱氏何以竟能克服一切,卒达其目的也"。三是人事摧折不可气馁,"爱氏早年受人欺侮嘲笑,极酷极烈。迨其事业隆,犹时有挫折。青年有志成名者,受社会之打击,皆意中之事。语云好事多磨。观爱氏所身受者,可以坚日其志矣"。四是求学志愿宜随时随地,"爱氏甫知读书,即能自行攻习。对于文史及科学著述,已尽其所能得者,潜心研治。一有机会,辄往图书馆披览。一有余钱,即购书籍及实验所需之物。每日除营生服务外,必尽力进行

---

① 秉志:《赫胥黎》,载翟启慧、胡宗刚编《秉志文存》第3卷,北京大学出版社2006年版,第70页。

其实验,甚至因此受侮失职而不悔,其意志之坚定,诚吾国青年之师也"。五是持久精神宜极力培养,"爱氏中年以前,已发明电灯及其他甚多贡献。此时专利所获已极丰腴,而卒不肯满足,继续奋斗者四十余年,更有许多发明贡诸社会。吾国人一至中年即不免暮气者,对此能无惭于心乎"。①

事实上,秉志通过阅读科学家传记了解科学家工作及其呈现的精神气质不仅体现在美国留学期间,秉志一直都有阅读科学家传记的习惯,认为"吾人若浏览各种学术发达史及世界各国之名人传记,则见人类中成伟大之事业,垂不朽之声名者"②。仅在抗日战争期间,秉志就结合阅读所得在《科学画报》发表多篇文章,对科学家事迹进行介绍(见表3.1),并通过事迹总结提炼科学家精神气质。

表3.1　　抗战期间秉志在《科学画报》引介杰出科学家列表

| 篇名 | 用名 | 引介科学家姓名 | 卷次 |
| --- | --- | --- | --- |
| 《科学教师所宜注意者》 | 夷 | 巴斯德、达尔文、赫胥黎 | 1943年第9卷第1期 |
| 《科学之功臣》 | 伏枥 | 哥白尼、伽利略、孟德尔、巴斯德 | 1944年第10卷第12期 |
| 《科学家之慈善事业》 | 伏枥 | 巴斯德 | 1945年第11卷第8期 |
| 《科学家之制造环境》 | 伏枥 | 居里夫人、巴斯德、巴甫洛夫 | 1945年第11卷第9期 |
| 《科学失败中之成功》 | 秉志 | 郎雷、莱特兄弟、巴甫洛夫 | 1945年第12卷第1期 |
| 《生活饶裕者所宜取法》 | 秉志 | 达尔文、高尔顿、鲁勃克 | 1945年第12卷第2期 |
| 《生活贫苦者所宜取法》 | 秉志 | 爱迪生、法拉第 | 1945年第12卷第3期 |

资料来源:根据《科学画报》(1943—1945年)整理编制。

---

① 秉志:《科学呼声》,载翟启慧、胡宗刚编《秉志文存》第2卷,北京大学出版社2006年版,第112页。

② 秉志:《人类一斑》,载翟启慧、胡宗刚编《秉志文存》第2卷,北京大学出版社2006年版,第359页。

（二）通过与科学家实际接触受到直观影响

秉志在康奈尔大学期间师从昆虫学家倪达姆（Needham J. G.），博士毕业后进入韦斯特解剖学与生物学研究所跟随神经学家唐纳森（Donaldson H. H.）进行研究，与该所主任葛霖满（Greenman M. J.）接触较多。这一点在秉志归国前发表的《美国韦斯特生物学研究所报告》以及在1937年葛霖满逝世后撰写的《悼葛霖满先生》中得以体现。

在《美国韦斯特生物学研究所报告》中，秉志认为该所创始人、解剖学家韦斯特（Wistar C.）"恭谨仁爱，惠泽在人"，并将韦斯特和葛霖满两位科学家提倡科学教育、辅助科学成长、接续发展科学事业的事迹与国人缺乏耐性、惜吝钱财进行比较，认为"以韦斯特博士一人提倡深造之苦心，数十年后乃有人承其志，使其道大昌于今日，非吾国人之始建一事，不数年而悉行消减也。以韦斯特博士平生之产业，悉用以提倡科学，而不少惜，俾本国及他国学者均受其裨，非如吾国人之累资百万，没世后尽为子孙妻妾用之，卒不肯少出其余，以振兴教育也。葛霖满博士使该所由一陈列室之微，而成国内最完美研究所之一。数十年经营，除于本国及欧洲学校联络外，今复大举而东，欲为吾国学者益，非如吾国苟做一事，率而中止，终其身不能远举一步也"①。在《悼葛霖满先生》中，秉志结合在韦斯特解剖学与生物学研究所与葛霖满的实际接触，认为世界各国科学家都认为科学不分国界，科学家应该具有大公无我的精神，但是真正具有大公无我精神，摒弃种族成见和畏强凌弱鄙习的科学家为数不多，葛霖满对于到研究所的人员无论国籍都尽力辅助，其目的"一以促进科学之发展，增加人类之幸福，一以弥漫科学之精神，扫除伪科学家之忌刻，及其种族国籍之隘见"。葛霖满以高尚的精神道德毕生致力于科学发展，"一生即精诚博爱之精神所贯注，乃高

---

① 秉志：《美国韦斯特生物学研究所报告》，《教育杂志》1920年第7期。

尚纯洁、大公无私之科学家，民胞物与，一以学术为依归，其科学精神之真挚，世罕其匹"①。

留美期间秉志对中国科学家尤其是生物学家的精神状态有所初步审视。在1915年发表的《生物学概论》中，提及尽管当时生物学不被社会重视，但生物学家能够"覃精殚思"从事研究，以此呼吁国人辅助生物学科发展。②在1916年发表的《疟蚊》中，一方面批评国内学术不竞、卫生不讲，片面关注实用科学的应用价值而忽视纯粹科学的基础价值；另一方面肯定国内生物学家"殚精竭力"的精神气质，"科学家殚心力以研究之，有以也，吾国学术不竞，卫生不讲，国弱种孱，至有今日浅者遑遑求所以自利，而于平日所宜留心之事为人生所必需者，薄其托物微而不曾置意，或直以无用目之。宜乎吾事事皆落人后也"③。

可见，留美期间秉志通过阅读科学家传记和与杰出科学家接触，对"真正之科学家"精神气质产生了感性认识和直观了解，通过国内外科学家精神状态的比较对国内生物学家覃精殚思、殚精竭虑的精神气质予以肯定。需要指出的是，从目前获取的文献资料看，该时期秉志对于国内科学家精神状态的认同仅限于秉志从事的生物学领域的科学家，对其他领域科研工作者的精神状态没有展开讨论。究其原因，可能在于他希望通过阐明生物学的学科价值和肯定生物学家的精神状态，呼吁国内辅助生物学发展，以此获得国家和社会对于发展生物学的更多物质和精神支持。

## 二 归国初期对"纯洁之科学家"的呼唤

秉志归国初期国内科学发展面临诸多困境。对于这些困境对科学家

---

① 秉志：《悼葛霖满先生》，载翟启慧、胡宗刚编《秉志文存》第3卷，北京大学出版社2006年版，第169页。
② 秉志：《生物学概论》，载翟启慧、胡宗刚编《秉志文存》第3卷，北京大学出版社2006年版，第1页。
③ 秉志：《疟蚊》，载翟启慧、胡宗刚编《秉志文存》第3卷，北京大学出版社2006年版，第28页。

精神状态的不利影响,孙守全有过这样一段论述:"站在冷酷的现实面前,有些科学家已经弄得逐渐抛弃他们一向追求着的而毫无所得的科学事业了。以他们的教育资格做背景,并不难使他们一变而为政府官员或商业经纪人。这种职业的转变可能使他们赚钱,享福,有势力并且有社会声望。其他一些人遇到许多现在国外的旧日师长和朋友的恩惠,现在都在英、美、加拿大等国家工作了。这许多苦难的中国科学家都是些年轻的或有资格的科学者……让我们都祈愿着,尽我们所能为力的,去建设中国的和平、民主和科学吧!"① 基于科学发展困境对科学家精神状态的影响,秉志对"纯洁之科学家"发出呼唤。

面对该时期愈演愈烈的国难,秉志认为时局如此与国内没有具有伟大之精神的"真正之科学家"有直接关系,"吾国今日所患者,即是无大科学家。而真正之科学家,有伟大之精神者,为数亦甚少,远不能与科学先进之国家,同日而语"②。秉志认为,尽管国人重视科学40余年,培养形成了一定规模的科学家,但国内科学发展仍然幼稚,"今日之世界,科学之世界也。列强所以强盛凌驾他邦者,以科学发达之故。吾国之事事落后,受人摧折者,亦以科学幼稚之故。……故国家虽名为提倡数十年,而所受科学之裨益,竟至若有若无"③。究其原因,既有体制和环境因素,也与科学家朝三暮四、浅尝辄止、门户偏见等陋习有关。"(一)因聪颖之士,从事于科学,以为终身之事业者,为数本不甚多。(二)因政府与社会提倡之不力。(三)因科学家之苦心奋斗者,既寥若晨星,而浅尝辄止之徒,至以科学炫愚国人,自视为凤毛麟角。又复惰不自修,忌畏人修,门户水火,意气相寻。欲科学在国内发展,与欧美先进国竞荣争光,无乃太不可能乎?"④

---

① 孙守全:《被遗忘了的中国科学家》,《科学》1947年第6期。
② 秉志:《科学与国运》,载翟启慧、胡宗刚编《秉志文存》第3卷,北京大学出版社2006年版,第258页。
③ 秉志:《彻底之觉悟》,载翟启慧、胡宗刚编《秉志文存》第3卷,北京大学出版社2006年版,第142页。
④ 秉志:《科学与国内之青年》,载翟启慧、胡宗刚编《秉志文存》第3卷,北京大学出版社2006年版,第181页。

## 第三章 秉志科学家精神思想发展演进探究

在《国内生物科学（分类学）近年来之进展》中，秉志对该时期国内生物科学尤其是分类学的发展予以肯定，认为尽管生物科学被国人重视的时间较短，但是在生物学家的努力下国内生物学取得长足进展，对此任鸿隽也认为，"我们晓得国内科学实在算得能够自己工作的只有地质、生物两门，他们发表的成绩较多，数量较富"①。秉志将国内生物科学得以发展的最重要原因归结于生物学家的努力，认为国内生物学家大都是纯粹学者，付出纯洁努力，开展研究以兴趣为归旨而不以此作为满足物质享受的工具，正因为生物学家具有坚毅不拔的意志故而能够不避艰阻发展生物科学，"最可为中国生物科学庆幸者，为国内之生物学家，大都俱是纯粹学者。彼等立志从事于此学之研究，一以其自身之意趣是归，初不措意于世俗之物质享受，具此坚毅卓拔之意志，但问耕耘，不计收获，筚路蓝缕，以启山林，故能不避艰阻，为中国生物学界，奠设元基。生物学在国内学术界独能于此短时期中有尔许成绩，则此等学者之纯洁的努力，当为其主要原因也"。在对国内生物学前途的展望中，秉志认为国内科学进一步发展尤其需要"纯洁之科学家"，"今日之中国，尤需求于纯洁之科学家；而国内治生物学者，大都不羡利禄，不慕虚荣，不求闻达于当世，而乃劳其心志，殚其精力，孜孜矻矻奉身于所业，实足为后生楷式。则是今日国内之生物学家，不仅授业解惑以光斯学，以用于世，抑且造福未来，为国家乐育菁莪，为社会树植柱石也，其功绩岂不隆重宏伟哉！"②

在秉志的语境中，"纯洁之科学家"即"纯粹学者"，其内涵表现为两点，一是"纯洁之科学家"开展科学研究工作以自身兴趣为归旨，不以科研工作作为谋取利禄和虚名的工具；二是"纯洁之科学家"在科研过程中具有坚毅不拔的意志，殚其精力奉于所业。这种精神气质的

---

① 任鸿隽：《科学救国之梦：任鸿隽文存》，樊洪业、张久春选编，上海科技教育出版社 2002 年版，第 514 页。
② 秉志：《国内生物科学（分类学）近年来之进展》，载翟启慧、胡宗刚编《秉志文存》第 3 卷，北京大学出版社 2006 年版，第 99 页。

存在不仅是生物学在诸多困境中取得既有成绩的最重要原因,而且是生物学克服困境得以继续发展的动力。如果将该精神气质拓展至整个科学领域和社会领域,既可以促进其他学科门类发展,又可以有效改善社会风气。事实上,秉志对该时期生物学家精神状态的绝对性肯定与该时期生物学学科面临的发展不平衡、门户之见严重等困境存在逻辑矛盾,究其原因,可能正是秉志看到了困境所在,意在通过对"纯洁之科学家"的呼唤减少客观存在的困境对科学发展和科学家精神状态的影响(见图 3.1)。

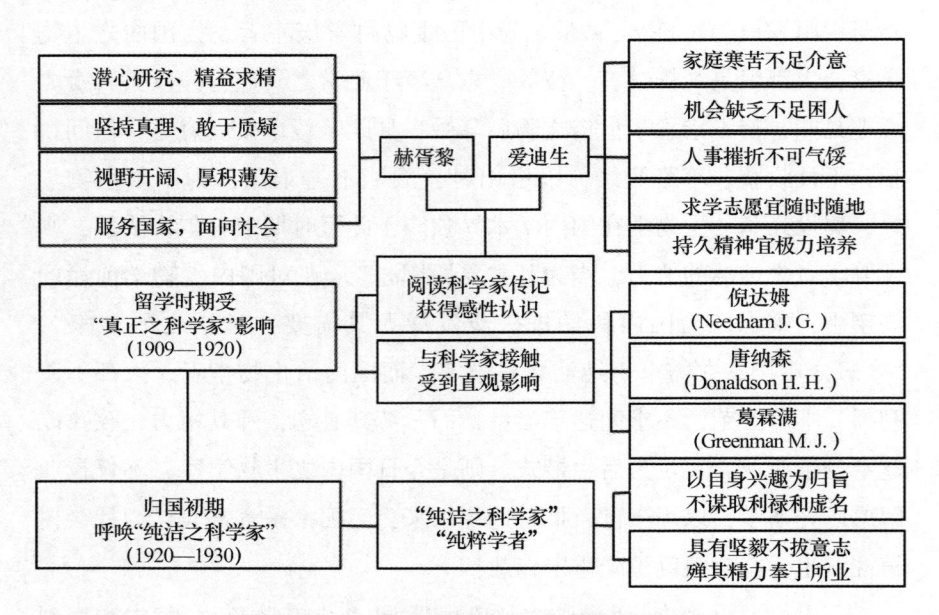

图 3.1 秉志科学家精神思想孕育萌芽阶段示意图

## 第二节 系统展开阶段

### 一 基于科学救国目的倡导科学家精神

1931 年"九·一八"事变爆发,对于这场对中华民族影响深远的巨变,秉志晚年回忆道:"'九·一八'事变后,日本帝国主义得寸进

## 第三章 秉志科学家精神思想发展演进探究

尺,直欲把吾国灭亡,以遂其独霸东亚大陆的野心。"① 其间秉志一方面阐明科学在救亡图存中的效用;另一方面分析国内科学发展面临的阻碍,在此基础上倡导科学家以积极的精神状态克服阻碍实现科学救国。

(一) 阐明科学的救亡图存效用

1932年,秉志在《科学与国力》中认为,"九·一八"事变爆发后外患进一步加深,挽救民族危亡迫在眉睫,而在此历史巨变中内地人民依旧瞢瞢,各处盗匪、焚掠依然盛行,政府腐化贪污未曾减少,百万生灵流离失所得不到救济,面对这种令人伤心惨目状况,"窃以为有一术,可以转危为安,要视国人之努力何如,此术维何?曰科学是也"②。

秉志将科学的救国效用总结为五个方面。一是通过发展科学可以巩固国防。发展科学可以促进技术进步和工程实施,以此充实海陆空国防力量巩固疆土。二是通过发展科学可以增强民力。秉志将爱国之心和得以自立的知识视为核心民力,通过发展科学技术、普及科学教育、推广科学方法,使普通人民掌握科学常识,提升爱国之心和自立意识。三是通过发展科学可以改善政事。国家当前面临的最严峻问题是政治不良,政治不良的病源在于缺乏科学思维和科学技术落后,亟待通过发展科学技术改良政治。四是通过发展科学可以促进实业。科学是实业的根本,国家实业落后即是科学落后的实证,科学进步会促进实业发展,任何实业问题皆可通过科学方法进行研究,通过科技进步挽回落后局面。五是通过发展科学可以改善人民生活。社会科学化可以根除陈腐之弊,人民将科学应用于生活,树立科学人生观,可以提高生活水平,社会会有日新月异的景象。总之,"上列各项,不过其荦荦大者,吾国今日之困难,指不胜屈,然无论其为何种困难,未

---

① 秉志:《国庆感言》,载翟启慧、胡宗刚编《秉志文存》第3卷,北京大学出版社2006年版,第347页。
② 秉志:《科学与国力》,载翟启慧、胡宗刚编《秉志文存》第3卷,北京大学出版社2006年版,第101页。

有不可由科学解决之者"①。秉志特别强调通过科学革除民性弊端、增强救国力量的向心力和凝聚力，在提高人民知识、技能、生活、体格、思想、道德水平方面发展科学予以重点论述，颇有以人为本的意味。②通过以上分析，秉志认为尽管"九·一八"事变后国家情况危急，但是面临的诸多问题可以通过发展科学解决，"目前虽危急万分，欲得救济之法，亦唯求诸科学而已"③。

需要指出的是，该时期秉志对于科学功效的认识呈现出"科学万能论"趋向，认为"无论其为何种困难，未有不可由科学解决之者"。事实上科学也不是万能的，例如爱因斯坦认为，人类不应该过度高估科学和科学方法在涉及人类问题时的作用，同时不仅仅只有科学家才有权利发表对影响社会组织问题的意见。④秉志的"科学万能论"认识趋向经过抗日战争的洗礼在后期实现转向，对于这一转向将在后文中予以论述。

### （二）分析国内科学发展的阻碍

基于对科学在救亡图存过程中绝对效用的肯定，秉志呼吁积极发展科学，但是科学作为一项依托于社会建制的事业，其发展必然受到社会环境影响，积极的社会环境会促进科技进步，而消极的社会环境则会阻碍科学发展。秉志认为当时国内发展科学的社会环境并不理想，具体阻碍体现在三个方面。一是不诚恳、缺乏耐性、浅薄的民性弊端影响科学家精神状态。科学需要诚恳的态度，但是国人不诚恳；科学需要长久的耐性，而国人没有恒心；科学需要彻底的工作，而国人过于浅薄，充斥

---

① 秉志：《科学与国力》，载翟启慧、胡宗刚编《秉志文存》第3卷，北京大学出版社2006年版，第104页。
② 秉志：《科学与民族复兴》，载翟启慧、胡宗刚编《秉志文存》第3卷，北京大学出版社2006年版，第135—138页。
③ 秉志：《科学与国力》，载翟启慧、胡宗刚编《秉志文存》第3卷，北京大学出版社2006年版，第105页。
④ ［美］爱因斯坦：《爱因斯坦文集》（第3卷），许良英、李宝恒、赵中立、范岱年编译，商务印书馆2017年版，第268页。

民性弊端的社会环境外在影响了科学家精神状态、阻碍国内科学发展。二是在科学家人数较少的情况下人民漠视科学。国内学习科学的人士为数既少且历时不久,能够运用科学助益社会的科学家更是甚少,中国科学的发展水平相较于科学发达的国家水平低,取得的科学成果也非常少,在此环境下人民因为认为科学迂腐不求实用对于科学极其冷淡,漠视科学无法有效促进科学发展。三是社会提倡辅助科学不够。在不利社会环境中,部分科学家为了在有限的物质支持总量下获益更多,气量狭隘、天性刻薄,忌嫉之心过重,不喜欢他人有所成就,对于他人成绩飞短流长、肆意诋毁。秉志认为以上三点对国内科学发展产生不利影响,呼吁铲除以上弊端努力发展科学:"坐是之故,吾国之科学事业所以步步荆棘,吾国家所以极贫且弱,吾人民亦为世界之人所卑视。长此奄忽,国亡种灭,亦意中之事。吾国人其怵焉心动,急起直追,痛惩前非,务铲除此三者,为科学努力乎!"[1]

在分析国内科学发展面临阻碍的基础上,秉志从社会维度和科学家维度对克服阻碍提出建议。在社会维度,一是提高社会对科学功能的认同,普及科学教育,培养科学专家。科学是格物致知、利用厚生之学,亦是救国救民、转弱为强之举。人民拥有科学技能可以解决物质方面的问题,有科学思想和眼光可以谋求社会安宁,通过发展科学教育、普及科学知识可以提高国民道德、促进政治清明,发展科学的关键是普及科学教育、培养科学专家,提高社会民众对科学功效的认识。二是提倡科学需要本末并顾,促进纯粹科学与实用科学协调发展。发展科学应该将纯粹科学与实用科学二者并重,没有纯粹科学作为根基只求实用难免落后。纯粹科学是应用科学的基础,有纯粹科学而后实用科学乃得发展。社会应该相同对待实用科学和纯粹科学,不能因急切需要实用科学忽视纯粹科学,也不能只知纯粹科学而毫不注意实用。三是坚定科学信仰辅

---

[1] 秉志:《吾国科学发展之障碍》,载翟启慧、胡宗刚编《秉志文存》第3卷,北京大学出版社2006年版,第125页。

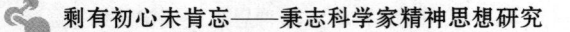

助科学发展。在国人对待科学态度冷淡的社会环境中,提倡科学造福民生需要彻底摒弃这种冷淡态度。社会对于科学应该具有热心,不可存在欲速见小、急功近利思想,如果研究和提倡科学时间未久见未有成效便生厌弃之心,那么科学永难在国内发达。例如欧美国家科学家尽数努力于极小极微的科学问题,看似毫无实用价值,但是政府和社会为了提倡科学牺牲大量金钱供给设备,而毫不责其应该对社会有所贡献,正因为如此科学家才具有科研兴趣,"吾国人欲得科学之利益,宜先为科学尽其义务"。①

在科学家维度,一是科学家要具有科学信仰。科学家既然将科学研究作为专门职业就应该对科学有坚定信仰。初习科学未能深入的科学学习者往往有是丹非素的心理,因为一时风尚驱使好为时髦,科学是增进人类知识、发展社会幸福的利器,科学家对于所业应该有诚恳信仰,不可因为风尚驱使而动摇。二是科学家要厚植科学救国观念,克服不利环境努力进行研究。科学发展日新月异,世界各国从事科学研究人员不断增多,其目的在于希望通过长期积累和努力研究,能够有新奇发明贡献社会。国内学校和研究机构大半困于财力设备不充分,科学发展面临诸多阻碍,但是科学家应该增强信念、适应环境,如果科学同人能够就合环境、克服困难、相互鼓励、努力研求,不仅能够促进国内科学发展,同时也能满足国人的知识和物质需要。三是摒除成见竭力提倡各种科学。不同学科门类的科学家认为某种科学重要某种科学不重要,某种科学有价值某种科学没有价值,或者某种科学在甫形萌芽时期进行比较顺利,便以为此种科学甚易成功既已发达可以不必提倡,而某种科学因为该领域的科学家不肯努力没有建树,即认为此种科学最难能可贵应该竭力提倡。"其实各种科学,皆重要,皆不易为,皆有关于国计民生,皆为国人所宜注意,皆在国内极形幼稚而等于零者也。国人习之者,日夜致力于

---

① 秉志:《科学在中国之将来》,载翟启慧、胡宗刚编《秉志文存》第 3 卷,北京大学出版社 2006 年版,第 115 页。

研究，提倡者牺牲一切以求其发长，方可期将来之有结果，此时绝不容稍加区别于其间。""故吾人愿以科学救国救民，要在科学中作继续之努力。"①

(三) 倡导科学家的应然性精神气质

如果说国民性固有弊端、人民漠视科学、政府提倡不够是影响国内科学发展的外在因素，那么科学家消极的精神状态则是阻碍科学发展的内在因素。秉志将国内习科学者在国外留学时期和归国后的精神状态进行比较，认为尽管国内学习科学人数日见其众，但假借科学之名欺世害人的科学家也属实不少，习科学者在国外留学时成绩甚佳，外国大学教授认为这些留学生归国后将会成为中国有用的人才。但是部分留学生归国后长期没有取得任何实质性工作进展，究其原因，因为在国外求学时有教授进行监视引导，为达到博得教授欢心、获得学位、归国后谋得位置的目的，在一段时期内格外奋勉取得了成绩，而"归国后，其精神已远不如前，以为数年辛苦，已有畔岸，此后乃我享受报酬之时矣。无教授之督促，无学位之可求，吾何必终年勤苦，孜孜不已耶。况国内事事皆不易为，欲从事研究，苦无设备，欲从事实业，又无机会，国人科学之知识，既极浅薄，同道中之深造者，又极寥寥，在此科学极形幼稚之中国，吾所学者，尽足敷衍一切，不妨暂行休息，谋个人物质上之安愉，于是借其留学之资格，高等学位之虚衔，于教育实业政治等界，占一较优位置，为计甚得，至于受困难，竭心力，仍在科学中解决一无有经济价值之问题，未免太愚，可以不必也。此种心理，要足代表一班今日国内之所谓科学家者"②。

基于以上分析（见图 3.2），秉志呼吁科学家克服不利影响，努力

---

① 秉志：《科学三点》，载翟启慧、胡宗刚编《秉志文存》第 3 卷，北京大学出版社 2006 年版，第 123 页。

② 秉志：《科学在中国之将来》，载翟启慧、胡宗刚编《秉志文存》第 3 卷，北京大学出版社 2006 年版，第 114 页。

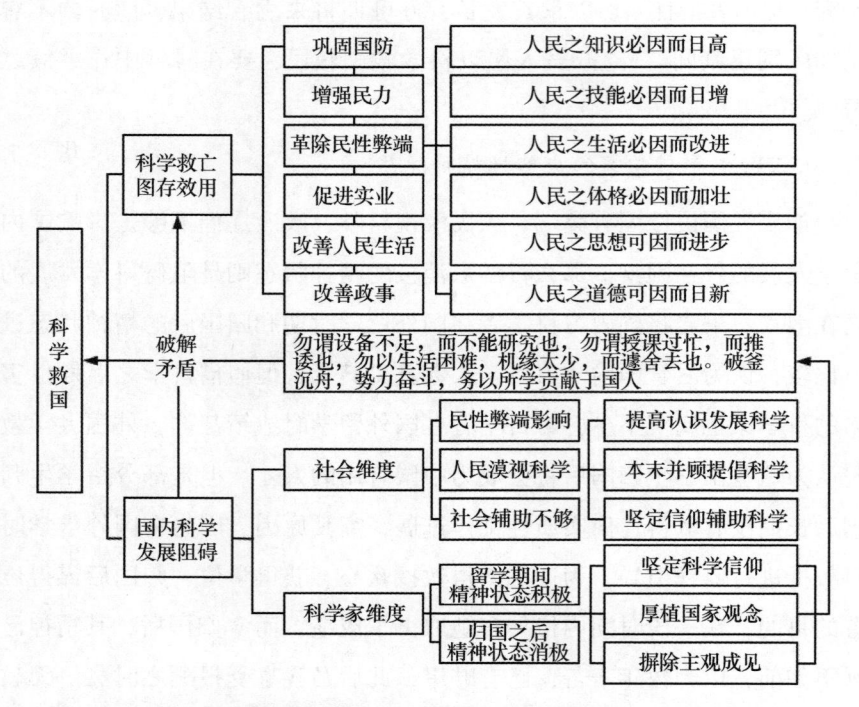

图 3.2　科学救国语境中秉志倡导科学家精神逻辑进境示意图

研究发展科学,"为今之计,唯有国内从事科学之人,咸努力竞进,以求有所贡献,凡可以为助之人,竭力提倡,如欧美各国人民之赞助科学,奋进不已,国家必受其益"。呼吁科学家切勿借助科学家虚名愚弄国人,努力研求解救国家危难。将纯粹科学与实用科学并重,通过加强基础科学研究推动技术运用,发展科学满足人民的急切需要。发扬"勿谓设备不足,而不能研究也,勿谓授课过忙,而推诿也,勿以生活困难,机缘太少,而遽舍去也。破釜沉舟,势力奋斗,务以所学贡献于国人"的精神,以积极的精神状态克服政局动荡、资金短缺、各学科发展不平衡、门户之见等客观环境带来的不利影响,通过发展科学、带动实业解决国家内忧外患的困难。"倘吾国治科学者,皆具此种精神,则科学何患不发达"。①

## 二 立足国难时期分析科学家的社会责任

东北沦陷后,日寇军队企图以华北为策源地征服整个中国。华北地区在当时是资源、农业和交通相对发达的地区。1935年1月,日寇首先制造"察东事件",5月至7月签订"何梅协定"和"秦土协定",随即策动"华北五省自治运动",企图使华北五省成为第二个东北,1935年日寇侵犯华北地区的一系列事件统称"华北事变"。

较之于"九·一八"事变,"华北事变"对秉志思想的冲击更为强烈。究其原因,"九·一八"事变之后东北全境沦陷,但是在某些方面和一定意义上内地所受影响较之于东北地区相对较小。"华北事变"则主要发生在华北地区,就秉志而言,一方面,1928年北平静生生物调查所成立后,秉志在南京和北平两地奔波并且长时间住在北平;另一方面,秉志老家在河南省,仅就亲身经历而言,秉志对于"华北事变"产生的影响较之于"九·一八"事变更为感同身受,这可能是造成其思想冲击更为强烈的原因之一。

"华北事变"期间,秉志于1935年4月和8月接连发表《所望于科学同人者》和《彻底之觉悟》两篇文章,一方面再次强调科学在救亡图存中的效用,将发展科学作为救国要术,"科学者,救国之唯一要术也"②;另一方面呼吁科学同人在日益加深的国难之中要在思想深处和精神层面实现彻底觉悟,认为多数人民面对国家危亡和国家利害瞢不之省,尤其是部分知识分子不肯为国家效力,这种情况的存在致使国家形势日益危迫,长此以往终将导致亡国灭种。"吾国今日之大患,莫过于国难日深。而多数人民,瞢不之省,对于国家之利害,率麻木不生痛

---

① 秉志:《科学与国力》,《科学》1932年第7期。
② 秉志:《所望于科学同人者》,载翟启慧、胡宗刚编《秉志文存》第3卷,北京大学出版社2006年版,第139页。

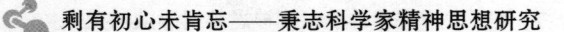

痒。尤莫过于知识分子,自便其私,不肯竭智尽能,为国家效其分寸。国家之危迫日甚,人心之陷溺亦日深,因果相寻,遂成国民整个之腐化,势不至国亡种奴而不止也。"①

秉志对科学同人在国难时期彻底觉悟、科学救国提出三点呼吁。一是呼吁科学同人各本所学努力研究,切不可存优游无事之心。在国难日益严重的不利环境下,尽管科学界同人开展科研工作更为困难,但是只要发宏愿立决心继续从事科学研究工作则一定能够产生效果,无论纯粹科学还是应用科学均是科学,科学的发展和合理应用会对国家和人民产生帮助。二是呼吁科学同人面向社会民众灌输科学知识。社会民众不惜牺牲大量金钱培养科学人才,送习科学者远渡海外学习先进科学技术,期望科学人才学有所成归国后对国家和社会做出实际贡献,科学同人应该密切同社会民众联系,切不可将自己置身社会民众之外,"吾国习科学者,尤宜以工作余暑,为人民效力,使科学常识普遍于社会,吾国各事皆易就正轨矣"。三是呼吁科学同人诚恳合作。科学同人彼此之间应该开诚相见、互相提携,这既是摒除门户之见陋习、促进各学科门类协调发展的需要,也是加强共同体密切合作共同向社会民众灌输科学常识的需要,"望吾同人廓然大公,彼此相爱,如兄如弟,互相勉劝,精神既求一致,工作亦求相益,务使科学在吾国昌明展进,光辉日新,则同人之效于国家者,岂有涯际乎"。达成以上三点呼吁需要科学家自身的努力,"科学可以救国福民,唯视吾人之努力。吾同人若平心静气,思念个人与国家社会之关系,默审来日之大难,为国家计,为人民计,即为个人计,亦不可徒守目前之营生,塞责了事,以求自便。要当为国人父老尽其应尽之天职,则吾所言三事,皆吾同人所能为,所宜为者。国家兴亡,匹夫有责,是在有志者之自奋也"。②

---

① 秉志:《彻底之觉悟》,载翟启慧、胡宗刚编《秉志文存》第3卷,北京大学出版社2006年版,第141页。

② 秉志:《所望于科学同人者》,载翟启慧、胡宗刚编《秉志文存》第3卷,北京大学出版社2006年版,第140页。

## 第三章 秉志科学家精神思想发展演进探究

在《彻底之觉悟》中，秉志呼吁科学家将彻底觉悟的思想转化为开展教育普及、加强科学研究的实际行动。一方面，教育是立国根基，通过教育普及可以使人民增强国家观念，明晰个人同国家的关系，使爱国之心成为第二天性。科学同人应该各尽所长将科学常识灌输于社会积极开展教育普及，帮助人民获得更多的科学常识，以此提升思想、破除迷信，避免轻举妄动，养成爱洁净守秩序的习惯，提高生活技术，改进身体素质。通过科学家的努力使接受教育的人民日益增多，爱国精神日益发长，"人知自爱谁复相凌，国不自伐谁能亡我"，国家前途逐渐走向稳定。另一方面，列强依仗发达的科学技术凌驾他国，中国因为科学幼稚事事落后、受人欺凌，中国人想要在今日世界谋得生存只有诉诸科学。国人学习科学并获有高深训练者已经不下五六千人，然而在政局动荡、社会陈腐的时局中开展科学研究的机缘太少，进而导致意志薄弱的科学家心灰意阻、见利思迁、丧失操守。因此国家虽然在名义上提倡科学数十年，但是所受科学裨益甚少。科学同人宜各自奋励，通过贡献高深学理、推进实用工作促进科学发展。就高深学理贡献而言，科学家应该精益求精、冥心孤往从事科学研究，政府和社会应该对科研工作加以辅助、引掖奖励，通过发展科学促进各种事业进步，在国际能够转移世界观听，民族可以此复兴，国难可以此平息；就重要实用工作而言，科学家在国难日深的不利环境中万不可颓堕自甘，以为已有学问已足以敷衍国人，只知投资贸易获取私利而不知对社会有所贡献，应用科学足以改造人民、转移国势，科学家应该以此为目的努力工作。通过以上两方面呼吁科学家努力研究，通过发展科学挽回国家厄运，"图科学之发展于国内，尤系科学家应有之事业，吾同人若因循蹉跎，不知自奋，纵政府社会竭力提倡，恐科学在吾国，仍无发展之一日。各国之科学家，能本其所学以利其国，福其民。吾国之科学家，已有少数人之努力矣，更愿所有同人，奋发踔厉，相率而前，共救国家，挽回厄运也"。①

在寄希望于科学同人彻底觉悟的基础上，1936年秉志发表《国难时期之科学家》和《科学家对于社会的责任》两篇文章，以此阐明国难时期科学家应负的社会责任。秉志认为，科学家在国难时期负有重大责任，尽管国家生存和发展面临的问题日益增多，但解决这些问题"无一不恃科学"。欧美、日本等国的富强源于科学家的努力，通过发展科学膨胀国力，而中国因为科学发展水平不及欧美、日本等国多次遭受外侮，面临极端恶劣和危机的生存环境无计可施，以致民生凋敝、家将不家、国将不国。欲挽回国家厄运只有将提倡科学作为当务之急。目前国内之所以有四五千名科学家得益于国家培植，通过科学训练掌握较为先进的科学技术知识，在国难之际科学家应该思考如何为国家服务并付诸行动，面对国家对于科学家的期望，科学家应该各尽所长努力工作，增强责任感。杰出科学家不仅将科学视作物质文明的学问，更将其视作精神文明的学问。科学家需要承担科学研究和科学推广责任发展科学，"我国既没有宗教的压迫，人民思想很自由，又有天赋的才力，和统一的文字，以及悠久的历史，所以要使中国的科学发达，也是很有希望的。若科学家真正知道他们的责任，将来一定有很好的贡献，科学家的责任是什么？就是'研究'和'推广'"。②

在《国难时期之科学家》中，秉志将科学家"研究"和"推广"的责任进一步延伸至四项。一是科学家宜本着科学精神为国家宣劳。国内科学家在不同职业门类工作，科研院所、学校、政府机关、工商各界及其他领域均有科学家任事，科学家无论从事何种职业都应该本着科学精神以求称职，无论在何界任职都应该忠诚服务，"吾国之科学家，往往于既得相当训练与知识之后，即不肯努力于研究，故智自封，蹉跎不

---

① 秉志：《彻底之觉悟》，载翟启慧、胡宗刚编《秉志文存》第3卷，北京大学出版社2006年版，第143页。

② 秉志：《科学家对于社会的责任》，《科学世界》1937年第7期。

进。国家方需要其有所贡献，乃藉口于环境不佳，不肯工作。其有以对国家与人民乎？欧美科学家，因从事研究，努力不懈，虽在极困难之环境，仍能产出极有价值之结果。而其环境亦因之改良，俾其工作进行，亦日见顺利，其国家所以日臻强盛。吾国从事科学者，当以人为师，各本所学，以求进益"。二是开展科学教育培养科学人才，从事教育的科学家需要热心指导学生，以身作则帮助学生受到熏陶，师生之间互相鼓励、教学相长，通过长期教育影响提高学生学习兴趣，引导学生在学习和工作中模仿老师言行举止，成为能够独立开展科学研究的科学专家，科学专门人才日多则国家系列问题能够应付，国家各项事务能够步入正轨。三是灌输科学知识于人民。秉志认为由于中国社会科学常识严重缺乏，导致人民产生迷信、卫生疾病、恶劣习惯等不合科学的行为和妄谬的思想，科学家应该以改良社会为己任将科学知识灌输于人民。四是摒除成见，互相提携。面对国家对于科学家的希望，科学家在研究的同时彼此之间尤宜亲善、互相提携，破除门户水火之见，科学界同人想得到社会辅助首先应该自助，对于他人的科学贡献均应欣赏，见贤思齐格外努力。① 通过履行以上四项责任促进科学教育日见发达、科学人才日见众多，以维持国家治安、减少人民痛苦、扭转国家前途命运为归旨，同时向社会呈现科学和科学家的社会功效，获得社会辅助，减少工作困难，促进科学发展。

## 三 对科学精神与科学家精神关系阐释

1935年和1936年，秉志先后发表《科学精神之影响》和《科学精神与国家命运》两篇文章，阐明科学精神同科学家精神的内在关联。秉志考察科学精神从科学理念起首，认为近代自然科学的发展极大提高了人类的思想认识水平和科学发达国家的文明程度，促使社会民众享受到

---

① 秉志：《国难时期之科学家》，载翟启慧、胡宗刚编《秉志文存》第3卷，北京大学出版社2006年版，第156—158页。

科学发达带来的幸福。科学在一定意义上可以看作通过条理化常识使其成为系统的常识，然后对系统的知识进行精深研究使其成为专门知识。然而科学特识的发达、科学常识的普遍需要以科学精神作为基础，科学发展程度同科学精神的确立程度密切相关，"科学者，二十世纪立国之基础也。然科学之特识，何以发达；科学之常识，何以普遍？则恃科学之精神为之后盾"。①

秉志将科学精神总结为公、忠、信、勤、久五点。一是公，科学真理人人所得而求，人人所得而知，科学家必须有公开精神，如果对科研成果严守秘密不肯公之于世、科学家不肯大公无私那么科学永无发达希望；二是忠，科学真理不以忠诚之精神努力进求则不能自发呈现，科学家需要以忠挚的态度开展科学研究工作；三是信，寻求真理是科学研究的唯一目的，科学家不能作伪矫强、自欺欺人；四是勤，科学为最"忠实"之物，科学家如果不肯勤苦努力，那么科学的真谛绝不会偶然侥幸获得，世界各国著名科学家未有不通过勤勉所学而能产出惊人贡献；五是久，凡事皆贵有恒，科学尤贵有持久的精神，科学专家从事研究必终身不懈才能有所成就。② 他在《科学精神与国家命运》中对公、忠、信、勤、久进行进一步分析："科学之精神为何：（一）公而忘私，（二）忠于所事，（三）信实不欺，（四）勤苦奋励，（五）持久不懈。唯有此五者，以治科学，世界伟大之成绩，无不由之产生焉。自有科学以来，所有此学中之巨子，无不备此五者。"③ 人类进步和发展需要借助科学实现，科学家开展科研工作需要诉诸科学精神，缺乏科学精神将对科学家从事科研工作产生阻碍，"救国家者，必以提倡科学精神为先务"。通过科学精神承载科学责任，"故科学精神者，政府宜有之，社

---

① 秉志：《科学精神与国家命运》，载翟启慧、胡宗刚编《秉志文存》第3卷，北京大学出版社2006年版，第171页。
② 秉志：《科学精神之影响》，载翟启慧、胡宗刚编《秉志文存》第3卷，北京大学出版社2006年版，第145—148页。
③ 秉志：《科学精神与国家命运》，载翟启慧、胡宗刚编《秉志文存》第3卷，北京大学出版社2006年版，第171页。

会宜有之,吾科学界同人尤当负此责任,力求推进。吾国至于今日,无贵无贱,无贤无愚,对于科学之足以救亡图存,转危为安,要不能再存丝毫怀疑之态度。宜人人奋发,相率而前,以期造就高深之研究,及推广普遍之常识"①。在五条内涵内部,秉志对其进行了层次划分,一方面将公而忘私、忠于所事、信实不欺作为科学精神核心,"盖科学之工作,以求真理为唯一之目的。故科学家之所言,最重信实无欺。科学家之所为,最重精诚无二。而对于所心得者,尤重公之于世,不容严守秘密。故公、忠、信三者为治科学者所不可无"。另一方面将勤苦奋励、持久不懈解释为科学之态度,"'勤'与'久'二者系学者应有之态度,与其所以努力,以图所学之精能"②。关于科学家精神的具体内涵和结构体系,本书将在内涵诠释部分予以详细阐释。

1937年"七七事变"爆发后,科学技术被进一步不合理地应用于战争,尤其是生化武器和较大规模杀伤性武器的使用使得战争残酷程度进一步放大,"人之无知者,堕落者,趋之好之,甘为饮鸩止渴之事。光天化日之下,而有黑暗地狱之造成。毒药之外,复有利器之杀人,皆理化工程诸学专家之贡献。科学界有此现象,诚属科学本身之不幸,亦人类之不幸也"③。同时部分科学家谋求私利,造成社会民众对科学家的职业怀疑,"如近日通都大邑之中,人民密集,某种实用之科学,为人生健康幸福之所赖。习是学者,以其所学如此需要,遂乘机榨取。谋利之心,过于强炽。视人民之生命健康,无足重轻,唯求所以满足其贪欲。此种行为,演成风气,何怪人视科学与道德为毫无关系乎"④。在

---

① 秉志:《科学精神与国家命运》,载翟启慧、胡宗刚编《秉志文存》第3卷,北京大学出版社2006年版,第173页。
② 秉志:《师鉴》,载翟启慧、胡宗刚编《秉志文存》第2卷,北京大学出版社2006年版,第237页。
③ 秉志:《科学呼声》,载翟启慧、胡宗刚编《秉志文存》第2卷,北京大学出版社2006年版,第86页。
④ 秉志:《科学呼声》,载翟启慧、胡宗刚编《秉志文存》第2卷,北京大学出版社2006年版,第85页。

战争期间科学技术的负面效应进一步放大，科学家的道德品质受到质疑的情况下，秉志以科学的伦理意蕴和科学家的道德品质为中心，引入以仁爱之心为核心的科学之道德，认为"科学家所必须有者，为仁爱之心。此项道德视前三者为尤要"①。

通过以上论述可以发现三个问题。

第一个问题：在秉志的语境中，"科学精神"和"科学家精神"具有内在一致性，"并称科学精神为科学家之精神"②，认为"唯科学应有之精神，与一切学者应有之精神，本极相同"③。

第二个问题：在秉志的语境中，"科学之精神"内涵出现三种表述方式，即"公、忠、信、勤、久、仁"；"公而忘私、忠于所事、信实不欺、勤苦奋励、持久不懈、仁爱之心"；"公、忠、信"——"公而忘私、忠于所事、信实不欺"。

第三个问题：在秉志的语境中，同时出现"科学之精神""科学之态度""科学之道德"三个概念。

以上三个问题不免引发三个疑问。

第一个疑问：秉志何以得出"唯科学应有之精神，与一切学者应有之精神，本极相同"的论断？

第二个疑问：对于"科学之精神"，同一概念为何出现三种不同的内涵表述？

第三个疑问，"科学家精神"与"科学之精神""科学之态度""科学之道德"之间存在何种逻辑关联？

关于第三个疑问，本书将在秉志科学家精神思想结构论中予以讨论，现仅就第一个和第二个疑问进行简要探讨。

---

① 秉志：《科学呼声》，载翟启慧、胡宗刚编《秉志文存》第 2 卷，北京大学出版社 2006 年版，第 87 页。
② 李醒民：《秉志科学论一瞥》，《哲学分析》2017 年第 4 期。
③ 秉志：《科学精神之影响》，载翟启慧、胡宗刚编《秉志文存》第 3 卷，北京大学出版社 2006 年版，第 147 页。

## 第三章 秉志科学家精神思想发展演进探究

对第一个疑问的回应:"科学精神"与"科学家精神"尽管只有一字之差,但要准确辨析其语义却并不简单。科学精神作为科学本身的灵魂和内在精神,是科学主体即科学家个体或科学共同体内在的精神气质和科学活动规范要求的内在统一。肖峰教授认为,"科学精神"包括两层含义,一是从科学这门学科的精华中凝结和提升出来的文化精髓和价值观念体系的"科学精神"(spirit of science);二是作为科学家所具有的精神品性的"科学家的精神"(spirit of scientists),尽管不能从狭义上将"科学精神"等同于"科学家的精神",但是由于科学家受科学影响最多,最容易形成与科学特点相关的精神品性,所以不得不承认科学精神最多地还是体现在科学家身上①。现代学者普遍认为,科学精神是科学家在科学实践活动中形成的共同信念、价值标准和行为规范的总称,科学精神需要通过科学家精神来体现,需要通过科学家来实现,科学家精神是科学精神的人格化和集中体现,是科学家从事科学活动形成的价值观念和具有的精神品质,科学精神最集中地体现为科学家精神。秉志并非完全没有意识到"科学精神"与"科学家的精神"的区别,一方面认为两者之间只是"本极相同"而不是完全一致;另一方面,科学家精神事实上是统摄科学精神、科学态度和科学道德的统一体,如果说勤苦奋励、持久不懈的科学态度和仁爱之心的科学道德更多关注科学家科学研究和科学应用方面的精神气质规范,而以公而忘私、忠于所事、信实不欺为主要内容的科学精神,则更多关注科学本身,"盖科学之工作,以求真理为唯一之目的。故科学家之所言,最重信实无欺。科学家之所为,最重精诚无二。而对于所心得者,尤重公之于世,不容严守秘密。故公、忠、信三者为治科学者所不可无"②。此观点将在后文秉志科学家精神思想规范论和结构论中进行进一步论述。可见,现代学

---

① 肖峰:《科学精神的语义问题》,《哲学研究》1998年第7期。
② 秉志:《师鉴》,载翟启慧、胡宗刚编《秉志文存》第2卷,北京大学出版社2006年版,第237页。

者同秉志或说秉志同现代学者关于科学精神与科学家精神关系的观点是一致的，即把科学家精神作为科学精神的载体和人格化反映。

对第二个疑问的回应：通过对秉志相关论述在不同语境中的分析可以发现，科学精神的三种内涵表述实际上分别在科学与科学家的不同语境、广义和狭义的不同范围中展开讨论：第一种表述（公、忠、信、勤、久、仁）聚焦科学语境，在科学作为一种知识体系、研究活动和社会建制的广义范围内讨论，即广义的科学精神；第二种表述（公而忘私、忠于所事、信实不欺、勤苦奋励、持久不懈、仁爱之心）聚焦科学家语境，在科学家作为认知科学、研究科学、应用科学主体的广义范围内讨论，即广义范围内作为科学精神人格化载体的科学家精神；第三种表述（公、忠、信，公而忘私、忠于所事、信实不欺）聚焦狭义科学狭义语境中，讨论科学作为一种客观知识体系的科学精神或科学家精神（见表3.2）。

表3.2　秉志语境中科学精神与科学家精神内涵关联性列表

| | | 科学语境 | | 科学家语境 |
|---|---|---|---|---|
| | | 科学精神（第一种表述） | | 科学精神（第二种表述） |
| 科学精神（第三种表述） | 公 | 科学非为私产也，其理乃人人所得而求，人人所得而知者也。 | 公而忘私 | 研究科学之人，必须有公开之精神。倘科学家皆不肯大公无私，则科学永无发达之希望。 |
| | 忠 | 科学之真理，不以忠诚之精神，努力进求，绝不能自来相寻。 | 忠于所事 | 科学家对于自己所从事之工作，皆具最忠挚之态度。研究科学者，稍存虚伪之心，必不免于失败。对于自己之本门，缺乏忠实之态度，势必至毫无所成。 |
| | 信 | 科学以求真理为唯一之目的，得有结果，是即是，非即非，不能稍有虚饰之词。 | 信实不欺 | 对于各种学理，各种事实，反复推求，得是乃止，毫不容参加意气，尤不容作伪矫强，自欺欺人。 |

续表

| | 科学语境 | | 科学家语境 | |
|---|---|---|---|---|
| | 科学精神（第一种表述） | | 科学精神（第二种表述） | |
| 科学精神（第三种表述） | 仁 | 科学系一种仁爱精诚忠恕信义之学术，其精神一以道德为依归，非徒关于智育。 | 仁爱之心 | 科学中之伟人其存心极光明正大，富于民胞物与之精神。未有道德薄弱，能成科学大家者。 |
| | 勤 | 科学之为物乃最"忠实"者。 | 勤苦奋励 | 研究此学之人，不肯勤苦努力，则此学之真谛，绝不能偶然侥幸而获之也。 |
| | 久 | 凡事皆贵有恒，科学尤贵有持久之精神也。 | 持久不懈 | 科学专家，从事研究，必终身不懈，方能有所成就。人有绝顶聪明，而其性颇不耐久者，以之研究科学，最不相宜。 |

资料来源：根据秉志相关论著整理编制。

## 第三节 辩证审视阶段

1945年抗日战争结束后，秉志欣然作诗："江南春尽惠风和，绿蚁盈樽拟翠螺。卅载重逢愁鹤发，一生几度唱骊歌。寇氛满眼凭凌甚，敌忾同心胜气多。堪笑侏儒扛九鼎，其如决胝断肠何。"[①] 同时对国家建设发展充满希望，思想认识实现由科学救国到科学立国的转向，认为"今我国喋血八年，死中得生，积年压迫，尽行解除。而友邦之辅助，亦与日俱增，将有大量之资本，及各项专家，源源而来，俾我日有进步，一切建设，不至落后，一蹴而为名副其实之强国"[②]。经过抗日战争的洗礼，在总结审思抗日战争的基础上，秉志突破"科学者，救国之唯一要术也"的观点，将科学与道德视为立国之二元素，将科学精神与道德精神视为国家命运所系，在强化对科学家应然性精神气质意识认同

---

① 秉志：《方君汉文邀饮，席间有感时事赋七律一首者，因步韵和之，藉祝抗战胜利》，载翟启慧、胡宗刚编《秉志文存》第3卷，北京大学出版社2006年版，第376页。

② 秉志：《青年与科学》，《平论半月刊》1945年第4期。

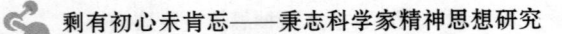

的同时，从精神框架内部和外部辩证审思科学家精神的效用限度。

需要指出的是，1949年新中国成立后，秉志欢欣鼓舞并积极投身其中，认为："从此国运隆，跂足华胥世。中土五千年，何时堪匹拟。灯下白头人，饱更忧患极。长夜逢曙光，崎岖获平地。食甘寝成寐，豁然散忧惕。四海宁谧中，百家争鸣际。识小费钻研，钩玄窥奥秘。腐儒至无能，报国期万一。"① 但是根据目前掌握的资料而言，其科学家精神思想在1949年新中国成立前后并未产生明显转变，主要还是在精神框架内部主张将科学精神和道德精神并重，在精神框架外部呼吁为科学家精神提供良好环境，倡导科学家合理运用科学成果。究其原因，大概因为秉志国家观念深厚但是没有过多关涉政治。对此有两点佐证：一方面，秉志总结自己"终身作一书生"，在晚年自传中将一生分为1920年前的早年生活及求学时期、归国后至1945年抗日战争结束后的中年进修及服务时期、1945年抗日战争结束后的晚年进修及服务时期三个阶段，而将抗日战争结束后的经历概括为一个整体阶段："抗战胜利，我已将六十岁（1945），在复旦及中大两校任课，奔走宁沪之间。……至1949年全国解放，我乃加入中国科学院水生所（王家楫所长），后转入动物所（陈桢所长）。"② 另一方面，1932年，中央大学学生自治会召开非常大会，按照"纯粹学者""办理高等教育卓有成效者""毫无政治色彩"三条标准提出校长人选，九名人选中就包括秉志，③ 由此可以推断秉志是"毫无政治色彩"的"纯粹学者"。本书以秉志原始论述和客观史实为依据，对此也无须过度解读延伸。

## 一　科学精神与道德精神效用互补

抗日战争结束后，秉志基于对战争的审思突破"科学者，救国之唯

---

① 秉志：《丁酉除夕》，载翟启慧、胡宗刚编《秉志文存》第3卷，北京大学出版社2006年版，第369页。
② 秉志：《自传》，载翟启慧、胡宗刚编《秉志文存》第3卷，北京大学出版社2006年版，第305页。
③ 丁希宇：《中央大学六易校长　高校史上一大奇观》，《文史月刊》2011年第12期。

## 第三章 秉志科学家精神思想发展演进探究

一要术也"观点，认为道德对在中国科技落后的情况下取得抗日战争胜利发挥了重要作用："科学与道德不可强分。吾国先儒只知注重道德，而忽视科学，致国势屡弱，呻吟于强权压迫之下，而无可如何。循至崩颓覆灭，无法挽救。然道德之教诲，于国脉之延长，实为大助。不可因前人之失计而竟蔑弃之。即以此吾国之抗战而论，足见道德足以救国矣。"① 同时他对于科学效用的审视也由科学救国转向科学立国，将科学与道德视为立国之二元素，将科学精神与道德精神视为国家命运所系。

秉志认为发达的技能和优越的道德是国家存在并得以延续的固有基础，"所谓智力者，即知识与技能也。所谓德行者，即精神与道德也"②。优越的道德即中国传统规训中的美德，通过长期的道德灌溉可以形成道德风气，在道德风气作用下即使国家遭遇严重患难仍可颠扑不破；发达的技能即发达的智育，包括一切利用厚生的技术，尽管世界图景不断变化但是通过提高知识能力可以予以应对，把握好应对时机可为整个民族甚至全世人类谋得幸福。优越的道德和发达的技能是国家生命所系，涵养科学精神和道德精神需要两者并重，"然而此二者要当有平衡之发展，绝不容其偏胜。谋国者若徒知其一，而不知其二，谬于一端之偏见，其流弊将不可胜言"。在《立国之二元素（续）》中，秉志强调科学不仅蕴含技术知识，同时开展科学研究的过程可以影响科学家精神状态，"科学之目的，首在研究真理。其影响所及，使治此学者，皆有高尚纯洁之道德。而功效所至，可以利用厚生。世人不察，往往视科学为精巧之技术，失之远矣"。科学落后不仅导致国家落后遭受强寇侵凌，同时导致政治紊乱、人民堕落，基本科学知识皆是道德结晶，通过涵养科学精神和道德精神可以使社会民众受到科学熏陶不断与真理接触，培养形成忠信笃敬、大公无私精神。同时科学精神与道德精神具有

---

① 秉志：《立国之二元素（续）》，载翟启慧、胡宗刚编《秉志文存》第3卷，北京大学出版社2006年版，第265页。

② 秉志：《科学与国运》，载翟启慧、胡宗刚编《秉志文存》第3卷，北京大学出版社2006年版，第255页。

内在一致性,通过发展科学知识和科学技术可以收利用厚生之效;通过弘扬科学精神则能收正德之功,"浅者每视科学与道德为两事,以此为生财之术,此不足语于真正科学之列也"。①

聚焦科学家主体,科学精神和道德精神是科学家精神气质不可或缺的两个方面。在科学高速发展、科学社会功能不断显现的背景下,杰出科学家不仅有高超的知识技能,而且具有高尚道德。两次世界大战期间,世人将武器使用片面归罪于科学家不讲道德蔑弃人道,其实科学家有真伪之分,"真正之科学家,其兴趣在寻求真理,其目的在造福人群。一国之内,倘有若干之大科学家,其力量足以影响于社会。社会日形改进,足以左右人民之力量"。伪科学家假借科学之名被侵略者所利用,世界战祸、人民疾苦并非源自价值中立的科学本身,而是由伪科学家协助政客、武人、财阀的不合理使用所造成,这种科学家不是真正之科学家而是科学之罪人。"处于今日原子时代,真正伟大之科学家,其知识技能,固超乎寻常之人。而其道德之高尚,亦非普通人所能及。世人徒见近世科学之进步、战争之惨祸、杀人之利器,愈演愈酷,归罪于科学家之不讲道德,蔑弃人道。殊不知习科学者,实有真伪之分。真正之科学家,其目的与兴趣,唯在发现真理,造福人群。而伪科学家假科学之技术,为野心侵略家之走狗,或为资本家一味渔利者所利用。世界之战祸,人民之疾苦,乃此种人协助政客、武人、财阀所造成。此种人乃科学之罪人,为真正之科学家所耻与为伍,而深恶痛绝之者也。"②

科学家的不同精神涵养不仅对科学研究产生影响,而且在提升国家实力、改造社会风气方面产生不同效用,具有科学精神与道德精神的科学家通过科学研究为人类造福,提高人民科学常识水准,以此风气改造社会、改良政治,"世界各国断无有国内有富于此学之精神与道德伟大

---

① 秉志:《立国之二元素(续)》,载翟启慧、胡宗刚编《秉志文存》第3卷,北京大学出版社2006年版,第270页。
② 秉志:《科学与国运》,载翟启慧、胡宗刚编《秉志文存》第3卷,北京大学出版社2006年版,第255页。

之科学家，时时有重要之贡献，足以为人类造福，所有人民，其科学常识之水准，超乎他国之上，而其政治仍腐化混淆，其官吏仍贪墨无耻，陷其人民于水深火热者"。秉志认为抗日战争结束后国家建设的最大局限在于缺乏具有科学精神和高尚道德精神的科学家，"吾国今日所患者，即是无大科学家。而真正之科学家，有伟大之精神者，为数亦甚少，远不能与科学先进之国家，同日而语"。将科学和道德作为立国二元素内在要求科学家涵养科学精神和道德精神，通过自身努力以科学成就促进国家建设发展，"所谓科学家自身之努力者，以吾国今日之上下，皆向危险之途，盲目而急趋。科学家不为彼等所重视。即知重视矣，亦不过希其有贡献，可为彼等所利用，以便其牟利而已。治科学者，要当深知目下国家所处之危险，不容漠不关心。个人既有专门之学识，宜于此时冥心孤往，精研猛进，以学问之成就，救国家之危难"。①

秉志将科学精神与道德精神视为国家命运所系，并聚焦科学家主体基于三点考量（见图 3.3）。一是呼吁科学精神与道德精神并重是在大历史观考察中得出的历史结论。秉志认为宋朝时期诸多大儒讲学侧重于教化和培养民众道德观念，仅将优越的国民道德视为立国根基而忽视其他立国元素，例如理学大儒程颢将博闻强记视为玩物丧志，可见赵宋诸儒对于研究实用学问和物质学问的否定态度，在这种社会风气和道德教化影响下，以致整个宋朝士大夫几乎全部趋于空谈性理，最终导致国家屡次遭受外侮却不知觉悟。近代以来，德国、日本通过发展科学技术不断膨胀国力，但是却忽视道德培养，以致德国、日本等国军国主义思想日益严重，认为仅仅依靠先进的科学技术即可逞其所欲侵略其他国家，但事实证明德国、日本等国并未依仗先进的科学技术和发达的实业逞其所欲，反而招致在发起战争的数十年之间悉数化为灰烬。通过中西历史对比，秉志认为想要谋得国家幸福必须有至善的因才能产生至善的果，

---

① 秉志：《科学与国运》，载翟启慧、胡宗刚编《秉志文存》第 3 卷，北京大学出版社 2006 年版，第 258 页。

至善的因即体现为道德进步和科技发展。二是总结审思抗日战争得出的现实结论。国人受历史传统影响片面注重精神道德教化、忽视物质文化作用，骛于空谈、毫无实用的观念影响至今以致国家日趋于贫弱，最近二十年才渐知科学重要性，"九·一八"事变后国家深受重创，科学界有志之士欲以所学救国，科学在国内发展渐有突飞猛进态势，这种奋发图强、科学救国的精神对于挽回颓势发挥了重要作用。通过科学精神加之固有的道德精神，才"终于绝处逢生，而得国际之变化，渡过危险之关头，而入于有利之环境。遂争扎八载，而能转危为安也"①。三是深受儒家传统思想影响。秉志认为科学精神和道德精神与中国先哲的思想多有吻合之处，科学精神和道德精神与格物致知、正心诚意具有内在一致性，中国先哲将格物致知作为正心诚意的基础，通过格物致知和正心诚意可以达到修齐治平的境界。②

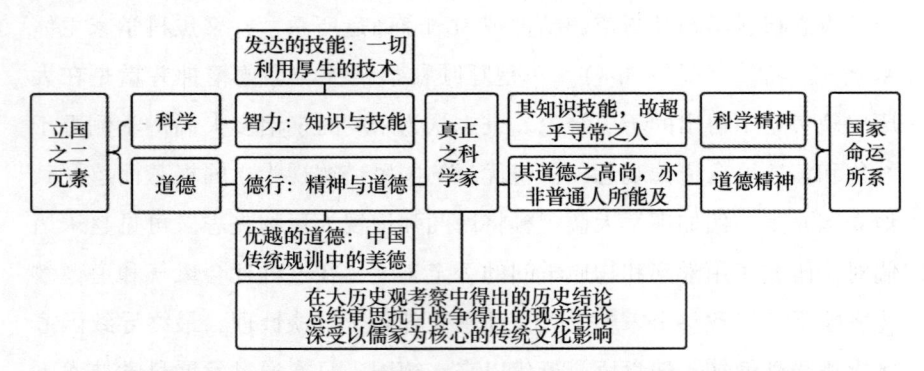

图 3.3　秉志语境中"科学精神"与"道德精神"关联性示意图

## 二　辩证审思精神效用与外在因素

秉志在精神框架内部倡导科学精神与道德精神并重，在精神框架外

---

① 秉志：《立国之二元素（续）》，载翟启慧、胡宗刚编《秉志文存》第3卷，北京大学出版社2006年版，第267页。
② 秉志：《立国之二元素（续）》，载翟启慧、胡宗刚编《秉志文存》第3卷，北京大学出版社2006年版，第270页。

## 第三章 秉志科学家精神思想发展演进探究

部注重精神效用和社会环境、物质条件等外部因素关系，在肯定精神积极效用的同时指出效用限度，倡导为科学家精神效用发挥提供良好的社会环境和物质保障。

精神事实上是有别于心理的以德行为统摄的知、情、意的统一体，其效用特点在于价值性，因而精神超越于理性之上，是理性和它的世界的统一，体现了理性和实践的结合，不仅是理性的真理性，而且是理性的现实，精神的积极效用需要通过特定的环境才能呈现。[①] 秉志对于科学家精神效用的审思也体现以上观点，在肯定精神积极效用的同时也指出其效用限度。积极效用体现为三点，一是有助于科学家克服不利环境借助超越现实之上的精神开展科研工作，科学研究本身是一个充满挑战性、长期性和不确定性的艰辛探索过程，科学家借助精神力量超越现实困境获得科研成果，"科学史中所有之大贡献，未有不百般困难，屡经失败而后成者，决非一蹴而几者也"[②]。二是有助于科学家对科技成果的合理有效运用。科技工作者通过将科学原理转化为技术成果实现科学致用，在技术转化过程中科学家对于科技成果运用带来的后果比一般民众更为了解，科学技术的不合理运用会对人类社会产生严重影响，科学家应该将利物济人作为开展科学研究和技术应用的目的，"真正之科学大家，必系道德纯粹之人，其存心行事，皆以利物济人为唯一之目的，绝不容以一技术之人目之也"[③]。三是可以通过科学家精神影响和改善社会风气，科学家精神不仅是科学家需要的精神气质，也是改善社会风气、促进文明发展的"正能量"，受科学家精神濡染熏陶，有助于帮助社会民众养成光明纯粹的品格，形成良好社会风气，建成"极乐世界"[④]。

---

[①] 薛桂波：《科学共同体的伦理精神》，中国社会科学出版社2014年版，第14页。
[②] 秉志：《科学呼声》，载翟启慧、胡宗刚编《秉志文存》第2卷，北京大学出版社2006年版，第107页。
[③] 秉志：《科学呼声》，载翟启慧、胡宗刚编《秉志文存》第2卷，北京大学出版社2006年版，第85页。
[④] 秉志：《科学呼声》，载翟启慧、胡宗刚编《秉志文存》第2卷，北京大学出版社2006年版，第115页。

秉志主张重视精神的积极效用但是并没有走向精神决定论的极端，在意识到精神效用局限性的基础上主张正确处理精神效用和物质效用的关系。认为中国古代过分重视精神文化而忽视物质文化，在一定程度上造成近代中国科技落后、物资匮乏，"吾国只知注重于精神之文化，而忽视物质之文化，文人学士逐末忘返，竟骛于空谈，毫无实用，致国家日趋于贫弱"①。而西方发达国家通过发展科学技术充盈物质实力，依仗强大国力发动侵略战争，"至近世之德日二国乃沉迷于物质之学术，而不思以道德培养其邦基，日趋极端，自以为恃此可以逞其所欲"②。"九·一八"事变后，科学家通过发展科学技术充实国家物质实力，国内科学水平得到提升。通过中西对比，秉志进一步指出，当今世界所处环境较之以往大相径庭，数千年以来海外诸邦由于竞争激烈和政治、经济、地理等诸多因素影响，迫使其知识分子注重通过格物致知开展物质层面的研究，而中国学者则致力于人伦事务问题研究，过分依赖和顺从自然而忽视对自然的探究和改造，不肯穷理尽性，结果外国人的精力用于探究和解决自然现象利用厚生，而中国人的精力或消耗于空谈性理或消耗于雕虫篆刻而成空虚无用之学。导致他国以科学日精，国强兵富，我国以离科学日远国力日微，由此遂引起野心侵略家觊觎。"即幸死中得生，转危为安。而科学落后，人才缺乏，终必招更严重之国难。国人痛定思痛，其亦知所怵惕乎。"③

基于对精神效用的辩证分析，秉志一方面呼吁科学家以"一息尚存，不容稍懈"的精神状态努力研究提高国内科学发展水平，"斯学同人应终身努力研究，到底不懈。同人等既然择定此学为终身事业，即当

---

① 秉志：《立国之二元素（续）》，载翟启慧、胡宗刚编《秉志文存》第3卷，北京大学出版社2006年版，第266页。
② 秉志：《立国之二元素（续）》，载翟启慧、胡宗刚编《秉志文存》第3卷，北京大学出版社2006年版，第265页。
③ 秉志：《人类一斑》，载翟启慧、胡宗刚编《秉志文存》第2卷，北京大学出版社2006年版，第379页。

## 第三章 秉志科学家精神思想发展演进探究

终身以之,生死以之,万不容浅尝辄止,中道而废,或外慕徙业,舍己耘人,必须如古人所谓'一息尚存,不容稍懈',方足证明其有为国服务之真诚,方可望其有珍贵贡献,为此学提高水平"[1]。另一方面认为科学家精神效用既不可能自发形成也不可能自在运行,呼吁政府和社会为科学家精神效用的发挥提供有利的外部环境和物质保障。

### (一)"举国上下予以精神上之支持"

新中国成立初期,国内科学技术发展打开新的局面,但是百废待兴的特殊时代背景迫切需要实用技术,该时期对于科学的认识带有一定程度的功利主义倾向,重视科学技术在经济建设、国防建设方面的作用,而对于科学本身尤其是基础科学发展的重视程度不够,"对于经济建设、国防建设人人皆知注意,而对于科学本身之发展,为国家百年之大计,许多人竟不谈及"。科学本身作为一个有机整体,对科学的人为割裂强分不仅会影响整个科学体系的有效运行,而且对科学家尤其是从事基础科学研究的科学家的价值认同和工作开展产生了不利影响,"科学是一整个之有机体,不容割裂强分。吾国于七八十年以前已开始用科学谋富强,但至今科学在国内仍未免于薄弱之基础,其原因固甚多,而将科学割裂,不图全面发展,是一最大之错误"。秉志呼吁国家和社会在思想层面给予科学家精神支持,肯定不同学科门类科学家的工作的价值,促进应用科学和基础科学协调发展,超越功利主义价值观从科学本身认识科学的精神功能和物质功能,"今日请勿再蹈此覆辙。政府既以国民经济建设、国防建设与科学本身之发展三者为号召,并且以理论进一步之探索,策历科学界同人,皆宜得国人之注意,予以同情之协助"[2]。

### (二)"全国物质之支持"

现代科学技术发展离不开必要的资金保障和物质支持,20世纪上

---

[1] 秉志:《祖国发展动物学的前瞻》,《动物学杂志》1957年第1期。
[2] 秉志:《祖国发展动物学的前瞻》,《动物学杂志》1957年第1期。

半叶由于资金短缺不仅限制了科技发展,而且因为争夺资金导致学术界内部的混乱,必要的资金保障和物质支持不仅是科学事业得以进行的重要条件,也是使科学家专心本业的保障。秉志多次对此提出倡议,例如1955年在中国科学院会议上提出组织全国性科学研究网、建立最健全的图书馆、大量训练国内青年三点建议。① 在1956年提出三点建议:一是建立规模完备的科学图书馆,收集世界各国文献用于科学研究;二是建立科学技术博物院,为科研机构和高等学校提供工作辅助;三是建立规模完备的科学器材供应处,为国内科学研究工作提供辅助。② 1957年在中国科学院学部年会上提出三点建议:一是加强科学研究机构同产业部门和高等院校之间的合作,组建形成涉及全国的科学研究网;二是建设健全的科学图书馆;三是早日设法自造科学研究所需器材,避免永远依赖国外购置。③

(三) 制定有效的科学家管理政策

科学家作为一项以科学研究为职业的从业人员具有职业本身的特殊性,脱离实际的强制命令和混同其他社会职业要求的政策制度会对科学家开展科研工作造成束缚带来不利影响。秉志认为要结合科学家的工作实际制定相应政策调动科学家工作的积极性。一要减少人事关系对科学家的影响,不可将人事牵连混同于科学研究,"科学家尽半生力量,有可观成绩,而于中年以后,因人事关系,间断其实验室中之工作,或竟完全放弃,乃国家极大之损失。我盼望凡治科学者,都存一奋斗到底之决心,万不可偶因人事上之牵连,使其工作中止。国内务须有多数之终身埋头苦干之科学研究者,方能使科学基础巩固,方能使研究空气浓

---

① 秉志:《在中国科学院会议上的发言》,载翟启慧、胡宗刚编《秉志文存》第3卷,北京大学出版社2006年版,第308—210页。

② 秉志:《致全国人民代表大会常务委员会提案》,载翟启慧、胡宗刚编《秉志文存》第3卷,北京大学出版社2006年版,第300—301页。

③ 秉志:《在中国科学院学部年会上的发言》,载翟启慧、胡宗刚编《秉志文存》第3卷,北京大学出版社2006年版,第311—313页。

## 第三章 秉志科学家精神思想发展演进探究

厚，方能使大队青年，训练成科学专家，应付国家建设之需求。希望政府提倡于上，并希望科学同人，自己策励，互相劝勉，共赴一的"①。二要给予科学家充足的时间保障，减少社会事务对科学家时间和精力的影响，"给予科学专家以充分时间，俾得用大部分（百分之九十）力量于研究进修之工作。院中各所及全国各大学之专家皆感觉时间不够，未能尽力研究，应给予照顾"。三要加强年轻科研人员培养，培养科学研究后备力量，"调配足数大学毕业生于动物研究各机构（如动物研究室、实验生物研究所、昆虫研究所、海洋生物研究所及水生生物研究所等），俾得有多数青年，从专家受训，养成独立工作之专家"。②

通过全国上下的精神支持、物质支持和有效的政策管理会为科学家通过积极的精神状态开展科学研究、真诚为国服务提供外在保障，精神框架内部和精神框架外部的有效互动会进一步促进国内科学技术发展。对此，秉志以国内动物学与苏联、德国、英国、美国动物学发展为例展开比较研究，并描绘得到国内动物学发展"两步走"蓝图，认为苏联、德国、英国、美国的动物学家及青年后备人才的数量平均每国不下一千人或一千五百人（最保守估计），中国当时能独立开展科学研究的动物学（包括昆虫学）家只有二三百人，经过十年发展，到1967年，国内动物学研究人员数量将达到以上四国水平，尽管科研成果数量和质量能否达到同等水平尚不能确切把握，但是不致相差太远；再经过十年发展，到1977年有望达到以上四国科研水平，"迨至一九七七年，根据上之数量，可以希望达到其质量"。③

---

① 秉志：《在中国科学院会议上的发言》，载翟启慧、胡宗刚编《秉志文存》第3卷，北京大学出版社2006年版，第309页。
② 秉志：《在学部动物组会议上的发言》，载翟启慧、胡宗刚编《秉志文存》第3卷，北京大学出版社2006年版，第314页。
③ 秉志：《在学部动物组会议上的发言》，载翟启慧、胡宗刚编《秉志文存》第3卷，北京大学出版社2006年版，第314页。

### 三 为科学家精神概念正名

整理相关论述发现,秉志仅在抗日战争时期所著《师鉴》中用过"科学家之精神"概念表述:"人唯能以真正科学家之精神,自修其身,则道德日进,以此与人相处,则忠信相孚。"① 但是在该文中并未就这一概念展开讨论。除此以外多用"科学之精神""科学之态度""科学之道德""科学之信条"等相关概念代指科学家精神(见表3.3)。秉志在20世纪60年代撰写的《科学与世界和平》中对科学家精神进行概念正名并阐述其内涵。

表3.3　　秉志对科学家精神相关概念内涵表述列表

| 相关概念 | 内涵 | 来源 |
| --- | --- | --- |
| 科学之精神 | 大公无我,唯理是从 | |
| 科学之精神 | 公、忠、信、勤、久 | 科学精神之影响 |
| 科学之精神 | 公而忘私、忠于所事、信实不欺、勤苦奋励、持久不懈 | 科学精神与国家命运 |
| 科学之精神 | 忠实、勤奋 | 关于国防之三点 |
| 科学之精神 | 大公无私,实事求是,忠诚不欺 | 国难时期之科学家 |
| 科学之信条 | 公、忠、信、勤、久 | 科学家对于社会的责任 |
| 科学之精神 | 公、忠、信、勤、久 | 科学之德育 |
| 科学之道德 | 公正、信实、忠挚、仁爱 | 科学之德育 |
| 科学之态度 | 勤、久 | 科学之德育 |
| 科学之精神 | 公、忠、信、勤、久 | 青年与科学 |
| 科学之道德 | 公正、信实、忠挚、仁爱 | 极乐世界 |

---

① 秉志:《师鉴》,载翟启慧、胡宗刚编《秉志文存》第2卷,北京大学出版社2006年版,第212页。

第三章　秉志科学家精神思想发展演进探究

续表

| 相关概念 | 内涵 | 来源 |
|---|---|---|
| 科学之精神 | 公、忠、信、勤、久 | 科学与国运 |
| 科学之精神 | 诚正 | 训子女书（续） |

资料来源：根据秉志相关论著整理编制。

20世纪60年代前后，美国企图分裂中国，派遣导弹部队进驻中国台湾，继续对中国大陆实行封锁和贸易禁运，同时中苏在禁止试验核武器协议、中印边境冲突等问题上发生严重分歧。① 在国际形势处于大动荡背景下秉志撰写了《科学与世界和平》。该文开篇点明："科学家之精神，在寻求真理；科学家之目的，在造福人类。故能称得起科学家之人，不独其在专门学问上，有精深之造诣，而其道德人格，亦必高尚纯洁，有深邃之修养。换言之，科学家之心术，乃极光明仁爱，所谓视天下为一家，视中国如一人。"秉志进而结合其生物学专业将世界结构与人体结构进行对比，认为人类的幸福应当在彼此协作中获得，整个人类世界图景类似于人类身体，人的身体的每一细胞必须与其他细胞极度调和彼此互助才能使得身体不至于有任何生活障碍，细胞结集成组织，组织结集成器官，器官结集成系统，均需要彼此和协，人身得以发育圆满、健康幸福首先源自人体各部分的和协，如果相互之间彼此乖戾、侵害凌迫，那么必然引发疾病甚至死亡，"此乃人身体生理上之真理，科学家未有不知之最确者。世界人类需要和平，亦犹人身需要和协，此人类生存上之真理，科学家亦未有不知之者。科学家笃信此真理，乃愿牺牲一切，以求此真理之能征诸事实，而为整个人类谋幸福"。②

在秉志的语境中，"科学家"是一个高尚的称谓，获得该称谓的人

---

① 本书编写组编：《中华人民共和国简史》，人民出版社2021年版，第108—110页。
② 秉志：《科学与世界和平》，载翟启慧、胡宗刚编《秉志文存》第3卷，北京大学出版社2006年版，第361页。

不仅具有精深的科学造诣,而且需要具有高尚纯洁的道德人格、光明仁爱的心术,将寻求真理作为精神导向,将造福人类作为研求目的。而是否具有这种精神气质是划分真伪科学家的标准。伪科学家假借科学知识和技术之名为个人谋取私利,甘心被资本主义、帝国主义驱使,研究如何剥削平民,残杀人类的方法与工具,使得世界战争接续发生。野心国家借助科学家发明的凶猛武器足以毁灭人类,对世界和平造成严重威胁,反对和压迫人类求自由、谋自立,意欲使世界爱好自由独立的弱小民族受其统治,变成不能自存的属地。"此皆伪科学家助桀为虐之所致,此等人以科学之知识技术,为危害世界,其罪真不容于死。"真科学家致力于为人类谋幸福,不为威胁利诱所动,凡有造福人类的重要发明尽量公之于世,使人类皆能享其利益;凡有危及世界和平的工作无论在任何国家皆坚决不参与,伪野心政客所利用;凡有可以阻止战祸的工作皆忠心研求,使人民免遭浩劫。科学家要发扬真科学家精神竭力维护世界和平,"今日研究科学之同人,皆当努力发展真科学家之精神,有光明仁爱之心术,力矫科学败类之所为,为世界和平奋斗"。①

需要指出的是,1947年竺可桢基于对两次世界大战期间科学技术的不合理利用也发表过一篇名为《科学与世界和平》的文章,指出科学的本性不是凶恶的、狂暴的或是好杀人的,而是因为人类内心怀了夺取霸权的心理才致使科技的不合理利用。如果科学家心地善良,那么科学就可以帮助人类增进国与国间的联系,建立永久的世界和平,呼吁科学家"本其科学的精神来研究科学",以此造成一个和平的世界。② 但是竺可桢在文中并未提及科学家应该本着什么样的精神研究科学,秉志在其《科学与世界和平》一文中对科学家精神的阐述,在一定意义上可以看作是对竺可桢的回应。

---

① 秉志:《科学与世界和平》,载翟启慧、胡宗刚编《秉志文存》第3卷,北京大学出版社2006年版,第361页。
② 竺可桢:《科学与世界和平》,《科学》1947年第10期。

## 第三章 秉志科学家精神思想发展演进探究

至此，秉志基于维护世界和平的目的对科学家精神概念进行正名。诚然，我们不能仅仅依据一个具体词语的表述就认为秉志在20世纪60年代初才提出科学家精神概念、形成科学家精神思想。事实上，一方面这一概念表述是秉志对前期"科学之精神""科学之态度""科学之道德"等相关概念表述的融合和转换，公而忘私、忠于所事、信实不欺的"科学之精神"以科学家寻求真理为归旨，勤苦奋励、持久不懈的"科学之态度"有助于科学家学术造诣的达成，仁爱之心的"科学之道德"则是科学家存光明仁爱心术、达造福人类目的的内在基因，科学家通过统摄"科学之精神""科学之态度""科学之道德"的科学家精神视天下为一家、视中国如一人促进世界和平；另一方面，这一概念正名在一定意义上体现了秉志对于科学家主体的进一步聚焦，强调科学家在认知科学、研究科学、应用科学促进世界和平中的主体性作用。

# 第四章 秉志科学家精神思想内涵体系诠释

通过分析秉志科学家精神思想的发展演进可知，该思想各个阶段并非截然分开，而是前后相继、相互交织的。秉志对许多观点在不同时期均有论述，只是聚焦于不同语境展开论述的侧重点和详略程度不同而已。以上分析为本书进一步把握秉志科学家精神思想的内涵体系奠定了基础。但是仅分析发展演进难以整体把握该思想的全貌，有必要对此进行进一步综合归纳，更加逻辑清晰地把握该思想的内涵体系和整体全貌。

## 第一节 思想基础

### 一 科学理念及精神学说认识论基础

科学家是从事科学实践活动的主体，对科学理念的系统准确把握是明晰科学家职业特点、阐明科学家精神气质的理论前提。秉志从总结科学方法、审思科学概念、阐述科学功能三个方面对科学理念进行阐述。需要指出的是，由于科学概念本身的复杂性，秉志并没有直接阐述科学概念，而是从总结体现科学特殊性的研究方法起首，以此审思科学概念，继而阐明科学功能。可以发现，秉志对于科学理念的理解同皮尔逊

(Pearson K.)有相似之处,皮尔逊认为"科学方法的特质在于,一旦它变成心智习惯,心智就能把所有的无论什么事实转化为科学。整个科学的统一仅仅在于它的方法,而不在于它的材料"①。

(一)总结科学方法

秉志将科学方法总结为观察、实验、比较、分类、演绎、证实六种,并借助生物学研究分别予以解读,一是观察(observation),即研究一种问题必须就其现象进行彻底精确的审视测度,以此求得研究对象的真面目,例如生物学者研究一种生物就需要对这一生物所有的现象——观察明确,以此作为起首工作的基础;二是实验(experimentation),即用物理、化学以及其他各种方法进行人工尝试,例如对生物中的一种现象进行观察又通过实地测验以此求得准确结果,并通过实验发现新事实;三是比较(comparison),即将所得事实进行比较,例如对生物中的某种现象使用观察和实验两种方法进行研究之后可以得到若干事实,在此基础上对所得事实进行比较,或者用研究获得的事实与其他生物进行比较,以此求其异同;四是分类(classification),通过观察、实验、比较等方法获得的各个研究点,需要对其进行分类,使其各成一组不致紊乱,例如生物中的现象有的在生物幼小时期发生,有的在生物成熟之后发生,有的因为受到阳光刺激发生,有的因为食物链变迁发生,均可就其性质进行分类;五是演绎(deduction),演绎是一种推断的方法,例如研究生物现象,如果已经确知某一现象是因为一种食物导致,而同类型的生物均食用相同的食品,虽然未见所发生的现象,但是它们之间必然存在某种关联;六是证实(verification),即对观察、实验、比较、分类、演绎所得到的结果反复求证,以求其结果毫无错误,例如研究生物中的某一现象,自首迄尾得到所有事实,其中原因已大体明了,在此基础上进行重复研究,经过数次求证后确定毫无疑义,所得结果才能成为

---

① [英]卡尔·皮尔逊:《科学的规范》,李醒民译,商务印书馆2012年版,第12页。

确凿的事实。① 就其发展而言，科学六种方法的形成并非一蹴而就，而是伴随科学发展逐步完善形成，科学进步促进了科学方法渐形完备，渐形完备的科学方法又反作用于科学本身的发展。秉志认为古希腊时期多用演绎法，文艺复兴之后科学方法进一步普及的归纳法逐渐兴起，至17世纪中期科学方法渐形完备，促进了数学、天文学的发展，18世纪中期物理、化学得以进一步发展，19世纪后生物学、地质学等得以发展，"由是观之，科学之六法历千余年之久，始得发展齐备。其关系科学本身之发长，亦大矣哉"②。

（二）审思科学概念

科学具有区别于其他知识学问的特殊性，而研究方法的不同不仅是明晰这一特殊性的关键，"科学与文哲美术等学不同者，以其所施用之方法，非其他学术之所有。……有此六法，科学遂与他学不同"③。同时也是认知科学的真谛，针对有学者将"科学"定义为"研究自然现象"和"有系统之学问"的观点，秉志认为如果将"科学"定义为"研究自然现象"，那么对自然现象如何进行研究？如果将"科学"定义为"有系统之学问"，那么科学以外的其他学问难道不成系统？因此"治科学者须将范围划清，明晰此六种方法，则科学与其他学问，可以区别矣"④。可以发现，秉志对科学真谛的考察事实上可能是与梁启超和任鸿隽对于科学相关观点的商榷，梁启超将科学定义为"有系统之真知识"⑤，任鸿隽认为科学是"根据自然现象，依理论方法的研究，发

---

① 秉志：《科学呼声》，载翟启慧、胡宗刚编《秉志文存》第2卷，北京大学出版社2006年版，第91页。
② 秉志：《科学呼声》，载翟启慧、胡宗刚编《秉志文存》第2卷，北京大学出版社2006年版，第94页。
③ 秉志：《科学与国运》，载翟启慧、胡宗刚编《秉志文存》第3卷，北京大学出版社2006年版，第256页。
④ 秉志：《科学与民族复兴》，载翟启慧、胡宗刚编《秉志文存》第3卷，北京大学出版社2006年版，第137页。
⑤ 梁启超：《饮冰室合集》（文集第39册），中华书局2015年版，第931页。

现其关系法则的有统系的智识"①。聚焦科学概念本身,秉志认为科学为格物致知之学,以求真理为唯一目的,"'科学'两个字,是由日本文中得来的。而日本又是从希腊文中得来。希腊文中'科学'二字,本是分科的意思,仅有了以上六个条件中之分类一项。并没有包括了现在所谓科学的整个意义。如我国原用'格物致知',也不能包括以上六个条件,迄今尚没有一个合适的名词,可以将整个意义代表出来,我们只得还是沿用着'科学'两个字"②。科学家透过自然界各种复杂的表象,通过理性思维和科学方法探究表象背后的本质,以此把握客观世界发展变化的内在规律。基于此科学以获得真实的、客观的、精确的知识,即追求真理为目标。就自然科学各学科门类而言,其发展也经历了不同阶段,科学各学科中最纯粹根本的学问是数学,天文学、物理学以及其他科学均是借助数学方法进行进一步研究,数学却未尝凭借于其他学问。但是数学不是与所有科学均有关系,数学研求的对象是量与数(quantity),不涉及质(quality)。物理学、化学也不是与所有各科学均有关系。而生物学能够吸收数学、物理学、化学三门科学的方法用以解决问题,例如研究遗传学、进化学、生物统计学以及其他各种生物现象关于量与数的问题(quantitative studies)需要借助精确的数学,其余分支科学如生物物理、生物化学则与物理学和化学发生关联。③ 国内科学门类发展演进亦呈现此种规律,国人最先注意并且重视的是数学,认为数学是科学的基础,每位学习科学者必须攻修数学然后可以研求其他科学门类,而数学与将来所研究的其他学科的关联性则不重要;其后物理学与化学被推崇,科学教育开始实行时将科学划分为数学、物理学、化学三门科学,构成国内科学教育领域的主要内容,认为除此三门学科外无其他科学;随着时间推移,逐渐认识到除数理化外科学还有其他门

---

① 任鸿隽:《说中国无科学之原因》,《科学》1915 年第 1 期。
② 秉志:《论科学》,《合作讯》1935 年第 115 期。
③ 秉志:《生物学与大学教育》,载翟启慧、胡宗刚编《秉志文存》第 3 卷,北京大学出版社 2006 年版,第 71 页。

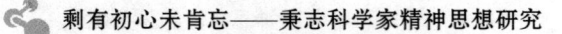

类，在此背景下不为人所重视的生物学逐渐得到发展。①

(三) 阐述科学功能

在秉志的语境中，科学具有格物致知、利用厚生、正德进德、救国救民功能，不仅具有物质功效而且具有精神功效。

第一，格物致知功效。科学功能首先表现为即物穷理、寻求真理的格物致知功效，"格物致知，即物穷理之意，即科学家寻求真理之意"②。科学研究是一项理性的事业，自然界的运行有其自身规律，但是仅凭直观感觉和外在现象难以实现对自然界运行规律和表象背后本质的把握，只有在经验基础上通过理性逻辑推理和严谨实验才能发现自然界的运行规律和内在本质。科学家相信，自然界存在一定的运行规律和因果联系，世界秩序的规律具有可理解性和客观存在性，通过逻辑思维和科学实验可以认识世界和改造世界，正是对自然界在本质上有秩序和可认知的信念为科学研究工作奠定了基础，"科学所治者，皆系自然界之现象，既极真实而毫无虚幻。其方法首重观察，所得之事实，乃由直接观察而来。习之者恒觉其确凿可据。而自然之现象，无奇不有，变化百出。新奇可喜之事物，常接触于心目之间。其足以激动人之欣赏者，乃属无穷。人类皆有好奇之心理，自非白痴极愚，心思颓惰之人未有不因之而感发兴趣者。故科学者，与一切涉乎空虚之学问，不可同日而语也"③。

第二，利用厚生功效。"科学为格物致知之学，其功效可以利用厚生。"④ 秉志认为科学最大的功用是由人力控制自然，由此衍生出科学

---

① 秉志：《国内生物科学（分类学）近年来之进展》，载翟启慧、胡宗刚编《秉志文存》第3卷，北京大学出版社2006年版，第86页。
② 秉志：《师鉴》，载翟启慧、胡宗刚编《秉志文存》第2卷，北京大学出版社2006年版，第237页。
③ 秉志：《科学呼声》，载翟启慧、胡宗刚编《秉志文存》第2卷，北京大学出版社2006年版，第60—61页。
④ 秉志：《科学与民族复兴》，载翟启慧、胡宗刚编《秉志文存》第3卷，北京大学出版社2006年版，第135页。

利用厚生功用。伴随科学利用厚生功用的逐渐呈现，人类所获得的生活上的便利均是由科学发展而来，科学愈发达的国家人民所获幸福愈多，农业、工程、矿业的发展促使人民财富增加，医药发展使人类减少疾病痛苦，健康状况得以改善，寿命得以延长，衣食住行经过科学得以改良，科学家应该以利用厚生为目的摒除私利开展研究。① 秉志在创办中国科学社动物研究所时即将利用厚生作为办所宗旨之一，"希望在生物学上有所贡献，能为人民利用厚生之助，使民生问题有所解决，人民能知利用国内之天产，关于衣食居行皆可以有改进之机会"②。需要指出的是，秉志尽管强调科学在实用层面和技术转化过程中的利用厚生功效，但同时强调作为基础研究领域的"纯粹科学"与作为应用科学研究的"纯粹科学"的协调发展，反对片面将科学作为利用厚生的生产工具仅注重"实用科学"而忽视"纯粹科学"，"迨国家甫有秩序，急急以利用厚生为事。政府只提倡有生产之科学"③。在一定意义上突破了科学致用的功利主义立场。

第三，正德进德功效。"世之习科学者，若徒知科学为利用厚生之学，而不知其为正德之学。真所谓知其一偏，而来窥其全体也。"④ 科学在精神层面具有正德进德功效，"科学之知识技术，可以收利用厚生之效，而科学之精神，则能收正德之功。浅者每视科学与道德为两事，此不足语于真正科学之列也。"⑤ 具体体现在三个方面：一是增进思想进步。人民受科学熏陶可通过科学方法应付一切问题，避免轻举妄动

---

① 秉志：《师鉴》，载翟启慧、胡宗刚编《秉志文存》第2卷，北京大学出版社2006年版，第222页。

② 秉志：《被日寇摧毁的科学事业之一》，载翟启慧、胡宗刚编《秉志文存》第3卷，北京大学出版社2006年版，第295页。

③ 秉志：《科学呼声》，载翟启慧、胡宗刚编《秉志文存》第2卷，北京大学出版社2006年版，第101页。

④ 秉志：《科学与国运》，载翟启慧、胡宗刚编《秉志文存》第3卷，北京大学出版社2006年版，第255页。

⑤ 秉志：《立国之二元素（续）》，载翟启慧、胡宗刚编《秉志文存》第3卷，北京大学出版社2006年版，第270页。

的国民性弊端,养成稳健沉着的态度、日益远大的眼光和思虑深周的思想。二是革新道德。人民增长知识技能、改进生活逐渐成熟思想可以提高人民道德水平,通过发展科学,人民的精神面貌逐渐从暮气沉沉变为朝气蓬勃,对于国家和社会有尽力爱护的热诚,以至于公德日强、私德日盛。三是破除迷信。秉志认为人民面对自然环境各种的未解现象,因为缺乏科学常识产生误解滋生迷信,如祭祀龙王、狐仙、路鬼等陋习皆为迷信所致,通过发展科学向民众普及科学知识可以有效破除迷信。抗日战争期间,秉志科研工作受阻,曾为《申报》《科学画报》以及"科学聊斋"等专栏撰稿(见表4.1),向社会民众普及科学常识,阐明"世人所传鬼怪,皆以真象不明,遂笃信以为真也。科学之精神,在求真理,凡遇一种现象,无论如何奇突,必寻究根底,而得其确实之原因"①。

表4.1　　　　秉志在"科学聊斋"专栏发文列表

| 文章名称 | 用名 | 来源 |
| --- | --- | --- |
| 《黑矿、大老妖、蛙类》 | 骥千 | 《申报》1939年2月22日第2版 |
| 《禳蝗、梦鱼、鲸腹余生》 | 骥千 | 《申报》1939年3月8日第2版 |
| 《大王、将军、咬狐》 | 骥千 | 《申报》1939年3月22日第2版 |
| 《虎威》 | 骥千 | 《申报》1939年7月12日第2版 |
| 《鬼声》 | 骥千 | 《申报》1939年7月26日第2版 |
| 《地儿》 | 骥千 | 《科学画报》1939年第6卷第6期 |
| 《花头怪、党将军、日蚀月蚀》 | 骥千 | 《科学画报》1940年第6卷第8期 |
| 《白手绢》 | 骥千 | 《科学画报》1940年第7卷第1期 |
| 《乩师》 | 骥千 | 《科学画报》1940年第7卷第3期 |
| 《殷鉴不远》 | 骥千 | 《科学画报》1940年第7卷第4期 |

① 骥千:《花头怪》,《科学画报》1940年第8期。

## 第四章　秉志科学家精神思想内涵体系诠释

续表

| 文章名称 | 用名 | 来源 |
|---|---|---|
| 《发愤为雌》 | 骥千 | 《科学画报》1940年第7卷第6期 |
| 《固圉》 | 骥千 | 《科学画报》1941年第7卷第7期 |

资料来源：根据《申报》《科学画报》以及"科学聊斋"专栏整理编制。

第四，救国救民功效。通过科学格物致知、利用厚生、正德进德功效，可以实现科学救国救民、转弱为强功能。"此学为格物致知，利用厚生之学，即是救国救民，转弱为强之举。"[①] 科学发展不仅为人类带来福祉而且可以增强国力，科学发达则国家国力强盛，科学落后则国家国力衰落，科学利用厚生功用能为人民创造幸福，欧洲以及美国、日本等国家利用科学富其国、强其种，而中国则坐受其剥削，皆是科学发展水平之故。科学昌明国家的人民势力日渐增强，科学落后国家的人民不能自立，在外患肆焰祸逼眉睫，锦绣河山日削月蹙的紧迫局势下，要实现救亡图存唯有诉诸科学。[②]

除却对科学理念的分析，秉志还在物质与意识（灵魂）、身体与心灵语境中对"精神"命题有过初步分析。秉志认为作为实在的物质与作为精神表征的意识（灵魂）存在辩证统一关系，"灵魂与物质虽属二事，然此二者之间，有一不可解之关系。物质有外延（extension）乃意识之有外延。物质生抵抗（resistance），乃意识之生抵抗。灵魂之知识较身体之知识为尤亲切，尤确定。用物质科学之观念及方法，施之生命各种现象，为合理之物质学说（legitimate materialism）。此学说与简捷之精神学说（shorthand idealism）本相同也"[③]。秉志借助对西方哲学史

---

[①] 秉志：《科学三点》，载翟启慧、胡宗刚编《秉志文存》第3卷，北京大学出版社2006年版，第122页。

[②] 秉志：《科学与国力》，载翟启慧、胡宗刚编《秉志文存》第3卷，北京大学出版社2006年版，第101页。

[③] 秉志：《赫胥黎》，载翟启慧、胡宗刚编《秉志文存》第3卷，北京大学出版社2006年版，第67页。

的理解予以考察，认为人类动作受到环境刺激，由此生成内部感应，这种内部感应的发生非独物质之外还有"非物质"作为枢纽，这种"非物质"即生命。笛卡儿将其称为心之动作，心之动作影响身体，身体动作又不违反力学原理。生机主义哲学家杜里舒提出生命自主学说，首先借助科学实验证明生命不可以物质比拟，继而用哲学推论认为生命另为一物而具有目的（entelechy），认为自然界各现象乃属"有所为"（purpose），推及"自然界以上"（supernatural）可以解决生命问题根本。①休谟的经验哲学（empiricalism）认为人类知识的由来始于外界与本体的接触。笛卡儿主张灵魂与物质为二事，伯克利、休谟、康德等偏重灵魂学说，拉美特利、普里斯特利偏重物质说者，自然界客观存在的各种现象是产生意识的来源，意识的真实性和可靠性应当通过物理的方法及公式予以解释和证明，合理的物质学说和简捷的精神学说借助科学与玄学调和，在二者认识方面均有不足之处，主张物质说的人应该意识到自然界的一切现象经过最后的分析均为意识上的事实，主张灵魂学说的人应该意识到意识上的各种事实均可以通过物理的方法和公式予以解释，以上不仅是明晰物质与意识关系的关键，也是科学、玄学与耶教以外（extra Christian）所有事情的区别。②

进而指出，自然界存在一定的秩序，各种现象皆有内在原因，并且各种原因之间存在相互联系。"知识之真，不论其属于物质也，或属于心理也，其唯一寻绎之方法，唯有经验；无经验不足以言知识。盖主张就自然界中之秩序，以求真理；而不欲凭诸冥想，致真理之淆乱也。"③唯心主义学派认为世界一切现象皆为纯粹心理作用，玄学研究主张超越物质学说，认为宇宙的形成不能由物质作为基础，而是存在超乎一切的

---

① 秉志：《杜里舒生机哲学论》，载翟启慧、胡宗刚编《秉志文存》第 3 卷，北京大学出版社 2006 年版，第 54 页。
② 秉志：《赫胥黎》，载翟启慧、胡宗刚编《秉志文存》第 3 卷，北京大学出版社 2006 年版，第 67 页。
③ 秉志：《赫胥黎》，载翟启慧、胡宗刚编《秉志文存》第 3 卷，北京大学出版社 2006 年版，第 67 页。

## 第四章 秉志科学家精神思想内涵体系诠释

因素作为一切知识的总的基础，是世间万物存在的原始根基。兼有唯心主义和唯物主义的思想认为，知识既可以通过内在获得也可以通过外在获得，尽管物质现象普遍存在，但是尚有许多问题需要通过纯粹理想获得，即玄学中所谓的先天之说。精神"既不是可以洞察的物质现象，也不是纯粹理想现象，唯心邪说与二元论不可与其同日而语，是超越物质现象和先天之说（a priori）缚束的纯粹理想（pure reason）"①。

东南大学樊浩教授认为，"精神"概念在中国的使用存在哲学和伦理学两种语境，哲学意义上的"精神"代指意识或者理性，一般出现在学术研究中；伦理学语境中的精神代指人的"精气神"，往往发生于现实生活或人的行为实践场域。于是关于"精神"事实上便有"学院传统"与"民间传统"两种进径，因为两种进径之间很少互通，导致精神本性在表达和解释中的诸多困难。当前学术研究中对精神本性的理解大体有三个来源，即马克思将其作为社会意识，康德将其作为实践理性，黑格尔将其作为绝对精神，三种理论来源共同构成理解精神本性的核心话语体系，三种理论的互动共生导致精神概念在实践和理论上存在诸多难题和分歧。② 通过上述分析可见，秉志关于精神的理解阐释主要聚焦哲学意义上的意识或理性的探讨，秉志作为一位科学家，能够在20世纪初对精神概念进行哲学观照，尽管思考较为浅显且存在范式差异，但是已经难能可贵。事实上，精神问题在当下依然是一个充满挑战、有待进一步拓展的学术命题。

### 二 职业科学家的工作特点和职业责任

科学家最初探索客观世界源于闲暇和好奇心，就动物学而言，正是有了科学家对于各种动物的好奇心才促进动物学的发展，"动物学之发

---

① 秉志：《达尔文〈物种由来〉的一世纪》，载翟启慧、胡宗刚编《秉志文存》第3卷，北京大学出版社2006年版，第335页。
② 樊浩：《伦理道德，为何"精神"？》，《哲学分析》2016年第2期。

达，根源于好奇。见了某种动物，激动了人类的好奇心，于是到隐僻地方、山崖海角去求稀奇难得的种类"①。伴随近代自然科学由自发逐渐向自觉状态的发展，科学建制化进程进一步加快职业科学家的出现。作为一种依托于社会建制并以从事科学研究为职业的人群，科学家自身具有与科学认知目标相一致和与社会价值规范相适应的职业特点和职业责任。

（一）科学家的职业特点

秉志认为科学家与哲学家是促进人类文明发展、增长人类智慧的"知者"，"哲学家及科学家，乃促进人类之文明，增长人类之知者。其所由之途径，及其所用之方法，非使人类道德退化者"②。基于科学区别于其他学科门类的特殊性，作为科学研究主体的科学家形成了区别于其他社会从业者的特点。尽管秉志没有对科学家的职业特点进行专门论述，但颇为有趣的是，秉志通过翻阅科学史和科学名人传记发现科学界之伟人皆寿命甚长，例如达尔文（1809—1882）、巴斯德（1822—1895）等均年逾古稀，牛顿（1643—1727）、英国博物学家华莱士（1823—1913）、德国心理学家冯特（1832—1920）等享寿更长，甚至得出具有伟大成绩的科学家"以平均而论，其享长寿者，要居百分之七十以上"③的结论，而科学家之所以长寿是因为其独特的职业特点。

秉志认为科学家职业有五项特点："盖科学家尽终身之力，从事格物致知之功，其思想乃极纯洁，道德自然高尚，精神遂日形矍铄，此其一；所从事之工作有一定常轨，其一切作休、起居、饮食，皆有条不紊，最合自然之规律，换言之，即最合乎卫生之道，此其二；研究日

---

① 秉志：《动物学研究之基础》，载翟启慧、胡宗刚编《秉志文存》第3卷，北京大学出版社2006年版，第126页。
② 秉志：《赫胥黎》，载翟启慧、胡宗刚编《秉志文存》第3卷，北京大学出版社2006年版，第68页。
③ 秉志：《科学家之长寿与大器晚成》，载翟启慧、胡宗刚编《秉志文存》第3卷，北京大学出版社2006年版，第187页。

## 第四章　秉志科学家精神思想内涵体系诠释

深,窥自然界之奥妙,功力既至,左右逢源,有极大之愉乐,此其三;科学之中有无穷尽之问题,一问题得以解决,又有新现象连带发生,既解决一问题,得相当之快慰,更进而研究新问题,朝朝暮暮,长有无限之希望,其兴趣乃愈养愈浓,此其四;科学家最宝贵其时间,爱惜其精力,一心从事于研究,不愿妄费其力于无谓之事,凡社会上之足以斲丧人生健康之娱乐,皆不能波及之,此其五。"① 可见,科学家致力于探究真理,科研目的和科学精神的熏陶使科学家思想纯洁、精神矍铄;科学家受科学方法影响从事科研工作有规律,并且作息、饮食等方面有条不紊;科学家致力于探究自然界奥妙,有所发现后有极大愉悦之感;科学家在科学探索过程中面临无穷尽的问题,旧问题解决后新现象又连带发生,如此循环往复科研兴趣日益浓厚;科学家珍惜时间,爱惜精力,专心研究,不愿浪费精力参加娱乐等无谓之事。

科学家的职业特点影响科学家身份的特殊性,一方面科学家是从事科学研究的实践主体,自然界各种表象背后的规律不会自发呈现,科学研究工作也不可能自为运行,科学家通过认识科学、研究科学以此发展科学,"现在二十世纪起初,各科学均有发展,将来之结果如何,要看科学家之努力"②。同时科学功用的呈现需要发挥科学家的中介主体作用,科学作为一种纯粹知识体系本身价值无涉,科学的物质功效和精神功效不在于科学本身,而在于科学家如何通过技术转化、知识普及等工作应用科学,"吾国今日处于荆天棘地之中,有知识者宜尽力所能,以图挽救。科学可以救国福民,唯视吾人之努力"③。另一方面科学家是科学精神的人格化载体,科学精神可以陶铸人民,弘扬科学精神需要科学家身体力行、以身作则,通过科学家自身对科学精神的践行引

---

① 秉志:《科学家之长寿与大器晚成》,载翟启慧、胡宗刚编《秉志文存》第3卷,北京大学出版社2006年版,第187页。
② 秉志:《生物学发达史略》,载翟启慧、胡宗刚编《秉志文存》第3卷,北京大学出版社2006年版,第106页。
③ 秉志:《所望于科学同人者》,载翟启慧、胡宗刚编《秉志文存》第3卷,北京大学出版社2006年版,第140页。

导人民弘扬科学精神，并以此形成良好社会风气，"以科学之精神，为立国之根基，陶铸人民，使全国尽浸渍于上述五者之中而不自知，此固由政府之提倡，亦由其国内科学家之奋力，以身作则，率导人民，蔚成民气"①。

（二）科学家的职业责任

秉志总结科学家的职业责任有四点：一是开展科学研究。科学家以科学研究作为社会职业，首要职业责任即为科学研究，科学本身可以分为应用科学和纯粹科学，科学家通过开展纯粹科学研究力求取得原创性基础研究成果，又要通过应用科学研究实现技术转化，通过纯粹科学和应用科学研究并重促进科学发展，"科学之致用，其始也，皆基于纯粹学理之研究。此时宜急起直追，精研学理。如数、理、化、动、植等门，凡学术上值人探讨者，皆当有人肆力于其间。各门专家，精益求精，冥心孤往"②。二是推广科学应用。秉志认为国内从事应用科学的科学家比从事纯粹科学的科学家人数更多，在开展应用科学工作中不仅需要加强研究，还要注重推广应用，将科研成果用于工业、农业、矿业、医学等各领域，以此满足国家和社会对于科学的需要。在推广应用科学的过程中，科学家不应该将成果仅作为谋求私利的工具，而应该通过对科学的推广应用贡献社会，即使受条件限制不能立刻有重要发明也需要锲而不舍见诸行动。"既有志于实用矣，各有专长，应如何为国家效力。若工、若农、若矿、若医等门，皆足以应国家之急需，吾人之习之者，不当仅恃为个人生活之资，要当努力奋进，冒犯种种困难，以科学之应用，表示社会，俾科学之利益，广被于人民。"③ 三是开展科学

---

① 秉志：《科学精神之影响》，载翟启慧、胡宗刚编《秉志文存》第3卷，北京大学出版社2006年版，第148页。
② 秉志：《彻底之觉悟》，载翟启慧、胡宗刚编《秉志文存》第3卷，北京大学出版社2006年版，第143页。
③ 秉志：《彻底之觉悟》，载翟启慧、胡宗刚编《秉志文存》第3卷，北京大学出版社2006年版，第143页。

普及。秉志认为中国人缺乏科学知识较之其他文明国家更为严重,科学家成长和开展工作受到社会扶植,科学家不可居高临下置人民于不顾。"然人民能达此程度,殊非易易,要在科学家之努力耳。吾国之从事科学者,处此国难日亟之时,宜奋力竞进。以身作则,使个人所研求者,足以贡献社会,提高教育之程度。并使科学之空气,日益浓厚,科学之势力,日益扩张。"① 通过开展科学讲演、写作科学普及读物向社会各界普及科学知识,帮助民众提高科学素养和科学知识水平,"吾国习科学者,尤宜以工作余晷,为人民效力,使科学常识普遍于社会,吾国各事皆易就正轨矣"②。四是投身科学报国。"治科学者,要当深知目下国家所处之危险,不容漠不关心。个人既有专门之学识,宜于此时冥心孤往,精研猛进,以学问之成就,救国家之危难。"③ 科学家应该理性面对国内科学发展面临的困难,理性考量个人与国家、社会的关系,即使出于"为国家谋利益,为人民谋利益即是为个人谋利益"的考量,也不可对于国家危难和人民苦难塞责了事、仅求自便,应该将为国家尽职尽责作为天职。"国家兴亡,匹夫有责,是在有志者之自奋也,科学家欲符国家之希望,宜本科学之精神,为国家宣劳。"④

## 三 基于精神差异对科学家进行真伪划分

科学家选择从事科学研究的动机存在区别,有的科学家选择科学为职业是为研求真理、造福人类,有的为谋求虚名、富贵利达,不同的动机导致相异的科研兴趣和目的,进而导致科学家精神气质的差异,为研

---

① 秉志:《科学与国力》,载翟启慧、胡宗刚编《秉志文存》第3卷,北京大学出版社2006年版,第103页。
② 秉志:《所望于科学同人者》,载翟启慧、胡宗刚编《秉志文存》第3卷,北京大学出版社2006年版,第140页。
③ 秉志:《科学与国运》,载翟启慧、胡宗刚编《秉志文存》第3卷,北京大学出版社2006年版,第260页。
④ 秉志:《国难时期之科学家》,载翟启慧、胡宗刚编《秉志文存》第3卷,北京大学出版社2006年版,第140页。

求真理、造福人类的科学家将科学看作终身事业，为谋求虚名、富贵利达的科学家将科研看作敲门砖，目的达到便中道而废，"为求真理而研究学问，与为虚名而求学问，其兴趣至不同也。为造福人类而求学问，与为富贵利达而求学问，其目的至不同也。兴趣目的之不同，故学人之精神遂分道而驰。一则终身以有，有朝闻道可以夕死之志，一则恃所学者为敲门砖，得其所欲，即中道而废"①。

秉志将精神差异作为划分真科学家与伪科学家的标准（见图4.1）。真正科学家的目的与兴趣在发现真理、造福人类，而伪科学家假借科学技术之名为谋取私利带来世界战祸、人民疾苦，实为科学之罪人。"殊不知习科学者，实有真伪之分。真正之科学家，其目的与兴趣，唯在发见真理，造福人群。而伪科学家假科学之技术，为野心侵略家之走狗，或为资本家一味渔利者所利用。世界之战祸，人民之疾苦，乃此种人协助政客、武人、财阀所造成。此种人乃科学之罪人，为真正之科学家所耻与为伍，而深恶痛绝之者也。"② 鉴于国内对科学与技术混淆看待的情况，秉志将科学家同作为"技术人才"的"匠人"进行比较，认为

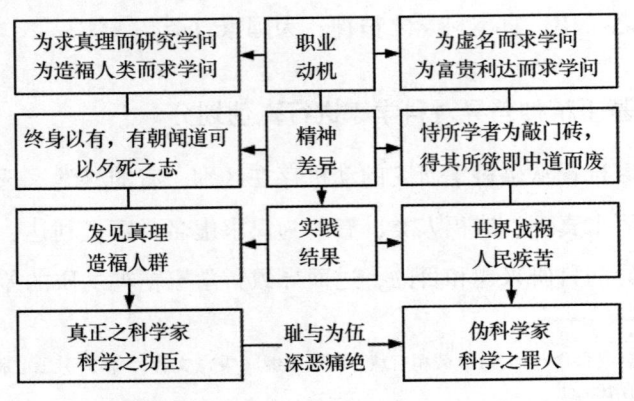

图4.1 秉志基于精神差异划分"真""伪"科学家示意图

---

① 骥千：《科举与科学》，《申报》1939年7月5日第2版。
② 秉志：《科学与国运》，载翟启慧、胡宗刚编《秉志文存》第3卷，北京大学出版社2006年版，第255页。

## 第四章 秉志科学家精神思想内涵体系诠释

学问最足以改良人的气质、增进人的品格,而科学尤为显著,经过科学的熏陶,真正科学家必然成为言忠信、行笃敬的君子,科学的精神、方法、理念可以培养道德、陶冶性情,这是工匠造作不可达到的,因此即使知识技能高超,但是道德、性情、心术、品行劣下的科学家也不是真正的科学家,至多算是没有品行、缺乏道德的"匠人"。①

秉志借助两次世界大战期间科技发明的不当应用予以说明,认为轴心国家的科学教育太偏重技术,而不注重科学道德培养,将科学家的聪明才智视作征服其他国家的工具,凡是可以荼毒人类的科技发明无所不用,重炮、快铳、飞机、坦克之外竟至发明毒药,以此毒害弱国的人民,希望被侵略民族早日灭亡,达到其侵略掠夺的野心,将人道主义观念抛之脑后,此类国家所谓的科学、所施行的科学教育仅仅是杀人的技术,而不是真正的科学。"而其国之治此学者,乃皆野心家之奴役工具,皆科学之罪人。与野心之政客、军阀,同一罪恶,岂得谓之科学家乎。夫真正之科学,未有不含道德之意味,充满道德之精神。"② 甘心为侵略者服务的科学家不是真正的科学家而是科学罪人。科学家必须大公无私,对于所学必须终始无二,于其所见及其所言必诚实无欺丝毫不容虚伪,其用功必须孜孜矻矻而不容怠懈,尤其需要将科学研究作为终身事业行之不息。科学家具有为学问而学问、为福国利民而学问、为世界和平而学问的精神气质才可以研究科学和应用科学,否则即使天资聪明苟有所成,也是贻害世人的伪科学家。

可见,秉志将科学家的学问修养与道德品格融为一体,进而在中华传统文化语境中予以进一步说明,认为这是中华传统文化中正心诚意与格物致知在科学家主体中的反映,正心诚意与格物致知是为学者进德修业必须遵循的规范,想要达到穷理尽性的目的需要首先敦品饬行,《大

---

① 秉志:《训子女书》,载翟启慧、胡宗刚编《秉志文存》第3卷,北京大学出版社2006年版,第252页。
② 秉志:《立国之二元素(续)》,载翟启慧、胡宗刚编《秉志文存》第3卷,北京大学出版社2006年版,第269页。

学》中将正心诚意与格物致知相提并论，认为以正心诚意的功夫方能导源于格物致知，"欲正其心，先诚其意。欲诚其意者，先致其知，致知在格物。"没有经过科学熏陶的人或者尽管学习科学而缺乏科学之精神的科学家就不能明晰正心诚意与格物致知之间的密切关系。"凡学科学而缺乏诚正之精神者，皆伪科学家。伪科学家皆以其技术害人病物，陷世界于大乱者。真正之科学家，未有不正心诚意，以其所学造福于人群。人必真能格物致知，方能发见真理。换言之，即研究自然界之现象，悉以信为依归。即物穷理，毫不容伪。"①

## 第二节 基本内涵

科学家精神作为对科学家精神气质的应然性倡导，这一概念本身具有特定的内涵规范，秉志在多篇著作中对其内涵进行了总结归纳，例如在《科学精神之影响》（1935）、《科学家对于社会的责任》（1937）、《师鉴》（1944）、《青年与科学》（1945）、《科学与国运》（1947）中，将其归纳为"公、忠、信、勤、久"五者，指出"凡真正之科学家，未有不富于此五者之精神者"②，在《科学精神与国家命运》（1936）中，将其归纳为"公而忘私、忠于所事、信实不欺、勤苦奋励、持久不懈"，"自有科学以来，所有此学中之巨子，无不备此五者"。③在《科学呼声》（1946）中，将其归纳为"公正、信实、忠挚、仁爱"四点。可见，在秉志的话语体系中，科学家精神的规范框架主要涉及"公、忠、信、勤、久、仁"或说由此延伸形成的"公而忘私、忠于所事、信实不欺、勤苦奋励、持久不懈、仁爱之心"。诚然，秉志对该概念内

---

① 秉志：《师鉴》，载翟启慧、胡宗刚编《秉志文存》第2卷，北京大学出版社2006年版，第212页。
② 秉志：《师鉴》，载翟启慧、胡宗刚编《秉志文存》第2卷，北京大学出版社2006年版，第237页。
③ 秉志：《科学精神与国家命运》，载翟启慧、胡宗刚编《秉志文存》第3卷，北京大学出版社2006年版，第171页。

第四章　秉志科学家精神思想内涵体系诠释

涵还有过其他诠释,例如在《所望于科学同人者》(1935)中归纳为"大公无我,唯理是从",在《关于国防之三点》(1936)中归纳为"忠实、勤奋",在《国难时期之科学家》(1936)中归纳为"大公无私,实事求是,忠诚不欺",在《训子女书(续)》(1949)中归纳为"诚正",但以上内容均可纳入上述六条内涵之中。

## 一　"公而忘私"

秉志认为"研究科学之人,必须有公开之精神"①。如果科学家不肯大公无私,在科学实践过程中有所发现但是不肯公之于世,那么科学永无发达希望。所以"科学家须有之精神,为大公无私,毫不容自守秘密,以所学骄人而欺世"。他还借助"达尔文幼时尝向勃朗氏(Robert Brown)领教,勃氏深闭固拒,不以所学公诸人。后勃氏为科学界所轻笑,不得跻于科学大家之列,即其私心误之也"②的事例,说明科学共同体对于科学家挟私的反对,呼吁科学家应该效仿杰出科学家的公正无私精神。

"公而忘私"要求科学家将科学发现面向社会公开,不将所获成果据为己有并以此作为谋取私利的资本,同时以公正的态度对待科研成果,发扬公正无私的精神。一方面,共同体之间需要加强合作共图科学发展,科学家彼此之间应该亲善合作、互相提携,摒除门户之见促进不同学科协调发展,"国家对于科学家之希望綦切,科学家应人人奋勉,彼此之间,尤宜亲善,互相提携,向各方面发展,门户水火之见,永宜摒除"③。需要加强国际科学共同体交流,"世界各国之科学人士,皆喜

---

① 秉志:《科学精神之影响》,载翟启慧、胡宗刚编《秉志文存》第3卷,北京大学出版社2006年版,第145页。
② 秉志:《科学呼声》,载翟启慧、胡宗刚编《秉志文存》第2卷,北京大学出版社2006年版,第87页。
③ 秉志:《国难时期之科学家》,载翟启慧、胡宗刚编《秉志文存》第3卷,北京大学出版社2006年版,第157页。

谈科学之不分国界,科学家宜具大公无我之精神,然其真能具此精神,免去种族之成见,及畏强凌弱之鄙习者,为数实不多睹"①。另一方面,科学家在科学成果评判过程中要尊重他人科研成果,"科学之精神,即大公无私之精神,同人均从事于科学之工作,无论何人,能有贡献,其余者均当欣美,更当见贤思齐,格外努力,以求自己亦有所贡献,且求其贡献能有裨益于人民,即为解决国难莫大之助"②。

将"公而忘私"作为科学家精神的内涵之一是科学本身作为一项公有事业的内在要求,科学知识的公有性和公开性内在决定了科学成果是超越其发现者私产的公有产品。以公有性为核心的科学交流制度是实现科学知识流动、扩散和评价的重要环节,该环节有效运行不仅可以促进科学知识的有效利用,同时有助于实现科学知识的再生产。早在17世纪,英国皇家学会为鼓励科学家公开发表最新科研成果,即确立了以发现优先权的归属作为科学活动"德行"的奖励办法,基于发现优先权的奖励办法有效调节了保护科学发现者利益和促进科学知识交流之间的矛盾。默顿也将"公有性"和"无私利性"作为科学制度性规范纳入科学的精神气质范畴,认为任何设置知识共享障碍的行为都有违公有性原则。科学家追求个人利益不应仅是获得名誉和私利,而是为寻求真理取得有意义的科学成果获得同行承认。秉志对此有类似认识,认为"科学系一公产之物,以其所长者为枕中之秘,此乃自私自利之小人,绝不是语于学人之列"③。科学不是科学家的私产,科学原理应该是公共产品。私自占有科学成果一方面阻碍真理传播和交流使用,对在持续积累的基础上增进人类智慧造成阻碍,"倘科学家皆不肯大公无私,则

---

① 秉志:《悼葛霖满先生》,载翟启慧、胡宗刚编《秉志文存》第3卷,北京大学出版社2006年版,第168页。

② 秉志:《国难时期之科学家》,载翟启慧、胡宗刚编《秉志文存》第3卷,北京大学出版社2006年版,第157页。

③ 秉志:《国内生物学工作之展望》,载翟启慧、胡宗刚编《秉志文存》第3卷,北京大学出版社2006年版,第290页。

科学永无发达之希望"①。另一方面，对通过科学知识延续培养科学人才造成阻碍，"吾国教科学之人，间有以所学为奇货者，乃其道德卑劣缺乏公正之态度也"②。

对于"公而忘私"的概念考察还受到进化论影响，合作共群是物种战胜环境、谋求生存的重要方式，将自然界生存规律延伸至人类社会，要求社会成员牺牲私利、尽心公益以保障群体组织的生存和发展，"人群中以有利己害群为事，其群必不能与他群竞，必皆忠诚优健，乃能战胜他群，为世界最优之组织，故人类爱其本群，牺牲私利，尽心公益，乐与同群之人同心戮力，相需为命，实为人类之天性。此种天性，较其他知识为尤要"③。可见，秉志在物竞天择，适者生存语境下，将合作共群视为社会性规范要求，进而引申至科学领域，做出科学家"公而忘私"的表达。

## 二 "忠于所事"

秉志认为静心笃志、心无旁骛的敬业精神是科学家取得成绩的基础，而朝三暮四、浮夸浮躁的态度只会一事无成。"治科学者必须忠于所事，而不容稍存犹豫摇惑之心。科学研究之获成功，全在实心踏地以赴之。忠挚之至，忘却一切。视所专攻者，如饮食之不容一日缺，如生命之不可须臾离。精诚无二，生死以之，然后始可冀其学之精。科学史中之伟人，皆系如是而获极大成就者也。故每一科学大家，皆一最忠挚之人。凡习科学之人，外慕徙业者，皆毫无结果之可言。吾国科学方始萌芽，犯此病者甚众，无非缺乏忠挚之精神耳。科学所以教训于人者，

---

① 秉志：《科学精神之影响》，载翟启慧、胡宗刚编《秉志文存》第3卷，北京大学出版社2006年版，第145页。
② 秉志：《科学呼声》，载翟启慧、胡宗刚编《秉志文存》第2卷，北京大学出版社2006年版，第87页。
③ 秉志：《生物学与社会学之关系》，载翟启慧、胡宗刚编《秉志文存》第3卷，北京大学出版社2006年版，第31页。

即此忠挚之精神。"① 从科学发现的规律看，科学真理不会自发呈现，科学家只能在心无旁骛的探求中获得，"科学家对于自己所从事之工作，皆具最忠挚之态度。科学之真理，不以忠诚之精神，努力进求，绝不能自来相寻。研究科学者，稍存虚伪之心，必不免于失败。对于自己之本门，缺乏忠实之态度，势必至毫无所成"②。

"忠于所事"反映了一种敬业精神和使命感意识，体现为从业者对所从事职业本身的忠诚，对从事职业的尊重，对职业劳动的精益求精，以及对职业能力的持续提高，就其本质而言，体现为工作过程中的使命感。职业使命感反映了从业者对待工作的责任心以及工作过程中获得的目标感和意义感，表现为自发的亲社会行为。③ 科学在中世纪后期的欧洲摆脱了只是少数有钱人或有闲人凭兴趣和爱好所从事的业余活动的状况，伴随科学社会建制化进程的发展，科学家职业逐步得以巩固。忠于所事与科学家职业工作呈辩证关系，静心笃志、心无旁骛的敬业精神是科学家有效开展科研工作的基础，而通过科研过程的实践锻炼也能促进科学家养成诚正精神。④

对于"忠于所事"的敬业精神和使命感意识，秉志提出两点相关认识，第一，科学家在选择研究方向的过程中固然要尊重研究兴趣，以兴趣爱好为归旨进行研究，但同时应该关注学科领域的薄弱环节和社会急需学科，对于各种科学门类应相同对待，不可因为研究兴趣的差异和学术观点的不同厚此薄彼，更不可存投机之心，"习科学者，当忠心于

---

① 秉志：《科学呼声》，载翟启慧、胡宗刚编《秉志文存》第 2 卷，北京大学出版社 2006 年版，第 86 页。
② 秉志：《科学精神之影响》，载翟启慧、胡宗刚编《秉志文存》第 3 卷，北京大学出版社 2006 年版，第 145 页。
③ 贾文文、王忠军：《中国老科学家职业使命感的内涵及影响因素的案例研究》，《科技管理研究》2018 年第 4 期。
④ 秉志：《训子女书》，载翟启慧、胡宗刚编《秉志文存》第 3 卷，北京大学出版社 2006 年版，第 254 页。

其所从事。既视其兴趣之相近而肄习之，同时亦顾及其所学者在国内需要之缓急，及学问发达之程序，为自己转学反约之步骤，不能稍存投机之心。每一种科学之本身，皆有其相当之价值。科学乃增进人类之知识，发长社会之幸福者，习之者当有诚恳之信仰，笃好而不厌，不可因浅者之雌黄而摇惑也"①。第二，科学家不仅要在科研过程中忠于所事，在从事其他工作中也需要忠于本职工作，"吾国习科学之人，有在政府任事者，有在学校任事者，又有在工商各界及其他途任事者，分布国内，不为不广。倘皆本科学之精神，以求称职，则国人所犯之恶弊，可以廓清，无论所在何界，必为忠诚服务之人，所任必皆尽其职责，可以对国家与人民而无愧"②。

### 三 "信实不欺"

"研究科学之人，第一必须有之精神，即必诚必信是也。"秉志认为科学家从事科学研究的首要精神即诚信精神，"科学之工作，绝不容有虚伪，所谓是即是，非即非，丝毫不诚不信之处，不能存乎其间"，"换言之即科学家不准说谎话是也"。③ 信实不欺由科学追求真理的本质属性决定，"科学以求真理为唯一之目的，所研究之问题，几经困难，得有结果，是即是，非即非，不能稍有虚饰之词。对于各种学理，各种事实，反复推求，得是乃止，毫不容参加意气，尤不容作伪矫强，自欺欺人。古人所谓服从真理，又谓修辞立诚，又谓知之为知之，不知为不知者，皆是科学之精神"④。

---

① 秉志：《科学三点》，载翟启慧、胡宗刚编《秉志文存》第 3 卷，北京大学出版社 2006 年版，第 123 页。

② 秉志：《国难时期之科学家》，载翟启慧、胡宗刚编《秉志文存》第 3 卷，北京大学出版社 2006 年版，第 156 页。

③ 秉志：《科学呼声》，载翟启慧、胡宗刚编《秉志文存》第 2 卷，北京大学出版社 2006 年版，第 86 页。

④ 秉志：《科学精神之影响》，载翟启慧、胡宗刚编《秉志文存》第 3 卷，北京大学出版社 2006 年版，第 145 页。

科学就其本质是一项探索自然界客观真理的事业,科学探索的首要目标在于追求真理。科学所确立的命题是数学真理性和实验真实性的统一,在这一探索过程中,研究对象、科学方法和科学评价的客观性为科学研究结果的客观性提供基本保障。可见,信实不欺由科学追求真理的本质属性决定,科学将探求真理作为目的,科学研究中的发现是即是、非即非,而不能稍有虚饰之词。对于各种科学原理学理、各种事实经过反复推求得是乃止,而毫不容加入个人兴趣爱好和感情色彩作伪矫强、自欺欺人。如果科学家在科研过程中缺乏信实不欺的精神将严重阻碍科学的发展,"其以科学为欺人之具,徒唱高调,信口开河者,不足责已。而陈陈相因,毫无生气,如一塘死水者,亦国内发展科学之一障碍"①。

对"信实不欺"的表述明显带有中华传统文化的印记,服从真理,修辞立诚,知之为知之、不知为不知等表述均体现了信实不欺的规范要求,"孔子教人关于修身处世,治事临民必以信为要务,曰'谨而信'。曰'主忠信'。曰'人而无信不知其可也。大车无輗,小车无軏,其何以行之哉?'又曰:'自古皆有死,民无信不立'"②。秉志借用中国文字六种方法对"信"字加以解读,"人言为'信'。凡属此等字,概以两字之意义合并而成"③。认为服从真理,修辞立诚,知之为知之、不知为不知等表述均体现了信实不欺的规范要求。信实不欺是中华民族的传统美德,既是维持国家稳定的社会公约,也是个人修身治学的要义,一方面,诚信是维持社会治安、处理人与人之间关系的规范要求,"信者所以维持国家社会之治安。人与人之间,必有可以相信者在,而后始得不起纷扰。团体与团体之间,亦必有可以相信者在,始不至尔诈我虞掀起战争。故人类之生命,因有信字以维持之,其免于危险者,实不可

---

① 秉志:《科学三点》,载翟启慧、胡宗刚编《秉志文存》第3卷,北京大学出版社2006年版,第123页。
② 秉志:《师鉴》,载翟启慧、胡宗刚编《秉志文存》第2卷,北京大学出版社2006年版,第212页。
③ 秉志:《科学呼声》,载翟启慧、胡宗刚编《秉志文存》第2卷,北京大学出版社2006年版,第92页。

胜数"。另一方面，诚信是个人修身治学的内在要求，"关于求学一层，尤足见事事必本诸信。曰：'知之为知之，不知为不知，是知也。'曰：'吾说夏礼，杞不足征也。吾说殷礼，宋不足征也。文献不足故也，足，则吾能征之矣。'又曰：'惟天下之至诚，为能尽其性。能尽其性，则能尽人之性；能尽人之性，则能尽物之性；能尽物之性，则可以赞天地之化育'云云。'"在秉志看来信实不欺的精神"与治科学之精神，最相吻合。盖科学悉以信为主，是者不得谓非，非者不得强以为是，所谓求真理也。故不容有虚伪假冒之心。西洋科学大家，如奈端、达尔文、巴斯德诸人，考其一生行事，皆道德纯粹，忠信笃敬，有令人极度钦佩者。无非因终身从事于科学研究之中。富于信字之精神。遂养成道德高尚之人格"。①

### 四 "勤苦奋励"

秉志将科学视为最"忠实"之物，科学家如果不肯勤苦努力则不能侥幸获得科学真谛。杰出科学家取得成果无不缘于勤苦奋励地工作，例如"达尔文氏一生数十年中，孜孜勤苦，唯恐一日之工作，有所荒废，其爱惜工作之时间，集中其工作之精力，有非人所能及者。近世发明家爱迪生氏，自言其终身成就，皆由一勤字之故。他人称颂爱氏有发明之天才，而彼乃自认为中等天资，唯喜努力于工作，故勤力既至，遂有成功"②。科学家养成勤苦奋励的精神状态，不仅有助于培养纯正诚恳的科研态度，"为学问而求学问，悉以纯正诚恳之精神赴之，其高尚之人格遂于其精研勤勉中养成之"③。同时有助于磨炼意志品格，"今试就世界各国之学术界观之，其中有伟大之成绩，在学术发达史中占重要

---

① 秉志：《师鉴》，载翟启慧、胡宗刚编《秉志文存》第2卷，北京大学出版社2006年版，第212页。
② 秉志：《科学精神之影响》，载翟启慧、胡宗刚编《秉志文存》第3卷，北京大学出版社2006年版，第146页。
③ 秉志：《师鉴》，载翟启慧、胡宗刚编《秉志文存》第2卷，北京大学出版社2006年版，第223页。

位置之人物，百分之九十以上，多系克享遐龄终身孜孜不倦者，唯其研究工作，能勤能久，故能有逾人之贡献"①。

秉志将"勤苦奋励"纳入科学家精神内涵规范，一方面受到达尔文进化论和社会进化论影响，物竞天择，适者生存的自然界生存法则要求生物要勤苦自励适应和战胜环境谋求生存，将该法则推演至人类社会要求人类摒除惰性奋斗独立不被逆境所困，"明乎生物生存之要义与有志向上之人，当知人生世间无时不需乎勤苦自励。生物之依赖性成，怠惰因循者，必不免于退化。而故步自封，不能善应环境者，势必至于灭亡"②。另一方面该规范内在体现出科学家的职业特点。科学研究尽管有自身固有的特点，但是也具有一般工作的特点，秉志认为实用科学和纯粹科学研究均是体力劳动和脑力劳动在科学技术领域的展开。科学工作本身即是一项劳动工作，就纯粹科学而言，理化、生物、天文、地质等学科均不能离开实验，科学家在实验室中工作同工人在厂房中工作颇有相同之处，对此赫胥黎曾指出其平生研究比较解剖学用手、用眼及用各项器具实为一劳动之工人；就实用科学而言，各种工程、农林、矿冶等均是在规模较大的野地或工场中进行，科学家工作其间往往与一般工人的辛苦并无差异。"由此观之，劳工与科学实有相近相似之处。不过科学专家于手足勤苦之事，不至如工人之甚。而其所为者乃高深知识之尝试与实施，非如工人之完全资赖乎其体力而已。"③ 可见集脑力劳动和体力劳动为一体的科学研究工作同样需要勤苦奋励的精神状态。

秉志更进一步从科学研究者、科学教育者、科学学习者、科学普及者四个维度对勤苦奋励展开讨论。第一，就科学研究者而言，科学家要以努力研究为第一要务，"既感觉此学为其最大兴趣之所在，既择定此

---

① 秉志：《生物学与民族复兴》，载翟启慧、胡宗刚编《秉志文存》第2卷，北京大学出版社2006年版，第181页。
② 秉志：《科学呼声》，载翟启慧、胡宗刚编《秉志文存》第2卷，北京大学出版社2006年版，第68页。
③ 秉志：《科学呼声》，载翟启慧、胡宗刚编《秉志文存》第2卷，北京大学出版社2006年版，第55页。

学为终身事业之所托,即当集中精力,朝夕勤劬,务求深造。其基础若不坚固、不完备,宜尽力预备,求其充实。一旦富有准备,可以进行研究,即宜努力为之。学问之道,不进则退,科学尤甚。为国家人民之需要,为自己将来之成就,终以努力研究为第一要务"①。第二,就科学教育者而言,科研工作者在科学研究工作的同时还应承担科学教育职责,科学教育者开展科学教育需要勤苦好学以图研求精进,"科学教师者要宜宝贵其光阴,善用其精力。处于人事烦冗之际,而仍当图研求之精进。以之利己利人,可以对国家社会而无愧矣"②。第三,就科学学习者而言,学习科学之人应当勤于研读学理,学习科学者"当取法于工读生之所为,由勤苦中求学问之进步"③。第四,就科学普及者而言,科研人员在开展科学实践活动的同时还应该广泛面向社会普及科学常识,以此提高社会民众的科学素养,"欧美科学大家,终身勤苦于高深之研究,为学理上之贡献,而于传布科学常识,亦努力最大"④。

## 五 "持久不懈"

人类在长期演进发展中成为具有思想认识的生物体并延续至今,中华民族以耐久的特性得以立国千年。"中国人民有耐久之特性,立国之道,因数千年之演进,足以适应环境,历久生存,非如埃及、希腊等国之徒拥旧名,其原有之民族及文化早已谢代无余者所可同日而语,岂非中国之最为奇特,非世界各国所能及者乎?"⑤ 持久不懈的精神是国家

---

① 秉志:《国内生物学工作之展望》,载翟启慧、胡宗刚编《秉志文存》第3卷,北京大学出版社2006年版,第291页。

② 秉志:《科学呼声》,载翟启慧、胡宗刚编《秉志文存》第2卷,北京大学出版社2006年版,第127页。

③ 秉志:《科学呼声》,载翟启慧、胡宗刚编《秉志文存》第2卷,北京大学出版社2006年版,第131页。

④ 秉志:《国难时期之科学家》,载翟启慧、胡宗刚编《秉志文存》第3卷,北京大学出版社2006年版,第157页。

⑤ 秉志:《科学与国内之青年》,载翟启慧、胡宗刚编《秉志文存》第3卷,北京大学出版社2006年版,第180页。

存在发展的精神支柱,"夫无恒之人,何事能有成功,薄弱之民族,岂容生存于今日之世。国人事事皆偏于善忘,与婴儿之偶受击打,哭啼不已,数分钟后,仍酣戏如故者,毫无所异。民性如此,国家政治何以能上轨道,一遇外患,国势遂日益岌岌矣"①。聚焦科学家本身,秉志认为凡事皆贵有恒,科学研究尤是如此,科学研究成功与否的关键不是科学家智力高低、家庭条件优劣,而是是否有持久不懈的精神。一方面,科学家从事科学研究只有终身不懈才能有所成就,"吾国习科学者,往往当留学外国之时,成绩甚佳,归国之后,未能继续努力,致将所学荒弃,而改入他途者,皆非有科学之精神也。真正之科学家,对于科学无论处何等环境,遭如何困难,必锲而不舍,一息尚存,不容稍懈。古来荩臣谋国,鞠躬尽瘁,死而后已,科学家对于所学,亦具如是之精神"②。另一方面,"研求科学之机会在富有之子弟固甚多,而贫寒之子弟亦非竟为金钱所限,不得登其堂而哜其胾,要在人之努力不懈,随时随地而利用之耳"③。科学家既然将科学研究作为终身事业即应当终身努力。在秉志看来,较之于权位和金钱,学问才是最宝贵的永久价值之物,"故学问者,真有永久价值之物,最可宝贵者也。昔人谓古之君子夹一端以引重,荒江老屋之中,有薄卿相之位而不为者是已。势位不能永久,金钱不能永久,唯学问可以永久"④。

持久不懈的精神对科学家开展科学研究具有四点意义。第一,持久不懈的观察和实验是科学家开展科学实践活动应有的态度,众多科研成果的取得不是一蹴而就而是来自长期观察和实验,通过长期的观察和实

---

① 秉志:《民性改造论》,载翟启慧、胡宗刚编《秉志文存》第3卷,北京大学出版社2006年版,第149页。

② 秉志:《科学精神之影响》,载翟启慧、胡宗刚编《秉志文存》第3卷,北京大学出版社2006年版,第146页。

③ 秉志:《科学呼声》,载翟启慧、胡宗刚编《秉志文存》第2卷,北京大学出版社2006年版,第131页。

④ 秉志:《训子女书》,载翟启慧、胡宗刚编《秉志文存》第3卷,北京大学出版社2006年版,第247页。

验积累数据、检验理论,例如孟德尔"研究植物,以豌豆作实验,积长久之功力,精确之观察,而成此定律"①。第二,通过持久不懈的积累可以加强研究深度,由此触类旁通进行更为广泛和深刻的研究,"研究之进行日久,发见之问题亦日多,其彼此之关系亦愈复杂"②。第三,持久不懈的工作状态与科学家获得科研成绩在一定意义上呈正相关性,"科学家工作愈久,成绩愈宏,因研究科学而得长寿,亦唯因长寿而能成大科学家,此乃互相因果者"③。第四,持久不懈的精神状态有助于养成其他精神气质,"无论为科学专家与否,而因公、信、忠、仁之道德,濡染熏陶,既深且久,皆成光明纯粹之人物"④。科学家通过持久不懈的研究工作得以发现真理、裨益社会,"对于真理之发明,锲而不舍,积之日久,所获愈多,自有可以裨益社会,造福人群者"⑤。

秉志还将持久不懈的精神气质延伸至科学效用呈现长期性方面。科学本身具有重要的社会效用,但是同科学研究具有长期性一样,科学效用的呈现不可能一蹴而就,而是在持久不懈地运用和检验过程中逐渐得以彰显和进步,"现在科学虽未臻于万能,然其发达,固日进不已也,久而久之,终有至于万能之一日"⑥。不仅科学家研究科学需要持久不懈,政府和社会提倡科学也不可抱急功近利之心,"即使对于科学,具有热心矣,而欲速见小、急功近利之思想,亦万不容有,若今日从事于科学之研究及提倡,阅时未久,见未有成效,即生厌弃之心,则科学永

---

① 秉志:《人类一斑》,载翟启慧、胡宗刚编《秉志文存》第2卷,北京大学出版社2006年版,第284页。
② 秉志:《师鉴》,载翟启慧、胡宗刚编《秉志文存》第2卷,北京大学出版社2006年版,第221页。
③ 秉志:《科学家之长寿与大器晚成》,载翟启慧、胡宗刚编《秉志文存》第3卷,北京大学出版社2006年版,第187页。
④ 秉志:《科学呼声》,载翟启慧、胡宗刚编《秉志文存》第2卷,北京大学出版社2006年版,第117页。
⑤ 秉志:《师鉴》,载翟启慧、胡宗刚编《秉志文存》第2卷,北京大学出版社2006年版,第222页。
⑥ 秉志:《科学与国力》,载翟启慧、胡宗刚编《秉志文存》第3卷,北京大学出版社2006年版,第104页。

难在国内发达矣"①。

## 六 "仁爱之心"

纵观秉志关于科学家精神的论述,他尤其强调道德品质在科学家为人和做事中的作用,认为较之公正、信实、忠挚等科学家须有之精神,仁爱之心更为重要,只有举仁爱之纲才能张精神之目,"科学家所必须有者,为仁爱之心。此项道德视前三者为尤要。治科学者若缺乏此道德,势必流于奸欺病物之人。科学非只关智育也。科学以发见真理为目的,以造福人群为效用。科学大家,本仁民爱物之精神,研治所学,为整个人类谋福利者,指不胜屈"。尤其希望作为科学家后备力量的初习科学之青年要有仁爱之心,将道德养成和知识训练并重,"科学为利用厚生之学问。稍有常识之人,无不知之。有志之青年,为社会服务,造福人类者,宜努力于此途。倘使造诣深、经验富,时时刻刻以利人济世为怀者,必能为人群福利也。人之一生,其成就之大小,固未能必。然专心一志于科学,以为利国利民之资,终能建设不少成绩也"。②

科学作为一种客观知识通常而言是价值无涉的,但是作为一项依托于社会建制的研究活动却承载了价值观念和伦理道德,无论是以普遍性、公有性、无私利性和有条理的怀疑论为主要内涵的科学的精神气质,还是以客观性、自主性、继承性、怀疑性为主要内涵的科学之真,以公有性、人道性、公正性、宽容性为主要内涵的科学之善,以独创性、统一性、和谐性、简单性为主要内涵的科学之美,都公开提醒和潜移默化地影响着科学家,在科学共同体内部工作的科学家经过代代相传、亲身实践、自我反思和直觉领悟,逐渐形成了一套合乎道德规范的、并非都成文的外在行为准则。这些准则内化为科学家的科学良心,

---

① 秉志:《科学在中国之将来》,载翟启慧、胡宗刚编《秉志文存》第3卷,北京大学出版社2006年版,第115页。

② 秉志:《科学呼声》,载翟启慧、胡宗刚编《秉志文存》第2卷,北京大学出版社2006年版,第97页。

即科学家内心对科学及其相关领域中各种涉及价值和伦理问题的是非、善恶的正确信念，以及对自己应负的道德责任的意识，反省乃至自责。① 对于科学家个人来说，这一价值规范会自觉或不自觉地规范他的一言一行，在促进科学家形成应有的道德品格的同时也构成了科学研究和科学进步的实在要素。秉志认为科学作为一种仁爱、精诚、忠恕、信义的学术，其精神以道德为依归，科学的运用不能离开道德，"盖欲使世人明了科学，系一种仁爱精诚忠恕信义之学术，其精神一以道德为依归，非徒关于智育而已。科学中之伟人其存心极光明正大，富于民胞物与之精神。未有道德薄弱，能成科学大家者。科学史中伟大之人物，其道德亦最高。社会人士当知科学不能离乎道德，以真正科学之精神而习科学"②。

秉志对于仁爱之心的概念的考察带有明显的中西会通寓意。一方面，受进化论影响，秉志认为进化论思想不仅以体力上和智慧上的强大作为优势标准，同时将高尚的道德作为生存需要。达尔文在《原人》(*The Descent of Man*) 中申言天演之真义、详述道德之进化，将仁爱（sympathy）、忠诚（fidelity）、勇敢（courage）三者作为动物团体固结所蕃息、永久可生存的要素，以仁爱合作作为生物进化的极则，"人类乃动物之一，其所以永存于世而不至灭绝者，亦绝不能不需乎此三种美德。达氏用心，可谓至仁，世人不察，动以弱肉强食，目为天演之现象，斥达尔文学说为残酷者，失之远矣"③。另一方面，受儒家思想影响，"孔子之教弟子，所最重要者，曰仁。论语一书中，其弟子问仁者，不知凡几。仁之界说曰爱人，故昌黎谓：'博爱之谓仁'。孔子丁宁反复，谆谆教诲其弟子，务使皆有博爱之精神，与博爱之行为。仁民爱物

---

① 李醒民：《科学与伦理》，《教学与研究》2021年第8期；李醒民：《论科学家的科学良心：爱因斯坦的启示》，《科学文化评论》2005年第2期。
② 秉志：《科学呼声》，载翟启慧、胡宗刚编《秉志文存》第2卷，北京大学出版社2006年版，第86页。
③ 秉志：《生物学与民族复兴》，载翟启慧、胡宗刚编《秉志文存》第2卷，北京大学出版社2006年版，第151页。

之心，流露于言表"①。由此可见，进化论对道德的强调和儒家思想对仁爱的推崇为秉志将仁爱之心纳入科学家精神内涵体系提供了有益借鉴，"达氏所谓仁爱，与孔子之博爱崇恕，有相似者焉。达氏以生物学之巨子，观察人类之进化，最后归本于道德之进步，民族必赖此以图生存。与孔子数千年前所反复引申者，如此吻合，可谓此心同此理同矣"②。

## 第三节 结构体系

通过以上分析，可以看到在秉志的语境内科学家精神规范内涵主要涉及六个方面，即公而忘私、忠于所事、信实不欺、勤苦奋励、持久不懈、仁爱之心。但是仅基于以上分析，尚不能系统把握秉志科学家精神思想的结构框架和六个规范内涵之间的逻辑联系。本节就该思想的结构框架予以讨论。作者认为，秉志科学家精神思想以"德"为核心，内在由以"诚"为核心统摄公而忘私、忠于所事、信实不欺的"科学之精神"，以"久"为核心统摄勤苦奋励、持久不懈的"科学之态度"，以"仁"为核心统摄仁爱之心的"科学之道德"三部分构成。

### 一 以"诚"为核心的"科学之精神"

有学者认为，秉志称科学精神为"科学家之精神"，公而忘私、忠于所事、信实不欺、勤苦奋励、持久不懈的内涵规定的确或多或少都是科学的精神内涵，但是没有形成一个纲举目张的体系结构，只是没有主次的平行罗列。③ 但是在笔者看来，秉志关于科学家精神内涵的阐述并

---

① 秉志：《师鉴》，载翟启慧、胡宗刚编《秉志文存》第2卷，北京大学出版社2006年版，第205页。
② 秉志：《师鉴》，载翟启慧、胡宗刚编《秉志文存》第2卷，北京大学出版社2006年版，第214页。
③ 李醒民：《秉志科学论一瞥》，《哲学分析》2017年第4期。

不是没有主次的平行罗列，而是统摄于"诚"之中，在《师鉴》中对此给予详细解释。

一方面，"诚"不仅是儒学传统观点，也是近代科学取得成绩的原因，"《中庸》对于诚字言之至切，……此言足以代表近世科学之成绩矣"。只有极端真诚的人才能充分发挥天赋本性并带动众人本性，以此充分认识万物本性，明晰万事万物的演化发展。无论是尽人之性还是尽物之性，其归旨在于通过格物致知实现即物穷理。"物"的意义甚为广泛，同身心有关的"物"或者某一种具体物质或某一件具体事物皆可称之为"物"。尽管"物"范围甚广，但"物"的存在和运行有其固有的"理"即规律，通过对"理"的把握可以观察和解释各种"物"的现象，并且借助实验方法推演得出它们之间存在的因果联系。所谓尽人之性即格物致知之意，尽物之性即即物穷理之意，而格物致知和即物穷理即科学家寻求真理之意，科学真理发现后可以运用科学真理进一步探究自然规律，并以此参赞天地化育的真谛。儒家思想将格物致知作为一切学问的起点，将正心诚意作为为学进德的重要方法。因此"诚者物之终始，不诚无物"。就格物致知和正心诚意的关系而言，格物致知即科学所做的工作，正心诚意是开展科学研究必须具有的精神。"其实格物致知，系科学之工作。正心诚意，乃研究科学必须具之精神。"通过格物致知的过程可以养成诚正的精神，而诚正的精神则可以进一步发挥格物致知功效。[①] 另一方面，人类想要增加知识、增进智慧，应该对身心有关之物通过"格物"达成"致知"。在由"格物"到"致知"的过程中，"就一物以求其理，其所用之方法，即学之、问之、思之、辨之、行之，稍有不能满意之处，必屡次作之而弗措，以至千百次之多，则一物所具之真理可以发见矣"。但是由于"物"的范围甚广不可能尽数研究考察，并且人类接触的物质和事物种类繁杂，因此格物致知需要采取

---

① 秉志：《师鉴》，载翟启慧、胡宗刚编《秉志文存》第2卷，北京大学出版社2006年版，第212—237页。

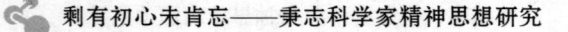

择善执中的方法。实现格物致知的有效方法是演绎和归纳法，在博学、审问、慎思、明辨、笃行等过程中，综合运用归纳法和演绎法，所获事实可以发现真理，建立定律。

通过对格物致知、即物穷理关系的考察和对博学、审问、慎思、明辨、笃行过程的考察，秉志认为科学家通过博学、审问、慎思、明辨、笃行的过程借助"格物"实现"穷理"，这一过程的具体展开不仅内在规定科学家需要"诚正"的精神而且帮助科学家养成"诚正"的精神。近世部分科学家尽管学问高深但是缺乏"诚正"精神，这一现象在国内尤为明显，此类人员研究学问尚未精深即已存欺人之心、行害人之事，究其原因在于此等人研究科学、实现科学到技术的转化皆以市侩精神，从事科学研究的动机在于谋求私利，丝毫没有为国为民、牺牲服务精神，在学问技术上稍有成就便会挟其所长压榨社会民众以此谋求私利。"然而学问之事，究非小人之所得篡窃，世界任何民族之中，有以科学欺骗民众，损人利己者，其人究不得成为学术之伟人。任何国家，其人民之治科学者，若多不肯实心踏地，力造极峰，而浅尝辄止，器小易盈，动以所贩于外人者，以为炫耀其国人之资，则此国之科学事业乃万无希望，此可断言者矣。数十年来吾国士夫热心教育者，日日谋科学之发展，而所得仅系残枝零叶者，不能不归咎于治斯学者之缺乏诚正之精神也。"[①]

通过以上分析，秉志认为科学之精神以"诚"为核心并统摄以上诸要素。具体而言，一方面，"诚"首先统摄了公而忘私、忠于所事、信实不欺三者之意，"盖科学之工作，以求真理为唯一之目的。故科学家之所言，最重信实无欺。科学家之所为，最重精诚无二。而对于所心得者，尤重公之于世，不容严守秘密。故公、忠、信三者为治科学者所不可无。总而言之，即'诚'是也"。另一方面，"诚"本身又包括了

---

[①] 秉志：《师鉴》，载翟启慧、胡宗刚编《秉志文存》第2卷，北京大学出版社2006年版，第222页。

勤苦奋励、持久不懈之意,"久之精神又可包括于诚之中。盖人既有至诚之精神,不至始勤终怠,中道而废,所谓自强不息,终身不懈者,无非至诚使之然"。基于此,在秉志的语境中科学之精神的核心即为"诚","一言以蔽之曰:科学之精神,诚而已。古语云:'精诚之至,金石为开'。谓唯诚之一字,可以克服一切也"。①

## 二 以"仁"为核心的"科学之道德"

两次世界大战期间科学技术被不合理应用于战争,对人类社会产生严重影响,尽管科学本身是价值中立的知识体系,但是作为科学研究和技术转化应用主体的科学家却对此负有责任,缺乏社会责任的科学家被野心政客、军阀利用,假借科学之名造成世界混乱,"今日世界之纷扰何自乎?曰,科学道德缺乏之故也。科学之为学术,不独知识技术而已。此学包含高尚纯洁之道德"②。秉志认为科学并非只是一项智力游戏,而是一种仁爱精诚忠恕信义的学术,科学精神以道德为依归,科学不能脱离道德,科学家应该涵养科学道德研究和利用科学。

秉志将研究科学之人的科学道德概括为四点,一是必诚必信,"科学之工作,绝不容有虚伪,所谓是即是,非即非,丝毫不诚不信之处,不能存乎其间。古人所谓'知之为知之,不知为不知',乃真正之科学精神也。又古人所谓致知格物,正心诚意,一般浅识之人率不明了其真义,不能晓然于此二者彼此之关系。其实格物致知,系科学之工作。正心诚意,乃研究科学必须具之精神。换言之,即科学家不准说谎话是也"。二是忠于所事,"科学研究之获成功,全在实心踏地以赴之。忠挚之至,忘却一切。视所专攻者,如饮食之不容一日缺,如生命之不可须臾离。精诚无二,生死以之,然后始可冀其学之精。科学史中之伟

---

① 秉志:《师鉴》,载翟启慧、胡宗刚编《秉志文存》第2卷,北京大学出版社2006年版,第236—237页。
② 秉志:《科学呼声》,载翟启慧、胡宗刚编《秉志文存》第2卷,北京大学出版社2006年版,第115页。

人，皆系如是而获极大成就者也。故每一科学大家，皆一最忠挚之人。凡习科学之人，外慕徒业者，皆毫无结果之可言"。三是大公无私，科学研究"毫不容自守秘密，以所学骄人而欺世。吾国教科学之人，间有以所学为奇货者，乃其道德卑劣，缺乏公正之态度也。古人谓'己欲立而立人，己欲达而达人'。乃科学家公开之精神。世界古今之科学伟人，未有不具此精神者。教科学者，若能有此高尚之道德，以己之有，欲人之能。其熏染于其生徒者，当何如乎"。四是仁爱之心，仁爱之心较之于必诚必信、忠于所事、大公无私更为重要，"此项道德视前三者为尤要。治科学者若缺乏此道德，势必流于奸欺病物之人"。①

可见，秉志认为科学以发现真理为目的，以造福人群为效用，科学道德包括必诚必信、忠于所事、大公无私和仁爱之心四点，而仁爱之心较之其他三点更为重要，是科学道德的核心。秉志借助杰出科学家予以解释，例如达尔文写就《物种由来》后又专门撰写《原人》一书，详尽论述道德进化，将仁爱合作、为群牺牲作为生物进化的终极法则。此后斯宾塞的《会通哲学》在生物进化论、心理进化论后进一步论述道德和人群的进化，以爱群保种作为核心主旨。以此劝导国内初习科学的青年不应将科学作为谋求私利的工具，而应该争做道德完美之人，终身努力为人类服务。

秉志将"仁"作为科学之道德核心有四点考量。第一，科学道德和科学精神具有内在关联性，两者之间互为表里，"吾尝于他处论科学之精神有五：曰公、曰忠、曰信、曰勤、曰久，与此篇所言四者多相同。唯此四者系由科学上所受之训育。……与此篇所论，乃互相表里者也"②。公、忠、信、勤、久的科学精神内在包含了公正、信实、忠挚、仁爱的科学道德，以"仁"为核心的科学道德是科学家秉持科学精神

---

① 秉志：《科学呼声》，载翟启慧、胡宗刚编《秉志文存》第 2 卷，北京大学出版社 2006 年版，第 87 页。
② 秉志：《科学呼声》，载翟启慧、胡宗刚编《秉志文存》第 2 卷，北京大学出版社 2006 年版，第 87 页。

## 第四章　秉志科学家精神思想内涵体系诠释

从事科学研究的内在规定。第二，对儒家"仁者爱人"核心思想的理论借鉴。秉志在总结孔子思想的十大特色时即将"博爱"放至首位，认为儒家思想的核心即是"仁"，"孔子之教弟子，所最重要者，曰仁。论语一书中，其弟子问仁者，不知凡几。孔子之答复其问者，亦各随其程度之高下而异。所言者，无非仁之体也。仁之界说曰爱人，故昌黎谓：'博爱之谓仁。'孔子丁宁反复，谆谆教诲其弟子，务使皆有博爱之精神，与博爱之行为"。"仁"的核心即是爱人的精神，"诸经及他各古籍中，载孔子论学论政及一切较细之事，皆寓以'仁'字之意义，即无处不有爱人之精神"。① 需要指出的是，尽管秉志认为儒家思想以博爱为最高思想法则和道德规范，但是仁的运用需要加以限制，仁之外复须有义作为辅助。仁义是人类文化的精神命脉，而仁义作用的发挥和效用的凸显在于个人行己立节。第三，科学道德作为一种"应然性"规范具有超越"实然性"的现实困难。鉴于环境的多变性和复杂性，推行科学道德有其长期性和艰巨性不可能一蹴而就，但是要以"知其不可而为之"的精神不断推行和提倡，力求改进和提升科学道德，"世界至大也，人类至繁也。欲其达到此等境界，直是痴人说梦。尽努力于科学之道德，不知将历如何久远之岁月，始有几微希望之可言。而一国之内欲其如此，自较全世界为易。吾国之人，果能于今日方始研求知识技术之时，而力求科学道德之发扬。登高自卑，行远自迩。虽不能一蹴而几，而要有良效之可睹乎"②。第四，科学道德不仅是对科学家的道德规范，其规范对象具有普适性。国家将科学和道德作为立国二元素，将道德、知识、技术三者并重，将培养民德作为巩固邦本的根本，否则即使科学技术发达却被没有科学道德的科学家把控，为金钱势力所驱使，人民恐终不免为人所剥削，"关于所谓科学之道德者，即公正、信实、

---

① 秉志：《师鉴》，载翟启慧、胡宗刚编《秉志文存》第 2 卷，北京大学出版社 2006 年版，第 237 页。

② 秉志：《科学呼声》，载翟启慧、胡宗刚编《秉志文存》第 2 卷，北京大学出版社 2006 年版，第 117 页。

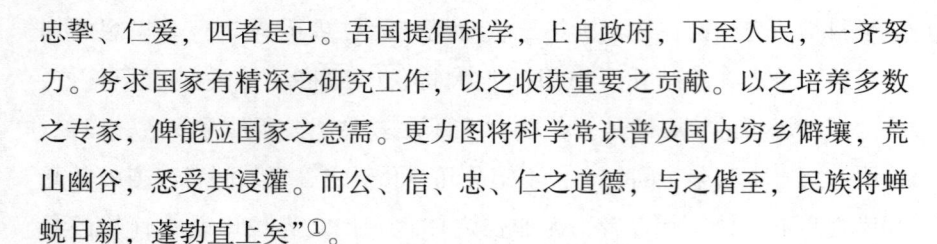

忠挚、仁爱，四者是已。吾国提倡科学，上自政府，下至人民，一齐努力。务求国家有精深之研究工作，以之收获重要之贡献。以之培养多数之专家，俾能应国家之急需。更力图将科学常识普及国内穷乡僻壤，荒山幽谷，悉受其浸灌。而公、信、忠、仁之道德，与之偕至，民族将蝉蜕日新，蓬勃直上矣"①。

## 三 以"久"为核心的"科学之态度"

科学家仅有"诚"的精神尚不能有效开展科学研究，还应该具有勤和久的科学态度，"'勤'与'久'二者系学者应有之态度，与其所以努力，以图所学之精能"②。而勤苦奋励的态度又包括在久之中，只有持久不懈、久久为功才能以所学精能。"学者既有'诚'之精神，倘不能行之以不息，要之以至死，未必能有真理之发见。倘不能锲而不舍，孳孳矻矻，未必能使所业之日精。故勤与久，尤为治科学者所必需。总而言之，即'久'是也。"③

秉志将"久"的精神放置于中华民族发展的大历史观中予以考察，认为中国立国五千年之久，混合各民族而成为庞然大国，虽然经历无数危难却可安然无恙，其中必然存在中华民族可以永久生存的特殊点，而这一特点在于中国人民耐久的特性："中国人民有耐久之特性，立国之道，因数千年之演进，足以适应环境，历久生存，非如埃及、希腊等国之徒拥旧名，其原有之民族及文化早已谢代无余者所可同日而语，岂非中国之最为奇特，非世界各国所能及者乎？"④ 然而自近代以来中华民

---

① 秉志：《科学呼声》，载翟启慧、胡宗刚编《秉志文存》第2卷，北京大学出版社2006年版，第117页。

② 秉志：《科学呼声》，载翟启慧、胡宗刚编《秉志文存》第2卷，北京大学出版社2006年版，第87页。

③ 秉志：《师鉴》，载翟启慧、胡宗刚编《秉志文存》第2卷，北京大学出版社2006年版，第237页。

④ 秉志：《科学与国内之青年》，载翟启慧、胡宗刚编《秉志文存》第3卷，北京大学出版社2006年版，第180页。

## 第四章　秉志科学家精神思想内涵体系诠释

族遭遇空前国难,这与部分民众不能持久的民性具有直接关联:"不能持久。他国人讥中国人只有五分钟之爱国热。就国人近年之动作观之,知民性脆薄,已达极点。外人所讥,诚属名论不磨。国人于政治经验、历史知识,既极缺乏,而又不能有持久之毅力。一遇国难,举国哄然。或唱抵制仇货,或组义勇军队,卧轨劫车,示威请愿,未及数月,乃云消雾散,若不复知国难之未已者。此等现象,滑稽已极,忧国者不能不悲国人之丧心竟至于此也。夫无恒之人,何事能有成功,薄弱之民族,岂容生存于今日之世。"① 不能持久的弊端不仅阻碍科学发展,"吾国人对于学术,近来态度,极形冷淡,当此学荒之时,欲提倡科学,造福民生,此冷淡之态度,当彻底改除,即使对于科学,具有热心矣,而欲速见小、急功近利之思想,亦万不容有,若今日从事于科学之研究及提倡,阅时未久,见未有成效,即生厌弃之心,则科学永难在国内发达矣"②。同时也对科学家从事科学研究产生潜移默化的影响,"习科学者为数既少,历时又不甚久,求其穷年矻矻,誓以科学裨益社会者尤其寥寥,而一般科学家以此为欺人自便者所在皆是。科学最需要诚恳之态度,而吾国人所患者即不诚恳;科学最需要长久之耐性,而吾国人所患者即是无恒;科学最需要彻底之工作,而吾国人所患者即浅薄;此吾国科学发展之障碍一也"③。

聚焦科学和科学家主体本身,对"久"的强调既是科学研究工作具有长期性的内在规定,也是科学家职业特点的需要。秉志认为,长期是探索实践、发现真理、促进科学进步的重要条件,"盖科学者,解决困难问题之利器也,现在科学虽未臻于万能,然其发达,固日进不已

---

① 秉志:《民性改造论》,载翟启慧、胡宗刚编《秉志文存》第3卷,北京大学出版社2006年版,第150页。
② 秉志:《科学在中国之将来》,载翟启慧、胡宗刚编《秉志文存》第3卷,北京大学出版社2006年版,第115页。
③ 秉志:《吾国科学发展之障碍》,载翟启慧、胡宗刚编《秉志文存》第3卷,北京大学出版社2006年版,第124页。

也,久而久之,终有至于万能之一日"①。基于知识积累的长期性和科学本身的复杂性,凡事皆贵有恒,科学家从事科学研究尤其需要持久不懈的科研态度,科学家从事科学研究必须终身不懈方能有所成就,否则即使智力优越却缺乏耐性就难以长期开展科研工作取得突破,例如部分科学家在国外留学时能够勤苦奋励取得良好成绩,但是归国之后却不再继续努力,或荒废所学或改入他途,这正是缺乏持久不懈科研态度的表现,"真正之科学家,对于科学无论处何等环境,遭如何困难,必锲而不舍,一息尚存,不容稍懈。古来荩臣谋国,鞠躬尽瘁,死而后已,科学家对于所学,亦具如是之精神。凡事皆贵有恒,科学尤贵有持久之精神也"②。

就科学态度和科学精神的关系而言,科学精神与科学态度具有内在关联性,两者互为表里,"科学所给予道德上之培养,如上所言,曰公正、曰信实、曰忠挚、曰仁爱,皆德育所必需。吾尝于他处论科学之精神有五:曰公、曰忠、曰信、曰勤、曰久,与此篇所言四者多相同。……'勤'与'久'二者系学者应有之态度。与此篇所论,乃互相表里者也"。以持久不懈为核心统摄勤苦奋励的科研态度是公而忘私、忠于所事、信实不欺、仁爱之心等内涵规范得以实现的意志规定,科学家经过持久的熏陶和长期的培养可以逐渐养成并以此得到巩固,"人之浸淫于科学之精神者,为日既久,事事能信,岂非受最大之道德培养乎"③。因此,科学家需要有持久的精神,切忌心浮气躁、急功近利,"倘学之精,于国家于社会必有大贡献,尤不可欲速见小,学之不久,即思在报纸上出头露面"④。

---

① 秉志:《科学与国力》,载翟启慧、胡宗刚编《秉志文存》第3卷,北京大学出版社2006年版,第104页。

② 秉志:《科学精神之影响》,载翟启慧、胡宗刚编《秉志文存》第3卷,北京大学出版社2006年版,第146页。

③ 秉志:《科学呼声》,载翟启慧、胡宗刚编《秉志文存》第2卷,北京大学出版社2006年版,第87页。

④ 秉志:《生物学与大学教育》,载翟启慧、胡宗刚编《秉志文存》第3卷,北京大学出版社2006年版,第75页。

## 四 以"德"为核心的"科学家之精神"

秉志认为，近代科学发展一日千里，世界上的伟大建设皆通过科学真理的发现和技术应用的转化得以实现，一般人士基于科学功能的彰显惊叹科学万能认为科学是极其精奇的技术，但是这一观点仅仅看到科学的物质致用价值，而忽视了科学的精神道德价值。杰出的科学家除却学识渊博、技术精湛，还必定道德纯粹，存心行事皆借助科学研究和应用以利物济人为唯一目的，而绝不是单纯的"技术之人"。"夫真正之科学，未有不含道德之意味，充满道德之精神。盖科学之目的，首在研究真理。其影响所及，使治此学者，皆有高尚纯洁之道德。而功效所至，可以利用厚生。世人不察，往往视科学为精巧之技术，失之远矣。"[①]科学作为一种仁爱、精诚、忠恕、信义的学术知识体系，其精神以道德为依归，科学的运用不能离开道德。"盖欲使世人明了科学，系一种仁爱精诚忠恕信义之学术，其精神一以道德为依归，非徒关于智育而已。科学中之伟人其存心极光明正大，富于民胞物与之精神。未有道德薄弱，能成科学大家者。科学史中伟大之人物，其道德亦最高。社会人士当知科学不能离乎道德，以真正科学之精神而习科学，必于科学中受道德之熏陶。"[②] 基于此，作为科学研究主体的科学家不仅仅需要具有造诣精深的科学素养，更需要形成高尚纯洁的道德人格。"科学家之精神，在寻求真理；科学家之目的，在造福人类。故能称得起科学家之人，不独其在专门学问上，有精深之造诣，而其道德人格，亦必高尚纯洁，有深邃之修养。换言之，科学家之心术，乃极光明仁爱，所谓视天下为一家，视中国如一人。"[③]

---

① 秉志：《立国之二元素（续）》，载翟启慧、胡宗刚编《秉志文存》第3卷，北京大学出版社2006年版，第269页。
② 秉志：《科学呼声》，载翟启慧、胡宗刚编《秉志文存》第2卷，北京大学出版社2006年版，第86页。
③ 秉志：《科学与世界和平》，载翟启慧、胡宗刚编《秉志文存》第3卷，北京大学出版社2006年版，第361页。

同科学具有多重相形一样,"精神"概念本身也具有丰富内涵,精神本身不仅是内在的思维、理性和信念与外在气质的统一,也包含意志和意识之意,并且与伦理道德具有文化层面的直接联系,精神的独特性体现在,一方面,精神不仅包括意识、思维、理性,而且事实上是有别于"心理"的以德性为统摄的知、情、意的统一体;另一方面,精神是超越于理性之上并可以外化为现实的力量和本性。① 在这一理论框架内,可以较为清晰地认识秉志提出以"诚"为核心统摄公而忘私、忠于所事、信实不欺的"科学之精神",以"久"为核心统摄勤苦奋励、持久不懈的"科学之态度",以"仁"为核心统摄仁爱之心的"科学之道德"后,对于"科学家之精神"以"德"为核心的强调。"科学之精神""科学之道德""科学之态度"三者之间存在一条较为清晰的逻辑主线和规范框架,"科学之精神"聚焦于科学家如何有效实现科学认知,"科学之道德"聚焦于科学家以何种情感实现科学合理运用,"科学之态度"聚焦于科学家开展科研工作的意志需要,体现了知、情、意三者对于科学家主体内在精神性要求的规定,而三者还需要以"德性"为依归,在科学研究过程中不断增强学术造诣,在科学应用过程中养成高尚纯洁的道德人格,以光明仁爱的心术正确处理科学家与社会的关系,将以德性为统摄的知、情、意统一体的精神聚焦科学家主体本身,通过科学家之精神统摄"科学之精神""科学之道德""科学之态度"。

通过以上分析,我们可以大致理清秉志科学家精神思想的结构体系(见图4.2),科学家精神所涉及的公而忘私、忠于所事、信实不欺、勤苦奋励、持久不懈、仁爱之心六个内涵并非平行罗列、杂乱无章,而是存在一个提纲挈领的逻辑结构体系:在秉志的语境中科学家精神以"德"为核心,具体包括以"诚"为核心的公而忘私、忠于所事、信实

---

① 薛桂波:《科学共同体的伦理精神》,中国社会科学出版社2014年版,第14页。

不欺的"科学之精神",以"久"为核心的勤苦奋励、持久不懈的"科学之态度",以"仁"为核心的仁爱之心的"科学之道德"。

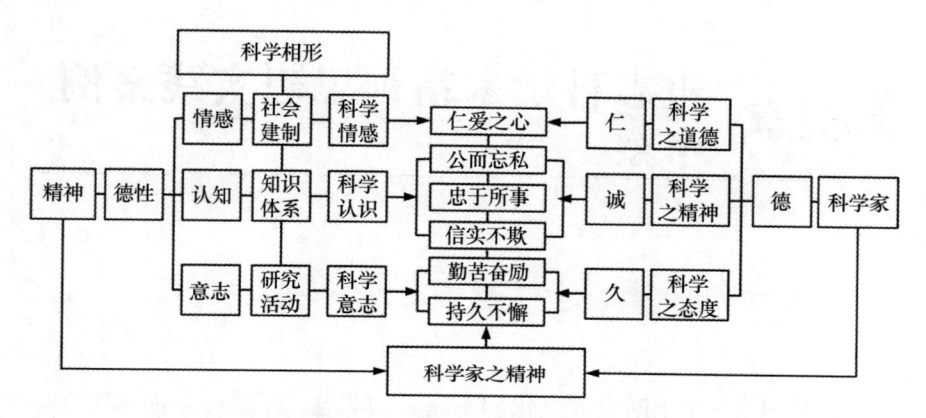

图 4.2 秉志科学家精神思想结构体系示意图

# 第五章　秉志科学家精神思想实践案例考察

科学作为一个不断发展变化和丰富着的概念，不是一个能用定义一劳永逸固定下来的单一体，科学的多重相形内在规定了科学不仅是一种纯粹客观的知识体系，同时是一种探求纯粹客观知识的研究活动和一种特殊的社会建制，既是通过科学方法探究自然规律、获取科学知识的认知过程，也是与社会接续互动促进科学社会化、社会科学化的建制过程。科学建制化是指自然科学的发展由自发走向自觉形成科学社会体制的过程。这一过程包括三层含义：（1）科学基于自身价值被社会接受成为一种重要的社会活动；（2）科学基于自身规范获得区别于其他社会活动的自主权以实现特定目标；（3）科学形成调和其他领域的规范并与该领域的规范相适应。这一过程作为有目的的组织活动，组织内部表现为：（1）形成社会认可的作为一种建制存在的价值观念；（2）形成规定科学生产和科学家行为的制度规范。组织外部表现为：（1）设计包括教育机构、科研机构、学术团体、学术刊物等形式的组织构架；（2）社会提供保障科学活动的物质基础。[①] 可见，科学建制化的根本特质是科学与社会以价值认同为基础，在制度规范框架内进行的有效互动。

科学建制化与科学发展水平呈正相关性。近代自然科学传入中国较

---

① 李正风：《科学知识生产方式及其演变》，清华大学出版社2006年版，第191页。

晚,与此相适应科学建制本土化起步和发展也相对滞后。20 世纪初,在"救亡图存"呼声中,一批青年学生怀揣"科学救国"梦想,远赴海外学习现代科学技术,归国后对西方科学建制模式进行本土化嫁接移植,成为中国科学建制最早和最重要的实践者。作为该群体中的一员,首批庚子赔款留美学生秉志不仅是中国近现代著名动物学家、科学救国的先驱,而且是中国现代生物学建制化的早期开拓者和重要奠基人之一,除却为人熟知的发起成立中国科学社、集资刊行《科学》杂志,秉志还对科学建制本土化进行了系统思考并付诸实践,彰显出"神行兼备"的精神气质。

# 第一节 思考科学建制本土化理论

科学建制化作为一种促进科学和社会有效互动的组织设计和制度安排,体现了社会对科学的价值判断和科学对社会的理性认识。价值观念的认同、制度安排的规范、组织设计的运行、外在条件的保障等因素共同影响着这一过程的实现进度和作用效度。

## 一 阐明科学建制的意义

科学作为一项研究活动不能自发运行,科学真理性知识不会自发呈现,科学要成为依托于社会建制的特殊活动不是科学一厢情愿的事情,通过阐明科学对于社会的价值获得社会的肯定支持,阐明社会对于科学的影响引导科学家面向社会是社会接纳科学、科学融入社会的思想前提。秉志认为,"科学"一词作为舶来语,无论是古希腊的"分科之学"还是中国原用的"格物致知"都不能准确表述其完整含义,"科学"既不能简单用"有系统之学问"概括,也不是晦涩难懂的"高深莫测之学术",凡是通过科学方法从事的活动即是"科学"。[①] 这一缺乏

---

① 秉志:《论科学》,《合作讯》1935 年第 115 期。

"科学性"的定义略显"粗犷""单薄",但在"科学落人之后,民智水准过低"的客观环境中,这一浅显易懂的表述有利于促进公众理解科学启瀹民智,拉近科学与公众的距离获得支持。科学本身的目的在于追求真理,真理的应用可以改善民生,科学的精神可以改造民性,"盖科学之目的,首在研究真理;科学之知识技术,可以收利用厚生之效;而科学之精神,则能收正德之功"①。通过推行科学教育、培养科学人才,"则人民之知识,必因科学之发展而日高;人民之技能必因而日增;人民之生活,必因而改进;人民之体格,必因而加壮;人民之思想,可因而进步;人民之道德,可因而日新"②。"科学与人民的生活是有密切关系的,进一步说,他与国家的强弱也就有了密切的关系,故能于科学愈发达,人民的生活就愈舒适,而国家也就因之而愈富强。"③ 因此国人既"要当对科学有相当之认识。此学为格物致知,利用厚生之学,即是救国救民,转弱为强之举"④,又要为科学发展尽义务,"社会有坚强之信仰,竭力于此等工作之辅助,其科学所以发达,实业所以振兴也。吾国人欲得科学之利益,宜先为科学尽其义务"⑤。作为科学研究主体的科学家既要为学问而求学问,也应面向社会做出贡献,"以前的人学科学,完全为好奇求学问为真理,任个人的兴趣而研究,对于国家社会的情形,毫不过问,但现在的科学家便不同了,不论中外凡治科学者,皆与社会发生关系。研究科学的目的,不一定对于社会有用,但是只要得到真理,都可以应用于社会,增进人类的智慧"⑥。

---

① 秉志:《立国之二元素(续)》,载翟启慧、胡宗刚编《秉志文存》第3卷,北京大学出版社2006年版,第269页。
② 秉志:《科学与民族复兴》,载翟启慧、胡宗刚编《秉志文存》第3卷,北京大学出版社2006年版,第136页。
③ 秉志:《论科学(续)》,《合作讯》1935年第116期。
④ 秉志:《科学三点》,载翟启慧、胡宗刚编《秉志文存》第3卷,北京大学出版社2006年版,第122页。
⑤ 秉志:《科学在中国之将来》,载翟启慧、胡宗刚编《秉志文存》第3卷,北京大学出版社2006年版,第115页。
⑥ 秉志:《科学家对于社会的责任》,《科学世界》1937年第7期。

## 二　总结实践主体的规范

科学基于其特殊学科内容和研究方法获得区别于其他社会活动的自主权，科学家在这一过程中形成了既符合科学领域规范又能调和其他领域要求的精神气质，在科学认知规范和社会价值规范框架的约束下实现科学事业的特定目标是科学建制化的基本标志。在秉志的语境中，科学可分为社会科学和自然科学，社会科学研究人类之学问（study of man），自然科学为人类而求学问（study for man）。自然科学按功用又可分为纯粹科学与实用科学，纯粹科学为实用科学奠定理论基础，实用科学是纯粹科学的延伸应用，科学家在研究纯粹科学与实用科学的过程中，既不能因急切需要实用科学视纯粹科学若等闲，亦不能只知纯粹科学而毫不注意实用，社会对待科学应两者并重，科学家研求科学也宜本末并顾，"其实各种科学，皆重要，皆不易为，皆有关于国计民生，皆为国人所宜注意"①。观察、实验、比较、分类、演绎、证实六种方法的运用科学区别于其他学问的真谛，"今人谈科学者，往往不知科学之真谛，以为研究自然现象，即是科学，然自然现象，何以研究，非用此六者无从入手，其不需用此六者，究不能谓之科学"②。作为科研主体的科学家需要整体把握科学的价值功能而不可偏其一域，"世之习科学者，若徒知科学为利用厚生之学，而不知其为正德之学。真所谓知其一偏，而来窥其全体也"③。科学家研求科学的目的不同致使其精神气质存在差异，"为求真理而研究学问，与为虚名而求学问，其兴趣至不同也；为造福人类而求学问，与为富贵利达而求学问，其目的至不同也。兴趣目的之不同，故学人之精神遂分道而驰。一则终身以有，有朝闻道

---

① 秉志：《科学在中国之将来》，载翟启慧、胡宗刚编《秉志文存》第 3 卷，北京大学出版社 2006 年版，第 114 页。
② 秉志：《科学与民族复兴》，载翟启慧、胡宗刚编《秉志文存》第 3 卷，北京大学出版社 2006 年版，第 135 页。
③ 秉志：《科学与国运》，载翟启慧、胡宗刚编《秉志文存》第 3 卷，北京大学出版社 2006 年版，第 256 页。

可以夕死之志,一则恃所学者为敲门砖,得其所欲,即中道而废"①。在深入分析20世纪三四十年代中国科学家精神面貌的基础上,秉志提出并阐述了以"公而忘私、忠于所事、信实不欺、勤苦奋励、持久不懈、仁爱之心"为主要内涵的科学家精神,"治此学者,其存心必须大公无私。对于所学,必须终始无二。于其所见,及其所言者,必诚实无欺,丝毫不容虚伪。其用功也,必须孜孜矻矻,不容怠懈。而尤必须终身以之。所谓行之以不息,要之以至死者也"②。指出"科学家之精神,在寻求真理;科学家之目的,在造福人类。故能称得起科学家之人,不独其在专门学问上,有精深之造诣,而其道德人格,亦必高尚纯洁,有深邃之修养。换言之,科学家之心术,乃极光明仁爱,所谓视天下为一家,视中国如一人"③。

## 三 设计科学运行的体系

组织设计是科学建制化的实体部分,以科学家为主要行动者,构建形成科学事业有效运行的组织体系是实现科学社会建制化的核心。开展科学教育有两种途径,一是开展普及教育传播科学常识,二是开展专业教育造就科学人才,学校是开展专业教育的重要载体,"然一言及学校,则必需乎科学,盖教育本身,乃科学也"④。科学教育可以致用(economic importance),文哲教育可以陶冶性情(culture),作为益人之学(study for man)的科学教育与作为为人之学(study of man)的文哲教育构成大学教育的两大门类。⑤ 理想的大学教育应该是课程完备、教材

---

① 骥千:《科举与科学》,《申报》1939年7月5日第2版。
② 秉志:《科学与国运》,载翟启慧、胡宗刚编《秉志文存》第3卷,北京大学出版社2006年版,第256页。
③ 秉志:《科学与世界和平》,载翟启慧、胡宗刚编《秉志文存》第3卷,北京大学出版社2006年版,第361页。
④ 秉志:《科学与国力》,载翟启慧、胡宗刚编《秉志文存》第3卷,北京大学出版社2006年版,第102页。
⑤ 秉志:《生物学与大学教育》,载翟启慧、胡宗刚编《秉志文存》第3卷,北京大学出版社2006年版,第71页。

## 第五章 秉志科学家精神思想实践案例考察

精良、学术自由、打破牵制、机会平等、富于弹性、注重研究、促进学术。① 教育过程中既要运用科学方法向学生阐明科学真谛,"一般治科学者,罕有以科学之方法,为青年作透彻之解述者。致青年对于科学本身之性质,知其当然,而不知其所以然"②。又要将知识传授与道德培养并重,不能"太偏重于知识技术,而不知注重于科学之道德"③。而施教者尤其要学问优长、道德高尚,力戒惰不自修、中于恶习、驰心外务、疏远学生、漠视社会等陋习。④ 就科技进步而言,科学教育不能代替科学研究,"教书只是搬运知识而已,将知道的输运给别人也知道,而研究却是从知道的推究到不知道的去,也可以说将不知道的弄得知道出来"⑤。科学先进国家除大学林立、教育普及外研究机关亦多,科研机构可以让科研人员专心研究、多出成果、贡献社会,"大学之外尚须有多数之专门研究机关,俾学者尽竭其全力,甚至授课之责任亦悉行解除,更无学校行政之事务以耗费其时间,以图高深之造诣,今日文化最高,国力最厚之国家,其国家受无限之福利,此乃互为因果者无容或疑矣"。故"世界学术发展,文化进步之国家,所有之最高学府,即大学与研究所是也"⑥。此外,秉志在加强共同体联系、促进成果交流等方面亦有论述,例如,"专门学会,其目的在推进专门研究,提倡深造,联合国内一切从事科学教育之同人尽力输科学于民众"⑦。"今日世界所

---

① 秉志:《理想之大学教育》,载翟启慧、胡宗刚编《秉志文存》第3卷,北京大学出版社2006年版,第278页。
② 秉志:《科学与国运》,载翟启慧、胡宗刚编《秉志文存》第3卷,北京大学出版社2006年版,第256页。
③ 秉志:《立国之二元素(续)》,载翟启慧、胡宗刚编《秉志文存》第3卷,北京大学出版社2006年版,第269页。
④ 秉志:《科学呼声》,载翟启慧、胡宗刚编《秉志文存》第2卷,北京大学出版社2006年版,第127—128页。
⑤ 秉志:《动物学之研究基础》,载翟启慧、胡宗刚编《秉志文存》第3卷,北京大学出版社2006年版,第132页。
⑥ 秉志:《生物学与民族复兴》,载翟启慧、胡宗刚编《秉志文存》第2卷,北京大学出版社2006年版,第188页。
⑦ 秉志:《国内生物学工作之展望》,载翟启慧、胡宗刚编《秉志文存》第3卷,北京大学出版社2006年版,第289页。

出版之科学书籍与杂志，其数目之多，不可胜计，凡研究所得之重要结果，无不公之于人也。"①

## 四 倡议对科学发展的保障

现代科学研究离不开经费支持和实验场所、图书情报、仪器设备等物质因素，科学建制作为一种依托于现实社会、在某种意义上体现国家意志的科学运行模式，与制度安排和组织设计相适应的社会环境、政策引导、物质支撑等外在条件是这一模式得以有效运行的基本保障，这既表现为有利的社会环境和民众支持使其成为社会事业，也表现为有效的政府资助和政策引导使其成为国家事业。社会环境对科技发展具有显著影响，"吾国学术处于不利之环境者，几二千余年。其间偶有涉及含有科学性质之工作，或以方技目之，或竟以玩物讥之，不足语于学问之列。人民处此种环境之中，焉能望其发展科学乎"②。国家片面将科学作为利用厚生的生产工具注重"实用科学"忽视"纯粹科学"，"迨国家甫有秩序，急急以利用厚生为事。政府只提倡有生产之科学"③。因政府与社会提倡不力，故尽管国人注意科学 40 余年，但国内科学的发展仍然"幼稚"④。秉志引用居里夫人放弃政府颁发的奖章而希望政府能为其修建实验室的事例，说明"专家牺牲一切，而唯学问之是求，冀以此造福人群，而政府社会不知辅助，听其挣扎于困苦环境之中，是最可痛心者也"，引用政府支持巴斯德建实验室，说明巴斯德以此"展其平生之志愿。门下后起之秀，袭其余荫，早享大名。各本所长，为国家

---

① 秉志：《科学精神之影响》，载翟启慧、胡宗刚编《秉志文存》第 3 卷，北京大学出版社 2006 年版，第 145 页。
② 秉志：《科学呼声》，载翟启慧、胡宗刚编《秉志文存》第 2 卷，北京大学出版社 2006 年版，第 96 页。
③ 秉志：《科学呼声》，载翟启慧、胡宗刚编《秉志文存》第 2 卷，北京大学出版社 2006 年版，第 101 页。
④ 秉志：《科学与国内之青年》，载翟启慧、胡宗刚编《秉志文存》第 3 卷，北京大学出版社 2006 年版，第 181 页。

人民谋福利"①，呼吁政府对科学加以辅助，引掖奖励，号召社会热心人士"于国家需要科学最急之时，作至公且勇之举。牺牲自己一部分之财产，设立专门科学之研究机关"②。中华人民共和国成立后，秉志多次就提供科学发展的物质保障建言献策：建设功能健全的科学图书馆，避免因文献缺乏影响研究工作，科学文献除在京馆储存之外，亦可分散于各省，供研究者参考之用；建立规模宏大的科学技术博物院，既可供民众观览推行普及教育，又可供国内专家研究之用，为科学院、各大学、各产业部门工作提供辅助；建立规模完备的科学器材供应处，通过设立专门学校培养专业人才、设厂制造等措施，仪器设备在实现设法自造的基础上结合国内科研实际推陈出新，将科学器材由依赖国外购置和仿制的落后状况变为独立创造的先进状况，解决国内研究工作日行扩展对于仪器与药品的需要。③

## 第二节 建构中国现代生物学建制框架

西方生物学自19世纪50年代传入中国起，中国近代生物学发展早期主要以译介西方生物学著作为主，鲜有人运用现代科学方法独立开展系统研究，构建形成本土化的科学建制成为中国近现代生物学独立自主发展的关键。在这一过程中，以秉志为代表的老一辈生物学家进行了具有开拓性质的实践。

### 一 创办生物学教育机构

中国早期生物学人才尤其是本土培养的人才非常匮乏，"壬子癸丑

---

① 秉志：《科学呼声》，载翟启慧、胡宗刚编《秉志文存》第2卷，北京大学出版社2006年版，第101页。
② 秉志：《立国之二元素（续）》，载翟启慧、胡宗刚编《秉志文存》第3卷，北京大学出版社2006年版，第269页。
③ 秉志：《致全国人民代表大会常务委员会提案》，载翟启慧、胡宗刚编《秉志文存》第3卷，北京大学出版社2006年版，第300页。

学制"施行后，主要在高等师范农业专修科或博物部开展生物学高等教育，较有影响的是北京高师博物部、武昌高师博物部以及南京高师农业专修科。1920年秉志回国后，受南京高等师范学校农科主任邹秉文（1893—1985）之邀担任南京高师农业专修科教授。当时全国大学中没有一个生物系，秉志在开展教学科研的同时，于1921年同胡先骕（1894—1968）共同创建国人自办的第一个高校生物系——南京高师—东南大学生物学系，秉志任系主任兼动物学教授，胡先骕任植物学教授，由此揭开国内自办生物学系序幕。建系之初办学条件非常艰苦，秉志在中央大学生物馆的一次演讲或许反映了当时的境遇："你在大学毕了业，有人请你去做教师；或是到外国去转了一趟回来，到一个新地方去做大学教授，或竟是主持生物系，要从你手里创立起学系来。那时，你既然不愿以贩卖书本知识为满足，而学校又没有钱来为你添置很多的设备，你要不为环境所屈迫而有所工作。"[①] 因经费不足，秉志发动师生动手制作或改装设备，同时拿出自己的薪金订购必不可少的设备，根据学生情况编写了教材。生物系在秉志的带领下不为环境所屈迫而有所工作，从无到有发展十分迅速，先后培养的一大批杰出的生物学人才成为教育界和科技界的一支重要力量，成为民国期间国立高校中最有影响力的生物学教学机构之一。[②] 此外，1925年，秉志应邀到厦门大学组建生物系并担任系主任。1927年，以东南大学为基础开始组建第四中山大学（旋即改为中央大学），秉志又被召回出任生物系教授和系主任。据统计，师承秉志的学生逾千人，其中有著名原生动物学家王家楫（1898—1976）、鱼类学家伍献文（1900—1985）、两栖类动物学家张孟闻（1903—1993）、神经学家卢于道（1906—1985）等，成为新中国生物学重要研究领域的带头人。

---

[①] 秉志：《动物学之研究基础》，载翟启慧、胡宗刚编《秉志文存》第3卷，北京大学出版社2006年版，第130页。

[②] 罗桂环、李昂、付雷、徐丁丁：《中国生物学史（近现代卷）》，广西教育出版社2018年版，第167页。

## 二　创建生物学研究机构

在留学归国的前三个月,秉志为"以告国人"在《教育杂志》发表《美国韦斯特生物学研究所报告》一文,从历史、组织、政策、现在情形等方面对该所进行详细介绍,谈及"凡国家之欲强盛者,不能不恃学术也"①。1922年,秉志和胡先骕模仿韦斯特生物研究所模式,本着"(一)希望在生物学上有所贡献,能为人民利用厚生之助,使民生问题有所解决,人民能知利用国内之天产,关于衣食居行皆可以有改进之机会;(二)希望提倡科学之研究精神,使国内无上无下、无男无女,皆有实事求是、埋头苦干、坚决奋斗、脚踏实地,摒弃偷惰委靡之恶习,并希望以此号召国内所有科学界同人,皆各就其所专门者,相率前进,共在科学上有所贡献,使科学在国内,日有进步;(三)希望以科学之研究,为国家在国际竞荣争光,使世界科学同人,见中国人在科学上奋斗,时时有贡献,皆另眼看待,不敢轻视,俾国家地位因此抬高。换言之,即是以研究科学,为国家争取扬眉吐气"②的目的,在南京创办中国科学社生物研究所。中国科学社生物研究所是中国第一个生物学研究机构,也被认为是中国第一个纯粹科研机构。③ 生物研究所内设动物和植物两部,秉志出任所长兼动物部主任,胡先骕担任植物部主任,该所的主要研究人员先后有生物学家张春霖、陈焕镛、方炳文、张孟闻、刘子刚、王家楫、张景钺、钱崇澍、伍献文、陈桢、戴芳澜、何锡瑞、郑集等。中国科学社生物研究所在生物学研究和出版物、培养生物学人才、扶翼其他生物学研究机构、普及现代生物科学知识等方面做

---

① 秉志:《美国韦斯特生物学研究所报告》,《教育杂志》1920年第7期。
② 秉志:《被日寇摧毁的科学事业之一》,载翟启慧、胡宗刚编《秉志文存》第3卷,北京大学出版社2006年版,第295页。
③ 张剑:《从"科学救国"到"科学建国"的践行者——中国科学社对中国近代科学发展的三大贡献》,《自然辩证法通讯》2016年第3期。

出了众多开创性成就。1928年,为加强北方动植物研究,秉志等在北京成立国内第二个生物学研究机构北平静生生物调查所,秉志任所长兼动物部主任,"静生生物调查所,创始迄今,不过两年,而其成绩,已焕然可观"①。

### 三 创立动物学学术团体

1929年,秉志在写给刘咸的信中谈道,近来中国科学社生物研究所中人员一二年中赴欧美者当不少,"五年后归来者多可以分工从事,届时可有中国动物学会之出现"②。随着动物学研究的兴起与繁荣,正如秉志所言,中国动物学会于五年后应运而生。1934年秉志等30人联名发出"征求会员启",为通过"广友多闻,集思增益"避免"独学而无侣,则闻见所囿,进脩有偏"③,希望动物学者参与中国动物学会。同年8月,30余名代表在江西庐山召开会议,制定并通过中国动物学会章程,确定了"联络国内习动物学者,共谋各种动物学知识之促进与普及"的宗旨,由此宣告中国动物学会诞生,秉志被推举为中国动物学会第一届理事会会长,负责学会具体会务和规划未来发展。学会成立后,秉志受聘同时担任国立编译馆动物发生学和比较解剖学两个名词审查委员会主任委员,与中国动物学会会员一道进行名词审查,至1935年审定动物发生学名词1750条,至1937年审定比较解剖学名词5462条。中国动物学会在学术年会上宣读的论文均有相当数量,尤其在第四届年会宣读论文156篇,突破中华人民共和国成立前国内任何学会的纪录。1934年,中华海产生物学会整体并归中国动物学会,后定名为

---

① 秉志:《国内生物科学(分类学)近年来之进展》,载翟启慧、胡宗刚编《秉志文存》第3卷,北京大学出版社2006年版,第130页。

② 秉志:《致刘咸(五通)》,载翟启慧、胡宗刚编《秉志文存》第3卷,北京大学出版社2006年版,第423页。

③ 《中国动物学会征求会员启》,《国风》1934年第9期。

"青岛海滨生物研究所",实现了秉志早在 1923 年提出的设立海滨生物实验所的倡想。①

## 四 创刊生物学学术期刊

中国科学社生物所成立后,为提倡生物学研究、传播研究成果,1925 年秉志主导创办《中国科学社生物研究所丛刊》(China's Earliest Modern Biology Journal Was Published by Biological Laboratory of Science Society of China)。该刊不仅是国内最早发表外文研究论文的生物学期刊,也是中国近代最早的生物学学术期刊。② 为适应当时英文作为世界科学界主流语言的情况,秉志将英文定为《丛刊》正文,对帮助国外生物学界了解中国生物学研究进展起到很好作用。北平静生生物调查所成立后的第二年,秉志主导创办《静生生物调查所汇报》(Bulletin of Fan Memorial Institute of Biology)。《汇报》是中国近代最著名的生物学期刊之一,与《丛刊》一样为英文刊并附以中文摘要,为包括静生所研究人员在内的生物学家开辟了新的成果发表媒介。《丛刊》和《汇报》是动植物学兼登的综合性期刊,当时国内出现的其他一些刊载动物学论文的学术杂志也都是这种情况。中国动物学会成立后,即着手创办一份"专载关于动物学各方面有价值之研究论文"的杂志。中国动物学会于 1934 年选举产生《中国动物学杂志》编辑会,推举秉志任《中国动物学杂志》总编辑,1935 年正式创刊。《中国动物学杂志》创刊后受到战乱影响加之经费短缺,15 年中仅出版 4 卷,每卷 1 期。1957 年,秉志在担任中国动物学会理事长期间,本着"(一)推进动物学的研究工作;(二)帮助动物学教师在日常讲课中获取新的参考资料;

---

① 秉志:《倡设海滨生物实验所说》,载翟启慧、胡宗刚编《秉志文存》第 3 卷,北京大学出版社 2006 年版,第 49—51 页。

② 徐文梅:《中国近代最早的生物学学术期刊——〈中国科学社生物研究所丛刊〉》,《中国科技期刊研究》2009 年第 5 期。

(三)便利国内习动物学的青年得到进修的指导与所宜闻的事实与理论"①的办刊宗旨支持创办《动物学杂志》，与《中国动物学杂志》更名后的《动物学报》相辅并行。

中国近代生物学建制化的奠基，如果以秉志于1921年创设的中国第一个生物学系和他1922年兴办的中国第一个生物学研究机构为标志，②那么到今天已有百年历史。秉志晚年回忆："刚刚懂得人事的时候，就是甲午那一年，我国被日本帝国主义打败，受到割地赔款的痛苦，国家在世界上的地位一落千丈。"③后入京师大学堂学习切身感受到国家所处的危难境遇，在意识到科学是格物致知、强国富民之利器后遂专心学习科学。"留美十余年，对祖国的委靡不振，受列强逼凌，国家岌岌不保，忧惕愤激，最为痛苦。"④归国后，面对"国家紊乱、贫苦极端不堪之环境，又遭最大之外患，彼辈思以科学救国，不顾一切困难，冥心孤往，以为今日国家建设之裨助。一般人或未能见到此中关系，了解此种苦心"⑤。

回首百年，中国科技实力伴随经济社会发展同步壮大，成为具有重要国际影响力的科技创新大国并正向着世界科技强国迈进，与此相适应中国科学建制化的构架体系和运行机制也在继承发展的基础上日趋完备。在这一过程中，秉志等老一辈科学家开拓中国生物学早期建制所结硕果也发生了变化：南京高师生物系经多次院系调整花开两朵，发展为

---

① 秉志：《〈动物学杂志〉发刊词》，载翟启慧、胡宗刚编《秉志文存》第3卷，北京大学出版社2006年版，第316页。
② 张致一、宋振能、薛攀皋：《中国科学院生物学四十年》，《中国科学院院刊》1989年第3期。
③ 秉志：《国庆感言》，载翟启慧、胡宗刚编《秉志文存》第3卷，北京大学出版社2006年版，第347页。
④ 秉志：《自传》，载翟启慧、胡宗刚编《秉志文存》第3卷，北京大学出版社2006年版，第305页。
⑤ 秉志：《祖国发展动物学的前瞻》，载翟启慧、胡宗刚编《秉志文存》第3卷，北京大学出版社2006年版，第324页。

南京大学生命科学学院和东南大学生命科学与技术学院，2021年建系百年之际两院分别为秉志立像；北平静生生物调查所、中国科学社生物研究所先后于1950年、1954年并归中国科学院，成为中国科学院动物研究所的重要组成部分；中国动物学会经过近90年发展，会员人数由最初的50余人发展至17000余人，成为国家发展动物科学事业的重要力量；《中国科学社生物研究所丛刊》《静生生物调查所汇报》先后于1942年、1949年停刊，《中国动物学杂志》更名为《动物学报》延续至今；1950年，从秉志最初倡议到最终促成历时11年之久的青岛海滨生物研究所与青岛水族馆合并，组建新中国第一个海产生物学研究机构，后扩大建制为中国科学院海洋研究所。

跨越百年，聚焦科学技术与社会协调发展的研究范式日益兴起，科学建制化理论不断横向扩展纵向深化。总体来看，秉志的科学建制思想是在近代科学传入中国不久，科学建制本土化尚未形成的背景下，秉志受科学救国思潮和海外留学经历影响，以实现科学与社会协调发展为目的，以建构相应的规范框架和价值理念为路径，以设计科学的教育机构、研究机构、学术团体、学术刊物等为主的组织体系为核心，以科学救国为最终归旨而进行的科学建制本土化致思。受时代性和个体思想局限性影响，这一思想难免有局限和欠缺，难能可贵的是，秉志能在科学建制化理论系统传入中国之前结合国情进行理论上的思考阐释，能克服国家局势内忧外患、科学发展举步维艰的不利环境勇于实践并做出开拓性的贡献。作为一种认识的科学建制思想会随着思考的深入和理论的完善不断深化，作为一种制度安排和实体呈现的科学建制进程会随着科学功能的凸显和经济社会的发展更迭完善，但以秉志为代表的老一辈科学家，在这一过程中所彰显的"神行兼备"的精神气质（见图5.1），却是走好中国科学建制化未来之路不应被忘却的精神财富。

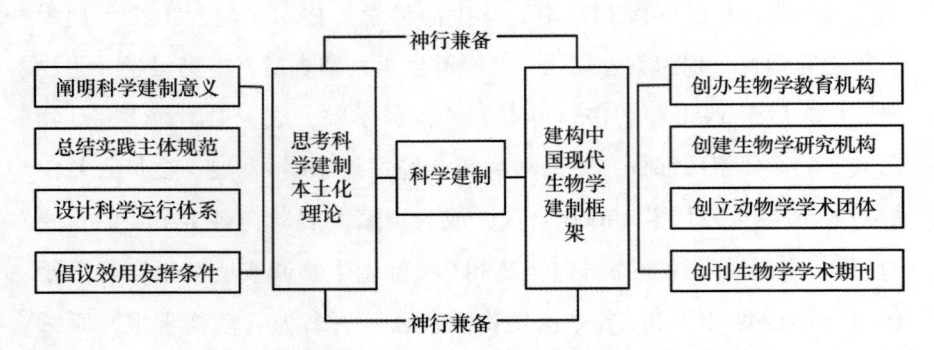

图 5.1　秉志科学建制化思想内涵与实践经历示意图

# 第六章　秉志科学家精神思想理论特质审思

通过以上分析，本书对秉志科学家精神思想的生成语境、发展演进、内涵阐释进行了较为系统的阐述，并以秉志对科学建制化的思考以及对中国现代生物学建制化的实践开拓为案例进行了考察。本章拟在此基础上对秉志科学家精神的总体特征、相关概念比较、现实价值进行再思考。

## 第一节　总体特征

### 一　建构趋向：实证精神指导下的结构功能主义进境

（一）实证精神认识论基础

"实证"（positive）一词最早由法国空想社会主义者圣西门提出，19世纪前期圣西门的秘书孔德为了表示他的哲学是依据近代实证科学为基础的一种"科学的"哲学，将自己的哲学命名为"实证哲学"，以孔德、穆勒、斯宾塞等为代表的第一代实证哲学家最先较为系统地建构了实证哲学理论体系。"实证精神"作为实证哲学的核心，孔德认为"实证精神"即是为了预测而观察，根据自然规律不变的普遍信条，研究现状以便推断未来。实证哲学思想经过发展逐步演进成为实证主义思潮扩展到欧美和其他许多地区，形成了美国实用主义、新实在论等诸多流派，大都在实证主义反对形而上学框架下又有了新的发展。大致同一时期，中国在引介西方实证哲学时也形成一股实证主义思潮，而且西方实证主义发展各个阶段几乎在中国一一得到再现。尤其是近代启蒙思想家严复在接受西方实证哲学核心论域的基础上，基于中华传统文化浸染和救国图强的启蒙任务，进一步扩大了西方实证主义在中国的社会影响力，涌现出一批借实证主义观念改造中华传统文化的学者。

秉志的科学观和认识论明显受到实证精神传统的影响。对此有几点理由，第一，秉志无论在学术研究还是思想认识方面受实证精神影响颇多，在著作中多次对孔德、赫胥黎、斯宾塞等进行引介，例如认为"斯宾塞虽以哲学方法著书立论，然而专在实验室里就实物考查研究的人，却可由书而启发，求得原理与结论，所以不为无功"[1]。第二，秉志生前立下遗嘱，要求去世后将所藏书籍捐赠，在捐赠目录中有 *Method and Results*（《方法与结果》1987），*A System of Logic*（《穆勒名学》1932）等实证主义著作。第三，尽管秉志未就实证主义进行专门理论阐述，但在其著作中多次用到"实证"一词，例如在其著作中认为"近世之机能学派以生物学无非理化之实证者（applied physics and chemistry）"[2]，"其中所指出之可能，一时虽缺乏实证，而以合乎逻辑之故，其后卒有事实发现，证明其预言之准确"[3] 等，由此可见秉志对实证主义抑或说实证精神的认同和了解。

在实证精神认识论影响下，秉志认为科学是关于自然实在的有条理、有系统的实证知识，"科学所治者，皆系自然界之现象，既极真实而毫无虚幻。其方法首重观察，所得之事实，乃由直接观察而来。习之

---

[1] 秉志：《动物学研究之基础》，载翟启慧、胡宗刚编《秉志文存》第3卷，北京大学出版社2006年版，第128页。

[2] 秉志：《杜里舒生机哲学论》，载翟启慧、胡宗刚编《秉志文存》第3卷，北京大学出版社2006年版，第56页。

[3] 秉志：《达尔文〈物种由来〉的一世纪》，载翟启慧、胡宗刚编《秉志文存》第3卷，北京大学出版社2006年版，第336页。

## 第六章 秉志科学家精神思想理论特质审思

者恒觉其确凿可据。而自然之现象，无奇不有，变化百出。新奇可喜之事物，常接触于心目之间。其足以激动人之欣赏者，乃属无穷。人类皆有好奇之心理，自非白痴极愚、心思颓惰之人未有不因之而感发兴趣者。故科学者，与一切涉乎空虚之学问，不可同日而语也"①。基于此，"科学以发见真理为唯一目的"②，科学目标规定了以观察、实验、比较、分类、演绎、证实为主要内容的科学方法的实证性，进而规定了科学规范的大致内容，即科学目标以及科学方法共同规定了科学规范。通过前文论述可以发现，秉志的科学方法论中重视经验原则和逻辑原则，在对西方形式逻辑的认识中又以归纳为重，这些思想认识已然显现出他的实证主义思想传统。科学发现真理的目标决定了作为科学实践主体的科学家为实现这一特定目标所需要的研究范式和精神气质，事实上，秉志科学家精神思想正是基于实证主义传统，通过对科学家精神气质的倡导和规范，保证科学家在科学实践过程中认识真理性知识、研究真理性知识、应用真理性知识系列过程的有效展开。

具体而言，第一，科学作为一种知识体系通常而言是价值无涉的，"科学以求真理为唯一之目的，所研究之问题，几经困难，得有结果，是即是，非即非，不能稍有虚饰之词。对于各种学理，各种事实，反复推求，得是乃止，毫不容参加意气，尤不容作伪矫强，自欺欺人"③。科学家需要以"诚"为核心，在公而忘私、忠于所事、信实不欺的"科学之精神"指导下把握客观真理，对待科学的所言、所为、所得均需要符合科学求真理的目的要求，"盖科学之工作，以求真理为唯一之目的。故科学家之所言，最重信实无欺。科学家之所为，最重精诚无二。而对于所心得者，尤重公之于世，不容严守秘密。故公、忠、信三

---

① 秉志：《科学呼声》，载翟启慧、胡宗刚编《秉志文存》第2卷，北京大学出版社2006年版，第60—61页。
② 秉志：《科学与国力》，载翟启慧、胡宗刚编《秉志文存》第3卷，北京大学出版社2006年版，第104页。
③ 秉志：《科学精神之影响》，载翟启慧、胡宗刚编《秉志文存》第3卷，北京大学出版社2006年版，第145页。

者为治科学者所不可无"①。第二，科学作为一项研究活动不能自发运行，科学真理性知识不会自发呈现，需要通过科学家的具体科学实践获得，科研实践活动是一项长期事业，在这一过程中科学家需要以"久"为核心，秉持勤苦奋励、持久不懈的"科学之态度"，在科学研究过程中既勤又久地寻求客观真理，"科学之为物，乃最'忠实'者。所谓'忠实'者何？即研究此学之人，不肯勤苦努力，则此学之真诠，绝不能偶然侥幸而获之也。世界各国之著名科学家，未有不勤勉所学，朝于此，夕于此，穷年矻矻，而能产出惊人之贡献者"②。因此"科学专家，从事研究，必终身不懈，方能有所成就"，"'勤'与'久'二者系学者应有之态度，与其所以努力，以图所学之精能"③。第三，尽管科学作为一种客观知识通常而言是价值无涉的，但是作为一种社会建制承载和负荷了价值观念和伦理道德，科学家在科学实践尤其是科学应用过程中需要处理好科学技术与社会、科学求真与技术向善的关系，坚守以"仁"为核心的"科学之道德"，通过科学向技术的转化实现客观真理的有效应用。"科学之目的，首在研究真理。其影响所及，使治此学者，皆有高尚纯洁之道德。而功效所至，可以利用厚生。"④因此"科学家所必须有者，为仁爱之心。治科学者若缺乏此道德，势必流于奸欺病物之人"⑤，"今日研究科学之同人，皆当努力发展真科学家之精神，有光明仁爱之心术，力矫科学败类之所为，为世界和平奋斗"⑥。可见，秉

---

① 秉志：《师鉴》，载翟启慧、胡宗刚编《秉志文存》第2卷，北京大学出版社2006年版，第237页。
② 秉志：《科学精神之影响》，载翟启慧、胡宗刚编《秉志文存》第3卷，北京大学出版社2006年版，第146页。
③ 秉志：《科学呼声》，载翟启慧、胡宗刚编《秉志文存》第2卷，北京大学出版社2006年版，第87页。
④ 秉志：《立国之二元素（续）》，载翟启慧、胡宗刚编《秉志文存》第3卷，北京大学出版社2006年版，第269页。
⑤ 秉志：《科学呼声》，载翟启慧、胡宗刚编《秉志文存》第2卷，北京大学出版社2006年版，第87页。
⑥ 秉志：《科学与世界和平》，载翟启慧、胡宗刚编《秉志文存》第3卷，北京大学出版社2006年版，第361页。

## 第六章　秉志科学家精神思想理论特质审思

志基于实证主义认识论传统提出的科学家精神的六条内涵，共同对科学家精神气质和科学实践进行规范，为认知客观真理、研究客观真理和应用客观真理提供了充分根据。

### (二) 结构功能主义逻辑发展趋向

按照结构功能主义观点，社会作为一个有机整体由各种社会制度组成。一种社会制度存在的依据在于能够满足社会赋予的某种基本功能，为了实现某种功能，每种社会制度也必须具有特定的社会规范结构和价值体系。在实证主义初创时期，构建社会结构概念主要通过嫁接移植生物学原理，例如孔德、斯宾塞等人关于社会结构的观点都体现出这一认知方式。孔德相信通过扩充人类博爱倾向可以帮助人类达到和谐和具有秩序的境地，体现出借助整体与部分的关系，通过串联博爱、人性和秩序建构社会结构体系趋向。斯宾塞提出社会宏观结构的复杂性、差异性和总体规模问题，在对结构和功能进行区分的同时将功能需求概念引入其中，尝试通过需求为社会组织的存在进行合理性解释。

秉志作为一名生物学家，在接触和认同通过嫁接移植生物学原理的结构功能主义早期观点方面具有"天然优势"。受斯宾塞等人的社会有机体学说直接影响，秉志认为"本生物学之理，以缔造社会学者，为斯宾塞尔氏，绝世之思想家也"[1]。受生物学影响，斯宾塞关于人群进化的论述以生物进化原理为背景，将社会作为一个有机生物，社会发达是有机体有生命的发达，言语、文化、政治等方面的变迁均是这一有机体的演进，其间不仅存在一定秩序而且各种秩序功能之间不能混淆。[2] 基于结构功能主义立场，秉志较早认识到科学抑或说某一具体科学门类的社会功能，早在1915年发表的《生物学概论》中，谈到"实业教育为国命脉，而其得生物学之助，如此其巨。故曰，无生物学则不国，识者

---

[1] 秉志：《生物学与社会学之关系》，载翟启慧、胡宗刚编《秉志文存》第3卷，北京大学出版社2006年版，第31页。

[2] 秉志：《生物学与大学教育》，载翟启慧、胡宗刚编《秉志文存》第3卷，北京大学出版社2006年版，第71页。

当不以此言为过也"①，这里秉志已经认识到作为一门纯粹科学的生物学对于实业、教育等具有重要功用。"所谓兴科学者，即吾国今日之国防，不能不诉诸学术，当尽力提倡之也。有所谓纯粹科学者，有所谓实用科学者，前者为后者之根基，后者为前者之效用。科学发展之国家，人民富，社会宁，国力膨胀，兵力雄厚，自不待言。科学为巩固国基，发展民族之要术，欲谋国家之生存，不能舍此而他骛，而国难频仍，危亡在即者，尤当力讲此术，以济燃眉。"②

受结构功能主义影响，秉志以发展科学显现科学功能、发挥科学功能实现科学救国和科学立国为目标，将建构科学家与发展科学相契合的精神框架视为实现这一目标的基本规范，并建构形成科学家精神理论体系，认为"以前的人学科学，完全为好奇求学问为真理，任个人的兴趣而研究，对于国家社会的情形，毫不过问，但现在的科学家便不同了，不论中外凡治科学者，皆与社会发生关系。研究科学的目的，不一定对于社会有用，但是只要得到真理，都可以应用于社会，增进人类的智慧"③。秉志的思想体现出一条主线，从科学求真理的目标出发，分析科学家在认知科学、研究科学、利用科学中应有的精神气质和价值规范，这些内容构成秉志科学家精神思想的核心内容。在秉志的语境中，作为一种社会制度，"科学之目的，首在研究真理。其影响所及，使治此学者，皆有高尚纯洁之道德。而功效所至，可以利用厚生"④。基于此需要聚焦科学家主体建构一种价值规范框架保证和促进该目标的实现，而是否具有这一精神气质则是区分"真正科学家"与"伪科学家"的标准，"为求真理而研究学问，与为虚名而求学问，其兴趣至不同也；

---

① 秉志：《生物学概论》，载翟启慧、胡宗刚编《秉志文存》第 3 卷，北京大学出版社 2006 年版，第 1 页。

② 秉志：《关于国防之三点》，载翟启慧、胡宗刚编《秉志文存》第 3 卷，北京大学出版社 2006 年版，第 154 页。

③ 秉志：《科学家对于社会的责任》，《科学世界》1937 年第 7 期。

④ 秉志：《立国之二元素（续）》，载翟启慧、胡宗刚编《秉志文存》第 3 卷，北京大学出版社 2006 年版，第 269 页。

## 第六章 秉志科学家精神思想理论特质审思

为造福人类而求学问，与为富贵利达而求学问，其目的至不同也。兴趣目的之不同，故学人之精神遂分道而驰。一则终身以有，有朝闻道可以夕死之志，一则恃所学者为敲门砖，得其所欲，即中道而废"①。

通过以上分析，可以大致勾勒出秉志在实证精神指导下，基于结构功能主义发展逻辑提出的科学家精神思想的建构趋向（见图 6.1）：科学作为一组立体概念具有多种"相形"，可以从知识体系、研究活动、社会建制三个层面展开。基于实证精神立场，聚焦科学家在科学实践中的主体性作用，秉志致力于构建一种科学家有效认识、研究、应用客观真理的价值规范框架，该框架以"德"为核心，统摄以"诚"为核心的"科学之精神"、以"久"为核心的"科学之态度"、以"仁"为核心的"科学之道德"，呼吁科学家通过公而忘私、忠于所事、信实不欺的"科学之精神"有效认知科学、把握客观真理，通过勤苦奋励、持久不懈的"科学之态度"开展科学研究、发现客观真理，通过仁爱之心的"科学之道德"实现科学有效利用、应用客观真理，通过弘扬统摄"科学之精神""科学之态度""科学之道德"的"应然性"精神气质，克服科学事业面临的"实然性"困境，实现科学救国和科学立国归旨。

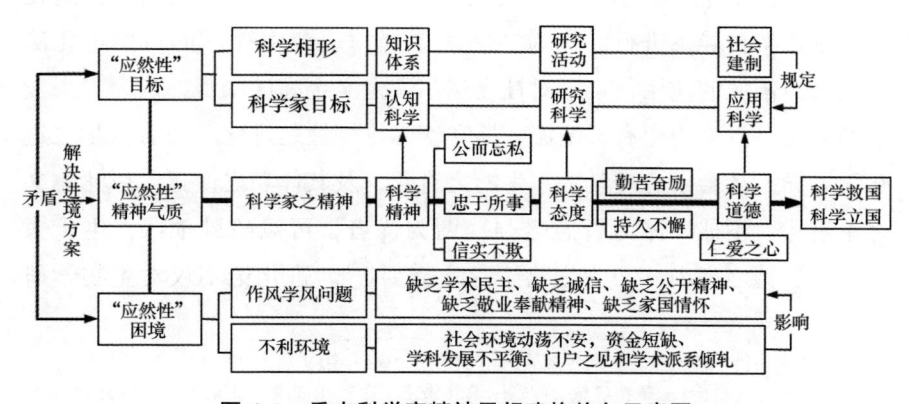

**图 6.1 秉志科学家精神思想建构趋向示意图**

---

① 骥千：《科举与科学》，《申报》1939 年 7 月 5 日第 2 版。

事实上，引导科学家有效认知科学、研究科学、应用科学，不仅是秉志个人的呼吁也是共同体内部长期以来的努力方向，例如中国科学社成立三十周年之际发表宣言，呼吁"（一）吾人承认科学为智能权力之泉源，为建设现代国家，必须全力以赴。（二）吾人承认科学在我国特别落后，为求与先进诸国并驾齐驱，必须以人一己百，人十己千之精神进行。（三）吾人承认凡世界文明人类皆有增加人类智识产量之义务，因此，吾人对于科学必须有独立之贡献。（四）吾人坚信科学系为人类谋福利和快乐而非为侵略残杀之工具，因此对于科学之应用，必须严定善恶之标准"①，而以上四点呼吁也正是聚焦科学家有效认知、研究和应用科学，以此实现发展科学建设现代国家、增加人类智识促进科技向善的目的。

## 二 理论倾向：专业借鉴、人文渗透、哲学观照

### （一）秉志科学家精神思想的生物学借鉴

作为一名动物学家，秉志在专业研究方面毕生服膺进化论思想，早年赴美留学选择学习动物学即是源于对进化论理论的认同，"留美十一年，初在康乃尔大学，因凤日喜读进化论等著作，我深好之，乃专习生物学，尤集中于动物学"②。晚年开展鲤鱼实验形态学研究依然在进化论理论框架指导下进行，作为"物竞天择、适者生存"的自然进化法则在社会领域的应用，秉志对社会达尔文主义也高度服膺，认为"天演之学大昌，哲学中遂有天演派。斯宾塞尔论德性之进化，与有生物之进化无以异。社会学心理学皆本生物之进化，及其体功之变迁，以达尔文之论进化，不徒以体力智慧之强，谓为优者，可以战胜他族，生于大地。而道德之高尚，乃为生物生存之需要"③。进化论不仅对生物学研

---

① 《中国科学社成立三十周年宣言》，《科学》1944年第9期。
② 秉志：《自传》，载翟启慧、胡宗刚编《秉志文存》第3卷，北京大学出版社2006年版，第304页。
③ 秉志：《自然学之价值与方法》，载翟启慧、胡宗刚编《秉志文存》第3卷，北京大学出版社2006年版，第37页。

## 第六章 秉志科学家精神思想理论特质审思

究产生重要影响,甚至对各门社会科学产生了影响,"马克思诸人之著作皆富于进化之意义,与之先后辉耀,互相发明。今日研究各门社会科学,如政治、法律、经济、教育、心理、哲学、历史等学,无不根据进化学理,以求深造。社会发展之历史,及后不断之演进,不能外乎达氏之学说"①。

秉志科学家精神思想明显受到进化论和社会达尔文主义影响,呈现出通过动物进化考察人的进化,通过人的进化考察道德进化,进而聚焦科学家主体建构以"德"为核心的价值规范和精神框架的认识论趋向,秉志认为进化论法则不仅适用于自然领域,同样适用于人类社会,但是进化法则的核心要义并非强调"物竞天择,适者生存"导致的竞争残酷性,而是以道德为归旨,"进化论之归宿,以道德之发展为生物生存所必需"②。无论是达尔文在写就《物种起源》之后,为避免世人对进化论残酷性的误解所著的《人类的起源与性的选择》(The Descent of Man and Selection in Relation to Sex),还是克鲁泡特金(Kropotkin P. A.)的《互助论》(Mutual Aid: A Factor of Evolution),均强调互助合作、为群牺牲的精神,"达尔文《原人》(The Descent of Man)一书,申论道德之进化。谓一种生物,在其群中,有强挚之同情,互相协助,又有勇敢之精神,为群牺牲,其群必能胜他群,其种嗣必蕃盛。克洛包梯金氏(Kropotkin)所著之《互助论》,亦不外此意。竞争之时,同种以合作为贵,必如是而始可以免于淘汰"③。《人类的由来》详论道德进化,认为人类进化会导致道德发达,尤其是形成同情(sympathy)、勇敢(bravery)、为群牺牲之精神(sacrificing spirit for the community),在秉

---

① 秉志:《祖国发展动物学的前瞻》,载翟启慧、胡宗刚编《秉志文存》第3卷,北京大学出版社2006年版,第319页。
② 秉志:《生命之途径》,载翟启慧、胡宗刚编《秉志文存》第3卷,北京大学出版社2006年版,第274页。
③ 秉志:《科学呼声》,载翟启慧、胡宗刚编《秉志文存》第2卷,北京大学出版社2006年版,第90页。

志的语境中,"所谓同情者,仁也;勇敢者,勇也;为群牺牲者,忠也。仁、勇与忠,为进化最高之三要素。生物群中有此三者之分子,若居多数,其群必昌,其种嗣必蕃,必能远驾乎他群。人类亦莫不如是"①。同时,公而忘私是人类社会存在和演进的保障,"人是有思想之动物,自人类出现于大地,每以未得认识进化之正轨,而犯严重之错误,自受其害。历史上之流血惨剧,皆人类自私之心理冲动所造成"②。秉志将公、忠、仁等概念也纳入科学家精神概念范畴,呼吁科学家公而忘私、富有同情心、敢于为群牺牲,由此可见生物学尤其是进化论和社会达尔文主义对秉志构建科学家精神思想内涵的影响。

(二) 秉志科学家精神概念的中国话语表达

五四运动时期,国人因国家衰弱、受人凌侮无可如何,文化自信受到严重打击,对传统文化轻视蔑弃,片面将中国的落后归因于中华传统文化,造成中华优秀传统文化流失和民族虚无主义泛滥。客观、与时俱进地对中华传统文化中的精华和糟粕进行区分,摒弃糟粕是必要和必须的,但将中华传统文化完全视为糟粕而忽略其中的精华则绝非理性。秉志具有深厚的国学修养,高度服膺以儒家思想为核心的中华传统文化,早年跟随深受儒家思想影响、折服曾国藩的父亲翟海林系统接受传统国学启蒙教育,从新式学堂河南大学堂肄业后进入京师大学堂,依旧接受四书五经等儒家经典著作学习教育。秉志将以孔子思想为代表的儒家思想总结为十大特色,"博爱、克己、崇恕、重信、尚勇,以为为人之根基;正名、执中、事人、益知、达变,以为求学处世之规臬"。认为孔子思想反映的精神与科学最相近,"孔子之诲子路曰:'知之为知之,不知为不知,是知也。'是科学求是之精神也。告子张曰:'多闻阙疑,慎言其余。'是哲学家阙疑之精神也。'温故而知新''告诸往而知来',

---

① 秉志:《生命之途径》,载翟启慧、胡宗刚编《秉志文存》第 3 卷,北京大学出版社 2006 年版,第 274 页。

② 秉志:《祖国发展动物学的前瞻》,载翟启慧、胡宗刚编《秉志文存》第 3 卷,北京大学出版社 2006 年版,第 320 页。

是科学家、哲学家由已知而求未知之精神也"。① 认为儒家文化有三点优势：一是注重德育，"吾国先圣之教人，智育固极重要矣，而于德育，尤加之意。故学问为人生所利赖，而道德尤其视为人群之生命"；二是学行并进，"言论必征诸实际，思想必见诸行为。所谓学与行并进者也"；三是以身作则，"先师唯以修身立品，整躬率物为教，人民受其熏陶者，亦相率而为尚德重义之人，非徒以知识相夸也"。而"西洋各国之哲人，讲学只以致知为先，而诚心修齐之功，未能见诸躬行实践者所可同日而语哉"。②

秉志在美国留学十一年，其间深受美国文化熏陶，但事实上秉志并没有因为异域文化的影响而摒弃本土文化，例如，1946年陈衡哲（1890—1976）女士在《美国文化在中国》中谈及"美国某方面要到上海来设立一个文化中心，以为介绍美国文化之用"，对此秉志在肯定不同文化交流借鉴重要性的同时，"窃以为欲吸收他人之文化，吾国人要宜自奋自励，力争上流而后可"。③ 秉志不仅将以儒家思想为核心的中华传统文化作为修身之本，而且将中国传统训诫作为齐家之要，抗日战争期间秉志写有《训子女书》四篇，从"居家""求学""处事""报国"四个方面训导子女，后集结成册，秉志在序言中写道："天下之贤父母，未有不思所以教训其子女，使有以自立，能为国家效用者。天下之贤子女，亦未有不富于正大之思想，对于父母义方之训，虚心接受，敦品励行，以期有所建立于世者。就吾记忆所及、如马伏波之戒子侄书、颜之推之家训、朱文正公之家训、朱柏庐之治家格言、张文和之家训，等等，皆勉后生遵循正轨，勿坠家声，并冀有益于世教。近世郑板桥、曾文正公之家书，亦皆青年所宜拳拳服膺，身体力行者。吾今之著

---

① 秉志：《师鉴》，载翟启慧、胡宗刚编《秉志文存》第2卷，北京大学出版社2006年版，第217页。
② 秉志：《师鉴》，载翟启慧、胡宗刚编《秉志文存》第2卷，北京大学出版社2006年版，第205页。
③ 秉志：《读"美国文化在中国"感言》，《大公报》1946年6月9日第2版。

此册，亦不外此意。吾家子女其洞悉吾之用心、各思自勉乎。"①

聚焦本书，秉志科学家精神思想无论是理论借鉴还是语言表述，均带有典型中华传统文化色彩。秉志将科学家精神思想中的规范内涵"公而忘私""忠于所事""信实不欺""仁爱之心"分别予以阐释："公而忘私"体现了克己、执中，"人心易为私欲所蔽，故以克己为仁之功，倘孔子之教普遍于大地，世界才知出众之人，皆能从事于克己之功夫，今日举世之人类，何至受此旷古未有之荼毒哉"；"忠于所事"体现了尚勇、事人、正名，"孔子四教，除文、行二者之外，复加以忠与信。忠字之精神，与信字不可离，未有信而不忠者，换言之，即此二字皆是科学之精神也"；"信实不欺"体现了重信、达变、益知，"言与治科学之精神，最相吻合。盖科学悉以信为主，是者不得谓非，非者不得强以为是，所谓求真理也。故不容有虚伪假冒之心"；"仁爱之心"体现了博爱、崇恕，"孔子之教弟子，所最重要者，曰仁。仁爱之精神，灌输于中国社会。唯其如是，所以立国长久也"。"勤苦奋励""持久不懈"的精神则在《中庸》中得以体现，认为《中庸》不仅包括了人类进化之意义、遗传因子之不齐、合群保种之要道、科学方法之前影等内容，而且体现了"勤苦奋励""持久不懈"。因此秉志得出结论："然公、忠、信、勤、久五者，在吾国本系固有之物。先哲明训，此提命于吾人者，古籍之中，几于无处不有。在先哲固未特以此为科学之精神，欲教人人研究科学而然也。"② 由此可见秉志科学家精神思想对以儒家思想为核心的中华传统文化的理论借鉴和概念阐述中的中国话语体系表达。

（三）秉志科学家精神思想的哲学关照

秉志本身是一位职业科学家而不是一位专业哲学家，但是秉志有着

---

① 秉志：《训子女书》，载翟启慧、胡宗刚编《秉志文存》第3卷，北京大学出版社2006年版，第240页。
② 秉志：《科学精神之影响》，载翟启慧、胡宗刚编《秉志文存》第3卷，北京大学出版社2006年版，第147页。

## 第六章 秉志科学家精神思想理论特质审思

深厚的哲学素养和理论功底。仅就其捐赠外文书籍而言，除却专业书籍，还涉及 Science and Christian Traditon（《科学与基督教传统》1897），Science and Hebrew Tradition（《科学与希伯来传统》1897），The Cambridge Natural History（《剑桥自然历史》1910），The Development of the Sciences（《科学发展史》1923）等科学史书籍，The Works of Francis Bacon（《培根著作集》1884），Darwiniana（《达尔文主义》1895），Hume with Helps to the Study of Berkeley（《休谟辅之以对贝克莱研究》1897），Essays in Philosophical Biology（《哲学生物学论文》1939）等哲学书籍。秉志认为科学与哲学本身有着密切关系，科学系由哲学发展而出自成为一种学问。就中西方哲学比较而言，"西洋上古之时，最重要之学问，唯哲学而已。西洋如是，吾国亦然。两三千年以前，吾国文化虽已甚形发展，远非西洋各国仍在草昧时期者所能比拟，而以为时尚早，学术之发达究不能如近世之完备，故所谓学问大概亦偏于哲学之性质而已。唯既有此根基，近世所有各种学术，悉可由此发展而出矣。吾国先圣讲学，道德与知识并重，亦犹西洋诸先哲之讲学，一面在人身研究敦品饬行之方，一面于环境上研求一切应有与可得之知识，希腊学者皆其前例，就中如苏格拉底、柏拉图等，其尤著者也。就西洋上古学术之发达史观之，大略与吾国相似之处正不少也"①。针对西方哲学家对于东方哲学缺乏精密系统的批判，秉志认为，"西洋哲学家谓东方之哲学，缺乏精密之系统，即以东汉以后专门之著述日少，学者所贻留者文集而已，此等著述固无系统之可言也。集录之著作日盛，哲学及一切学术之著作亦愈微，有系统之学术遂行搁浅。何也？为研究学问者未能以其心得著成专书，将其方法系统详明陈述，与当世学者，作严密之讨论，以求精义之愈明。俾后人读其书，研究同样之问题者，即其结果寻求所循之轨道，误者纠之，疏者密之，缺者补之，粗者精之，浅者深之，学术

---

① 秉志：《师鉴》，载翟启慧、胡宗刚编《秉志文存》第 2 卷，北京大学出版社 2006 年版，第 224 页。

之进步，可获不少之助力也"①。"故西洋哲学家，每讥吾国之所谓哲学，缺乏透彻之系统。今就吾国昔贤，若考亭阳明诸大儒之著述观之。每觉其反覆讲讨者，未能详彻精深，条理井然。然后知先圣虽创造有系统之研究，而后人未克精益求精，为可惜。而以环境之关系，更使自然科学之研究，几为通国之学者，置之高阁，未暇一阅也。"②

秉志毕生提倡科学救国，但是并没有走向科学决定论的极端，其思想经历了由"科学者，救国之唯一要术也"到将科学与道德视为立国二元素、将科学精神与道德精神视为国家命运所系的认识论转向。在这一过程中，秉志不仅审思科学方法与哲学方法的辩证关系，承认科学方法的局限性，"生物界各种现象，有用科学方法而得完全解释者，有用科学方法而仅得一部分之解释者。苟因各现象以求其最后之理由，势必于寻常方法之外，更求所以解释之道；此解释之道，不在科学而在哲学。唯用哲学方法以讨论生命问题，最后结束仍未能脱离生物学之关系，至此则生物学亦哲学矣"③。同时审思科学与道德的辩证关系，认为"吾国先儒只知注重道德，而忽视科学，致国势屡弱，呻吟于强权压迫之下，而无可如何。循至崩颓覆灭，无法挽救。然道德之教诲，于国脉之延长，实为大助。不可因前人之失计而竟蔑弃之。即以此吾国之抗战而论，足见道德足以救国矣"④。

聚焦秉志科学家精神思想本身，尽管秉志在理论阐述和概念表达中没有套用深奥的哲学理论，但这一体现哲学思维的思想认识本身即是在哲学观照下的产物。第一，就本体论而言，秉志承认科学家精神特质的

---

① 秉志：《师鉴》，载翟启慧、胡宗刚编《秉志文存》第2卷，北京大学出版社2006年版，第230页。

② 秉志：《人类一斑》，载翟启慧、胡宗刚编《秉志文存》第2卷，北京大学出版社2006年版，第378页。

③ 秉志：《杜里舒生机哲学论》，载翟启慧、胡宗刚编《秉志文存》第3卷，北京大学出版社2006年版，第52页。

④ 秉志：《立国之二元素（续）》，载翟启慧、胡宗刚编《秉志文存》第3卷，北京大学出版社2006年版，第265页。

## 第六章 秉志科学家精神思想理论特质审思

具体存在，认为精神现象作为一种主观见之于客观的意志现象，既不是可以洞察的物质现象也不是纯粹理想现象，而是超越物质现象和先天之说（a priori）束缚的纯粹理想（pure reason）。①科学家在科学研究过程中，受到科学精神和社会价值规范影响，内在形成了符合科学认知要求和社会价值规范的精神气质，"科学之目的，首在研究真理。其影响所及，使治此学者，皆有高尚纯洁之道德"②。第二，就方法论而言，秉志对科学家精神的理论建构体现出逻辑实证趋向，该思想以对西方杰出科学家精神气质的原子式总结为实证基础，以对20世纪三四十年代国内科学界作风学风问题的考察为实证依据，在归纳概括和逻辑演绎的基础上，一方面提出该思想的六条规范；另一方面对六条规范的逻辑构架进行总结，将"德"视为规范核心，内在统摄以"诚"为核心的"科学之精神"、以"久"为核心的"科学之态度"、以"仁"为核心的"科学之道德"，以此发展科学实现科学救国和科学立国归旨，内在呈现出完整的逻辑结构链条。第三，就认识论而言，科学家精神体现出辩证思维，在精神框架内部倡导科学精神与道德精神并重，在精神框架外部注重精神效用和社会环境、物质条件等外部因素的关系，在肯定科学家精神积极功能效用的同时指出作为一种精神的效用的局限性，辩证看待倡导科学家精神与外部因素的关系，倡导为科学家精神提供良好的社会环境和物质保障。

通过以上分析，可以大致勾勒出秉志科学家精神思想的理论倾向（见图6.2）：在生物学借鉴方面，秉志作为一名动物学家受学科专业影响，高度认同达尔文进化论和社会达尔文主义，将对进化要素、进化正轨的认同和理解引入科学家精神思想建构过程，呈现出通过动物进化考察人的进化，通过人的进化考察道德进化，进而聚焦科学家主

---

① 秉志：《达尔文〈物种由来〉的一世纪》，载翟启慧、胡宗刚编《秉志文存》第3卷，北京大学出版社2006年版，第336页。
② 秉志：《立国之二元素（续）》，载翟启慧、胡宗刚编《秉志文存》第3卷，北京大学出版社2006年版，第269页。

体建构以"德"为核心的价值规范和精神框架的逻辑进境趋向;在中华传统文化影响方面,秉志高度服膺以儒家思想为核心的中华传统文化,不仅将其作为修身之本而且作为治学之要,科学家精神思想无论是对中华传统文化的理论借鉴还是富有中国语言特色的表述方式,均带有典型中华传统文化色彩;在哲学观照方面,秉志有着较为深厚的哲学素养和理论功底,对中西方哲学发展史和哲学理论颇为了解,科学家精神思想无论在本体论认识还是逻辑体系建构、辩证审思等方面均充满了哲学思维。

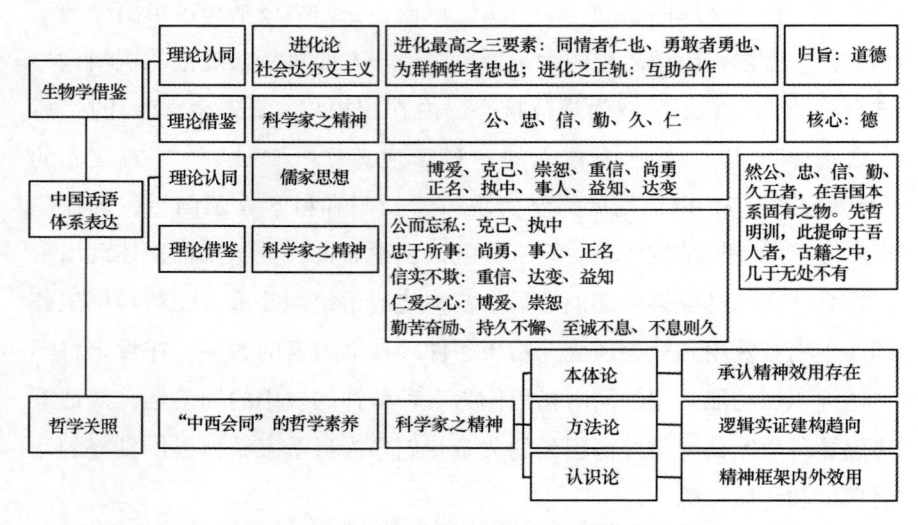

| 生物学借鉴 | 理论认同 | 进化论 社会达尔文主义 | 进化最高之三要素:同情者仁也、勇敢者勇也、为群牺牲者忠也;进化之正轨:互助合作 | 归旨:道德 |
| --- | --- | --- | --- | --- |
| | 理论借鉴 | 科学家之精神 | 公、忠、信、勤、久、仁 | 核心:德 |
| 中国话语体系表达 | 理论认同 | 儒家思想 | 博爱、克己、崇恕、重信、尚勇 正名、执中、事人、益知、达变 | 然公、忠、信、勤、久五者,在吾国本系固有之物。先哲明训,此提命于吾人者,古籍之中,几于无处不有 |
| | 理论借鉴 | 科学家之精神 | 公而忘私:克己、执中 忠于所事:尚勇、事人、正名 信实不欺:重信、达变、益知 仁爱之心:博爱、崇恕 勤苦奋励:持久不懈、至诚不息、不息则久 | |
| 哲学关照 | "中西会同"的哲学素养 | 科学家之精神 | 本体论 | 承认精神效用存在 |
| | | | 方法论 | 逻辑实证建构趋向 |
| | | | 认识论 | 精神框架内外效用 |

图 6.2 秉志科学家精神思想理论倾向示意图

## 三 价值指向:由"实然性"向"应然性"超越

### (一)秉志科学家精神是"应然"而非"实然"

就秉志科学家精神思想形成的社会语境而言,20世纪三四十年代国内科技发展面临诸多困境,除却动荡不安的社会环境,资金短缺、学科发展不平衡、门户之见和学术派系倾轧严重等对科学家精神状态产生诸多影响,尽管有许多覃精殚思、专于所业的"纯洁之科学家",但是

## 第六章　秉志科学家精神思想理论特质审思

当时学术界普遍存在缺乏学术民主、缺乏诚信、缺乏公开精神、缺乏敬业奉献精神、缺乏家国情怀等作风和学风问题。基于结构功能主义逻辑发展趋向，为通过精神力量克服客观存在的诸多困境，引导科学家有效认知科学、研究科学和应用科学以此发展科学，实现科学救国目的，秉志提出以公而忘私、忠于所事、信实不欺、勤苦奋励、持久不懈、仁爱之心为主要内涵的科学家精神，即科学家精神气质的六条规范由发展科学、实现救国的目标所规定，科学家只有按照六条精神气质规范行事才能达成目标；反言之，如果要达成目标科学家就"应当"按照六条规范行事。这里的"应当"是一种理想状态，既具有一定经验基础，同时又不是对经验的亦步亦趋，而是对经验的升华和超越。

事实上，秉志并非没有关注到科学家的实然性精神状态，恰恰相反还注意到由"实然性"导向"应然性"的长期性和复杂性。秉志认为由于诸多困境的存在以及科学家自身思想认识不同，科学家由于精神差异导致出现"真正之科学"和"伪科学家"，"科学之功臣"与"科学之罪人"的划分是必然的。例如，在公而忘私方面，"颓惰自甘，贩货转卖，甚至改途易辙，以求自利。毫不知以所学为国家效其分寸，此最可痛心者也"[①]；在忠于所事方面，"倘能忠心效力于其所属之团体，则吾国早已无事不上轨道，不至受人奇耻大辱，日濒于危殆也"[②]；在信实不欺方面，"文人之虚诞夸张无论已，学者著书立说，往往不求诚信，社会欺诈相仍，亦时所不免，皆坐不信之故"[③]；在勤苦奋励方面，"吾所学者，尽足敷衍一切，不妨暂行休息，谋个人物质上之安愉，于是借其留学之资格，高等学位之虚衔，于教育实业政治等界，占一较优位置，为计甚得，至于受困难，竭心力，仍在科学中解决—无有经济价值

---

① 秉志：《所望于科学同人者》，载翟启慧、胡宗刚编《秉志文存》第3卷，北京大学出版社2006年版，第139页。
② 秉志：《科学精神之影响》，载翟启慧、胡宗刚编《秉志文存》第3卷，北京大学出版社2006年版，第146页。
③ 秉志：《科学精神之影响》，载翟启慧、胡宗刚编《秉志文存》第3卷，北京大学出版社2006年版，第147页。

之问题,未免太愚,可以不必也"①;在持久不懈方面,"稍习科学而未能深入者,因一时风尚所趋,好为时髦,以某一种科学足以怂动一般人之视听,遂恭维之,而睥睨其他"②;在仁爱之心方面,"习是学者,以其所学如此需要,遂乘机榨取。谋利之心,过于强炽。视人民之生命健康,无足重轻,唯求所以满足其贪欲。重价盘剥,潦草塞责,黑心冷血,简傲陵人"③。同时看到现实实践中的多样性和复杂性以及克服实然性困境的长期性,"世界至大也,人类至繁也。欲其达到此等境界,直是痴人说梦。不知将历如何久远之岁月,始有几微希望之可言。登高自卑,行远自迩。虽不能一蹴而几,而要有良效之可睹乎"④。

科学家精神体现了科学家的"道德偏好"和"责任的绝对命令",巴伯(Barber B.)认为,每一个人类社会都有标志某些种类的社会活动的一组道德偏好和一组文化价值,它们不仅在科学之中,而且在许多其他的社会活动之中实现自身,这些道德偏好与科学意趣的相合为科学发展提供了文化价值基础。⑤ 从某种意义上说,科学家精神便是这样一种"道德偏好"。秉志将研究科学之人的科学道德概括为四点:一是必诚必信;二是忠于所事不容稍存犹豫摇惑之心;三是大公无私毫不容自守秘密以所学骄人而欺世;四是仁爱之心,而仁爱之心较之于必诚必信、忠于所事、大公无私更为重要。公而忘私、忠于所事、信实不欺、勤苦奋励、持久不懈、仁爱之心等规范相互联系、相互渗透,构成以"德"为核心的科学家精神,成为科学家"道德偏好"的概括反映,是

---

① 秉志:《科学在中国之将来》,载翟启慧、胡宗刚编《秉志文存》第3卷,北京大学出版社2006年版,第114页。

② 秉志:《科学三点》,载翟启慧、胡宗刚编《秉志文存》第3卷,北京大学出版社2006年版,第122页。

③ 秉志:《科学呼声》,载翟启慧、胡宗刚编《秉志文存》第2卷,北京大学出版社2006年版,第85页。

④ 秉志:《科学呼声》,载翟启慧、胡宗刚编《秉志文存》第2卷,北京大学出版社2006年版,第117页。

⑤ [美]巴伯:《科学与社会秩序》,顾昕等译,生活·读书·新知三联书店1991年版,第78页。

## 第六章 秉志科学家精神思想理论特质审思

科学家在科学研究活动中应遵循的普遍原则。它规定着科学家个体道德的基本方向，对科学家在科学活动中的具体行为方式起着指导和制约作用。同时面对两次世界大战带来的世界混乱局面，科学技术的不合理运用对人类社会产生严重影响，秉志认为造成世界纷扰的原因在于科学家缺乏责任。20世纪60年代前后，在国际形势大动荡背景下，秉志为科学家精神概念正名，认为"今日研究科学之同人，皆当努力发展真科学家之精神，有光明仁爱之心术，力矫科学败类之所为，为世界和平奋斗"①，这一观点带有明显的"责任的绝对命令"趋向。

（二）秉志科学家精神思想倡导由"应然性"向"实然性"超越

秉志科学家精神思想是一种应然性的理想类型，体现了对科学家精神气质和行为规范的应然性要求。作为对科学家精神气质的思想建构和价值倡导，其价值目标在于引导科学家不断实现对现实的超越而努力达到一种理想状态。基于这一价值目标，科学家精神气质的实然性与应然性就自在成为在追求科学家精神气质意愿达成时需要关注的两个方面。无视实然性，则科学家精神意愿失去植根基础，无法获得现实依据；忽视应然性，则科学家精神意愿只能停留在理想状态，科学家的精神层面就难以得到提升。

审思秉志科学家精神思想需要重视对科学家精神实然性的关切和准确把握。这一关切和把握不仅内在规定于科学家精神的现实性，也由科学家自身特点所规定。分析现实性可知，科学家精神作为一种精神品质和行为规范的价值共识，科学家应该遵循其内在规定的价值呼吁和行为规范，这一规定不是来源于思想者的纯粹理论推演，也不是由当局者的主观价值偏好决定，事实上集中体现为特定的社会环境和时代背景对于科学家的价值期待。特定的社会环境和时代背景首先体现为特定的社会经济和政治状况，与此同时内在包含科学家精神气质和道德品质的现实

---

① 秉志：《科学与世界和平》，载翟启慧、胡宗刚编《秉志文存》第3卷，北京大学出版社2006年版，第361页。

状况。因此，科学家精神作为一种对特定群体的价值呼吁和精神倡导，对其考察既需要对社会经济和政治情况的客观考量，同时也取决于科学家精神气质的实然性状况。换言之，作为应然性的科学家精神基于两种设定：一是特定时代背景和社会环境；二是科学家实然的精神状态。在这两种设定中，前者对科学家精神气质的建构和达成具有本体论层面的决定意义，后者对于科学家精神也具有重要影响，科学家的精神状态现状是其规范体系和价值体系生成的基本考量。

因此，秉志对科学家精神的考量首先关注科学界作风和学风的"实然性"境遇，在深入分析20世纪三四十年代中国科学家精神面貌的基础上，提出并系统阐述了科学家精神（见图6.3）。秉志在这一概念建构过程中能够把握科学家精神本质上是一种实践理性的规定。精神就其本质而言是一种实践理性。① 在中国思想史上，众多思想家也基于"知行合一"的视角去理解和把握精神这一特殊现象。正是对现实精神问题的考量成为其深层建构的内在规定和外在考量；同时，精神功能的目标和归旨又致力于对整个社会精神状态的改变。因此在一定意义上可以认为，是客观存在的现实社会问题催生了精神，同时精神在回应现实社会问题的过程中彰显出本身的价值性。如果将精神建构看作一个动态过程，

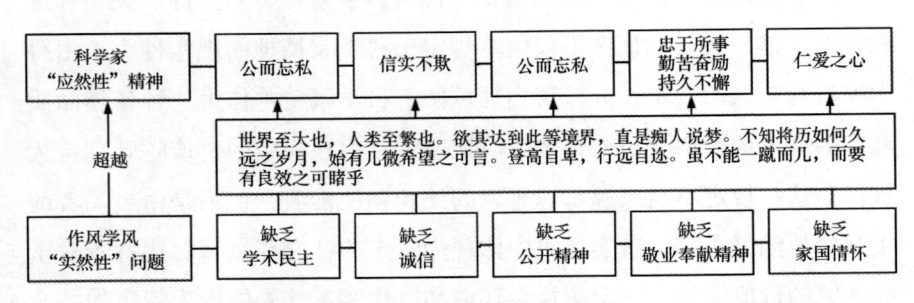

图6.3 秉志科学家精神由"实然性"向"应然性"超越逻辑示意图

---

① 樊浩：《"实践理性"与"伦理精神"——基于黑格尔道德形而上学理论资源的研究》，《哲学研究》2005年第4期。

## 第六章 秉志科学家精神思想理论特质审思

可以发现这一过程即是对现实的精神问题不断认识、积极应对和加以解决的过程。这种精神和现实社会密切关联的特点内在规定了作为其具体展开形式的科学家精神气质，其目标意愿在于通过对科学家精神气质的价值引领和对行为的规范，通过科学家精神作用的发挥有效解决现实问题。

同时，科学家精神不仅立足于实然性而且指向应然性。科学家精神的规范和倡导是从实然性出发进而不断趋向应然性即理想性的过程。就科学家精神的具体归属而言，在一定意义上可以看作是职业道德在科学家群体中的具体表征，而这种职业道德则又可以分为"实然性"和"应然性"两个方面。事实上，精神具有超越性意蕴，其目的在于通过对精神应然性和实然性的规定实现价值引领意义。这对于认识秉志科学家精神思想具有一定的启示意义：在社会和科学共同体内部，首先需要依据科学家行为规范和精神状态现状设定所有科研工作者都需要和应该践行的基本行为规范，在此基础上又应该倡导高于现实实然性的具有超越意义的精神气质。秉志科学家精神思想作为一种"应然性"倡导，其实现离不开科学家的内在自觉，即科学家的"自我立法"，通过精神上的超越实现科学家向更高层次精神境界迈进的目的。同时，对于科学家个人而言，应当既使严格遵守社会和科学共同体所规定的行为规范成为内在自觉，又在此基础上不断超越既定现实从而达到更高层面的精神境界。

事实上，由于实然必定包含诸多社会因素，科学家在现实生活中不可能完整遵循对科学家精神气质的规范要求，必定会包含多种社会因素和个人主观因素。也正是基于此，科学家实际呈现的精神状态要比秉志指出的科学家精神复杂得多，同时在不同历史时期，不同国家和地区，甚至不同学科框架内其规范内容都有所不同。例如世界科学工作者联盟（WFSW）大会制定的"科学家宪章"、联合国教科文组织提出的"关于科学研究工作者地位的建议"、日本学术会议通过的"日本学术会议向科学家提出十一条行为规范",国内的《科技工作者科学道德规范》《关于科技工作者行为准则的若干意见》《关于进一步弘扬科学家精神加强作风和学风建设的意见》等,其内涵都具有明显差别。

就秉志科学家精神思想的建构归旨而言,离不开应然性对实然性的超越。在科学家精神作为一种价值形态的语境中,其需要在精神层面成为科学家的精神信仰,也需要作为行为主体的科学家将其内化成为自我规范的价值规定;在科学家精神作为一种规范形态的语境中,实现这一价值功能需要通过科学家自我立法,而两种语境规定对于达成科学家精神目标都不可或缺。在弘扬科学家精神的过程中,科学家精神的内化是其得以弘扬的内在规定,科学家的规范行为则是有效弘扬科学家精神的重要外在条件。前者或缺,弘扬科学家精神就会陷入缺乏内在动力的境况;后者或缺,科学家精神的价值目标则难以达成从"实然性"到"应然性"的转换。

## 四 拓展方向:潜在内涵和个别观点的个体局限性

### (一) 秉志科学家精神思想的潜在内涵

鉴于思想的隐蔽性,秉志科学家精神思想内涵除却其本人明确表述的六点之外,通过挖掘秉志的论述,发现秉志对科学家精神内涵的诠释不仅局限于此,在其思想深处至少还有几点隐含思想需要简要论述。

第一,以创新术。在思想认识方面,秉志认为"科学之工作未有不借旧闻以创新术者也"[①],科学"必由已知以求所未知,而不容故步自封,故主张温故知新,日新又新"[②]。科学在接续不断的创新过程中得

---

[①] 秉志:《生物学与民族复兴》,载翟启慧、胡宗刚编《秉志文存》第2卷,北京大学出版社2006年版,第173页。

[②] 秉志:《人类一斑》,载翟启慧、胡宗刚编《秉志文存》第2卷,北京大学出版社2006年版,第378页。

## 第六章 秉志科学家精神思想理论特质审思

以进步,"科学日进不已者也,世界各国习科学者既众,而穷年累月,努力研究,能时时有新奇之发明,精确之贡献"①。就生物学而言,生物学发展的目的在于"发见新现象","以求为人类开辟新知,为科学扩大领域"②。但是秉志认为20世纪上半叶国内无论是创办实业还是科学技术研究腐劣陈旧、墨守故技,"毫无新奇学理之获得也"③。创新是科学家从事科学研究的兴趣所在,"科学家之有重要之贡献,揭穿自然之秘密。其余各种学术之专家,穷年矻矻,昼夜张皇,以求新知者,亦无非其兴趣浓厚,有以驱使之"④。"科学之中有无穷尽之问题,一问题得以解决,又有新现象连带发生,既解决一问题,得相当之快慰,更进而研究新问题,朝朝暮暮,长有无限之希望,其兴趣乃愈养愈浓。"⑤对此任鸿隽也认为"科学家的态度当信其所已知,而求其所未知,不务为虚渺推测武断之谈"⑥。科学本身具有区别于其他学科的特殊性,例如科学研究和教育教学的差异,"教书只是搬运知识而已,将知道的输运给别人也知道,而研究却是从知道的推究到不知道的去,也可以说将不知道的弄得知道出来"。学习科学者不能仅满足于获得已知事实,而应不断探究新发现,"不要以徒得教师之说教为满足。教师所说的,都是些已知的事实,我们应该更进一步,推究未经人道的新发见,有研求精新向上的意志,要没有这意志,就赶紧想法鼓动起来,期望自己成为学者。并非熟读课本,详写札记,考起来拿到一百分,算是好学生;好

---

① 秉志:《科学三点》,载翟启慧、胡宗刚编《秉志文存》第3卷,北京大学出版社2006年版,第123页。
② 秉志:《关于动物学的几个问题》,载翟启慧、胡宗刚编《秉志文存》第3卷,北京大学出版社2006年版,第353页。
③ 秉志:《人类一斑》,载翟启慧、胡宗刚编《秉志文存》第2卷,北京大学出版社2006年版,第381页。
④ 秉志:《人类一斑》,载翟启慧、胡宗刚编《秉志文存》第2卷,北京大学出版社2006年版,第321页。
⑤ 秉志:《科学家之长寿与大器晚成》,载翟启慧、胡宗刚编《秉志文存》第3卷,北京大学出版社2006年版,第187页。
⑥ 任鸿隽:《科学救国之梦:任鸿隽文存》,樊洪业、张久春选编,上海科技教育出版社2002年版,第48页。

学生是更进一步地要从已知的去探究未知,不光是局限于教课之内的知识而已"。① 秉志领导下的中国科学社生物研究所和北平静生生物调查所等科研机构也通过新的学术发现贡献于学术界,"生物研究所本身之事业则专注于创始崭新之研究工作","静生生物调查所与中国科学社生物研究所,尤致意于此,彼等不惜耗其时间精力以从事者,期有新得以公于世,且为国家增扬光辉计也"。"故学者得尽量奋力于其间,无他事以纷其意,积日累月,不断有新颖之贡献公诸全世之学术界。"②

在实践案例方面,默顿通过对科学发现优先权的分析首先提出科学奖励思想,在共同体内部引入科学奖励概念,认为科学奖励是科学共同体对科学家科学工作的认可,而这一荣誉性的认可则是科学共同体内部的"基本通货"。秉志首开国内鲤鱼实验形态学先河,在科学研究过程中的创新性贡献得到共同体认可,仅就在默顿的语境中位于科学奖励第一序列的"命名"而言,秉志的学界同人和学生刘承钊、伍献文、张孟闻等将新发现的物种以"秉志"命名,③ 以此承认秉志的科研成就和创新贡献(见表 6.1)。

表 6.1　　　　　　　　以"秉志"命名的物种列表

| 中文名称 | 拉丁学名 | 国内分布范围 |
| --- | --- | --- |
| 秉志齿蟾 | Oreolalax pingi Liu | 四川(昭觉、越西) |
| 秉志吸尾线虫 | Halocercus pingi Wu | 江苏(长江)、湖北(长江)、福建 |
| 秉志肥螈("秉螈") | Pingia granulosus Chang | 浙江(安吉、德清、东阳等地) |

---

① 秉志:《动物学之研究基础》,载翟启慧、胡宗刚编《秉志文存》第 3 卷,北京大学出版社 2006 年版,第 134 页。

② 秉志:《生物学与民族复兴》,载翟启慧、胡宗刚编《秉志文存》第 2 卷,北京大学出版社 2006 年版,第 188 页。

③ 田婉淑、赵尔宓:《刘承钊教授生前发表的两栖动物新种》,《四川动物》2000 年第 3 期;汪溥钦:《福建省脊椎动物寄生线虫三新种记述和种类名录》,《武夷科学》1984 年第 4 期;侯勉、周卓诚、李丕鹏、吕顺清:《秉螈 Pingia granulosus 的重新发现及新模描述》,《四川动物》2009 年第 1 期。

## 第六章 秉志科学家精神思想理论特质审思

续表

| 中文名称 | 拉丁学名 | 国内分布范围 |
|---|---|---|
| 秉氏爬岩鳅 | Beaufortiapingi Fang | 西江水系 |
| 秉氏泥蟹 | Ilyoplax pingi Shen | 山东半岛、渤海湾、辽东湾 |

资料来源：根据《中国动物志》，科学出版社 2001 年版；《中国动物图谱》，科学出版社 1987 年版，整理编制。

第二，诚恳合作。在思想认识方面，秉志希望"科学同人宜诚恳合作"，在努力研究、向社会灌输科学常识的同时，彼此之间尤宜开诚相见，互相提携，"同人若有成绩，我当羡慕，奋励自将，求与媲美可也。同人工作若有错误，我宜善意规劝，彼此相勖，以冀真理之大明可也。同人有奋斗于困难之中者，我力不能相助无论已，倘一举手一投足之劳，即可减少其困难，俾其进行，日见顺利，从而辅翼襄助之可也。同人之事业费几许心血，而稍见端倪者，从而爱护怜惜，同情照顾之可也。嫉我者方异我国之腐坏，科学万难发长，我岂可自相残害，为嫉者所快乎"①。希望科学同人精神既求一致，工作亦求相益，以此促使科学在中国的发展。中华人民共和国成立后，面对日益增多的科研机关和教育机构，秉志对加强科学家之间的密切合作提出具体建议："全国同人之合作。此事须由科学院负责领导，将所有研究所、室、各大学及各产业部门，凡有研究动物学和研究与此学有关之学术，皆加入合作，构成一个全国性之研究网，在工作上发生密切联系。往日反动政府任用金壬，国立之研究机构，与较健全之一二大学，皆被彼辈所把持。此等人之宗派思想极强，欲将全国科学事业划归于彼等之掌握，党同伐异，无所不至。当时彼辈所主持之研究机构，及一二大学，经费设备皆无问题，其他各机构，或公立，或私立，概陷于困难之中，颠顿穷窘，无以发展。动物学之研究，其中若分类、形态等学为其所不习，所不喜，更

---

① 秉志：《所望于科学同人者》，载翟启慧、胡宗刚编《秉志文存》第 3 卷，北京大学出版社 2006 年版，第 140 页。

打击不遗余力。动物学在国内甫有发展之希望,而遽有此不幸,又何怪国人自己所创之事业,惨遭挫折,枯萎殆尽乎?解放后此种恶势力涤荡廓清,不复存在,妖孽已除,所有同人相观而善,诚恳合作,共同谋求其所专攻之学问之发达。望各努力前进,终其身如一日,爱护青年,热心培养,在全国之研究网中,通力合作,或致力于理论,或致力于实用,将动物科学中各部门之研究,打成一片。此是推进此学之最大力量。"①

在实践案例方面,秉志在实践过程中注重同科学同人和学术团体诚恳合作。例如,1934年秉志联合中国科学社生物研究所、北平静生生物调查所、中央研究院自然历史博物馆、中央研究院动植物研究所、山东大学等单位共同组成海南岛生物采集团开展生物标本采集工作,由秉志主持设立在中国科学社生物研究所的总事务处的工作。此次采集取得巨大成功,获得海产鱼类、淡水鱼类、两栖类、鸟类、兽类、昆虫类、甲壳类、软体动物类、寄生虫类等标本9000余号,菌类标本4000余号,②秉志将所获得标本分发给合作单位相关专家开展合作研究(见表6.2)。

表6.2 秉志对海南岛生物采集团采集标本研究分配列表(1934年)

| 标本种类 | 研究单位 | 研究人员 |
| --- | --- | --- |
| 海产鱼类 | 中央研究院自然历史博物馆 | 伍献文 |
| | 中国科学社生物研究所 | 王以康 |
| 淡水鱼类 | 北平静生生物调查所 | 张春霖 |
| 两栖类 | 中央研究院自然历史博物馆 | 方炳文 |
| | 中国科学社生物研究所 | 张孟闻 |
| 鸟类 | 北平静生生物调查所 | 寿振黄 |

① 秉志:《祖国发展动物学的前瞻》,载翟启慧、胡宗刚编《秉志文存》第3卷,北京大学出版社2006年版,第327页。
② 《海南生物科学采集团已出发》,《科学》1934年第2期。

## 第六章 秉志科学家精神思想理论特质审思

续表

| 标本种类 | 研究单位 | 研究人员 |
| --- | --- | --- |
| 兽类 | 中国科学社生物研究所 | 何锡瑞 |
| 昆虫类 | 北平静生生物调查所 | 何琦 |
| 甲壳类 | 北平静生生物调查所 | 喻慕韩、沈嘉瑞 |
| 软体动物类 | 中国科学社生物研究所 | 秉志 |
| 寄生虫类 | 中央研究院自然历史博物馆 | 伍献文 |
|  | 山东大学 | 曾省三 |
| 其他无脊椎动物类 | 中央研究院自然历史博物馆 | 伍献文、王家楫 |
| 菌类 | 中央研究院自然历史博物馆 | 邓叔群 |

资料来源：根据中国第二历史档案馆"海南生物采集团"（全宗号：393　案卷号：251）整理编制。

第三，作育人才。在思想认识方面，秉志寄希望科学同人努力自修"为国家作育人才"①。科学发展是一项代序接替的过程，科学知识传授和有效的科研训练是科学发展的基础，科研人员需要热心指导、尽心训练学生，"国内科学家之任教育事业者，倘自己努力于研究，学校之学生从其受业者，必为所熏陶，好学之兴趣，为之增加，于是效其师之所为，亦欲于科学之中作独立之研究。为教授者，若热心指导，师生之间互相鼓励，朝夕观摩"②。"各大学各研究所内之高级研究人员，尽心训练青年，治此学之青年当虚心耐性，从师长学习。师生皆努力研求，志在以其专门学术为国家提高文化，为人民创造幸福。"③理想的科学教育既要向学生阐明科学真谛，又要重视道德培养，不能"太偏重于知识

---

① 秉志：《科学呼声》，载翟启慧、胡宗刚编《秉志文存》第2卷，北京大学出版社2006年版，第123页。
② 秉志：《国难时期之科学家》，载翟启慧、胡宗刚编《秉志文存》第3卷，北京大学出版社2006年版，第156页。
③ 秉志：《祖国发展动物学的前瞻》，载翟启慧、胡宗刚编《秉志文存》第3卷，北京大学出版社2006年版，第327页。

技术，而不知注重于科学之道德"①。师生之间需要密切联系、教学相长，对此秉志还描绘了一幅师生之间相处的理想画卷："师生朝夕忙碌于实验室内以寻其所好。甚至假日休闲，犹结伴蹀躞于森林邱壑之中，征搜讨论，不辞辛劳，俨然如亚里士多德氏与其从游之士集于幽谷深山谈论学术者。"② 通过教学相长不仅向学生传授了知识，而且自己也有所收获，"科学日新不已，进步最速。其中之各现象，往往发生彼此之关系。苟肯尽心研究某一问题，恒至引起其他一问题"③（见表 6.3）。

表 6.3 秉志关于科学教师和青年进修科学系列文章列表

| 文章名称 | 用名 | 来源 |
| --- | --- | --- |
| 科学教师所宜注意者（一） | 夷 | 《科学画报》1942 年第 9 卷第 1 期 |
| 科学教师所宜注意者（二） | 夷 | 《科学画报》1942 年第 9 卷第 2 期 |
| 科学教师所宜注意者（三） | 夷 | 《科学画报》1942 年第 9 卷第 3 期 |
| 科学教师所宜注意者（四） | 夷 | 《科学画报》1942 年第 9 卷第 4 期 |
| 科学教师所宜注意者（五） | 夷 | 《科学画报》1942 年第 9 卷第 5 期 |
| 科学教师所宜注意者（六） | 夷 | 《科学画报》1943 年第 9 卷第 6 期 |
| 科学教师所宜注意者（七） | 夷 | 《科学画报》1943 年第 9 卷第 7 期 |
| 青年之科学进修问题（一） | 夷 | 《科学画报》1943 年第 9 卷第 8 期 |
| 青年之科学进修问题（二） | 夷 | 《科学画报》1943 年第 9 卷第 9 期 |
| 青年之科学进修问题（三） | 夷 | 《科学画报》1943 年第 9 卷第 10 期 |
| 青年之科学进修问题（四） | 夷 | 《科学画报》1943 年第 9 卷第 11 期 |

资料来源：根据《科学画报》（1942—1943 年）整理编制。

---

① 秉志：《立国之二元素（续）》，载翟启慧、胡宗刚编《秉志文存》第 3 卷，北京大学出版社 2006 年版，第 269 页。

② 秉志：《生物学与民族复兴》，载翟启慧、胡宗刚编《秉志文存》第 2 卷，北京大学出版社 2006 年版，第 188 页。

③ 秉志：《科学呼声》，载翟启慧、胡宗刚编《秉志文存》第 2 卷，北京大学出版社 2006 年版，第 123 页。

## 第六章　秉志科学家精神思想理论特质审思

需要指出的是，在与秉志提出科学家精神思想的同一年代，美国社会学家、科学社会学奠基人之一默顿提出"科学的精神气质"概念，将其主要内涵归纳为普遍性、公有性、无私利性和有组织的怀疑性，此后默顿本人以及巴伯、齐曼等又分别对"科学的精神气质"进行补充。对此，山东大学马来平教授认为，这种增加是必要的吗？这样增加以后，科学规范就完备了吗？[①] 诚然，无论是秉志科学家精神还是默顿"科学的精神气质"都是一种精神框架的理论原点，是考察和建构科学家精神的"坐标系"和"脚手架"。其本身价值不仅局限于内涵本身，而是理论本身内在呈现的理论特质和精神气质，对于秉志科学家精神思想内涵的挖掘补充也只是在一定意义上的探究，而不能以此代替概念本身的价值。

（二）秉志科学家精神思想个别观点的局限性

受个体和时代局限性影响，秉志科学家精神思想的个别观点不免带有局限性，现对此做一辉格解释。

1. "文化复古"的时代局限

"中国古代有无科学？"时至今日依然是学术界予以争论的话题。早在1915年任鸿隽就认为中国古代"不能有科学不待言矣"。究其原因，"是故吾国之无科学，一言以蔽之日，未得研究科学之方法而已"[②]。而秉志对此却持相左看法，认为中国古代不是没有科学而仅是不够发达，究其原因："科学在吾国未曾发达者何也。曰，（一）因其为时太早，科学与哲学尚未分离。（二）因吾国之政治、经济、地理、交通，皆有使科学不能发达之势。"[③] 在秉志话语体系中认为无论是科学还是科学方法均能在中华传统文化中找到印记，例如，秉志将格物致知代指西

---

① 马来平：《关于默顿科学规范的几个理论问题》，《科学文化评论》2006年第3期。
② 任鸿隽：《说中国无科学之原因》，《科学》1915年第1期。
③ 秉志：《科学呼声》，载翟启慧、胡宗刚编《秉志文存》第2卷，北京大学出版社2006年版，第96页。

方近代意义上的科学，科学"首先揭橥格物致知，推而至于修齐治平。此意义若在今日言之，即发展科学之研究，以求造福于人群"①，认为"孔子之所学所教范围甚广，而其精神乃与科学最相近"②，将科学家精神的内涵表述视为中国固有之物，"然公、忠、信、勤、久五者，在吾国本系固有之物"③。并借助《论语》《中庸》等儒家经典对此进行解读，认为公而忘私体现了克己、执中，忠于所事体现了尚勇、事人、正名，信实不欺体现了重信、达变、益知，仁爱之心体现了博爱、崇恕，勤苦奋励、持久不懈则体现了至诚不息、不息则久。

事实上，抛却秉志和任鸿隽对于中国古代有无科学相左的看法以及"李约瑟之问"这一至今没有明确回应的疑问，中西方对于科学的讨论本身即在不同话语体系中展开，西方近代自然科学同中国传统的格物致知尽管存在一定的相通性但实际上存在范式意义上的差异，现代意义上的科学是在西方近代自然科学语境中展开，中国传统经典中的某些表述尽管与此有类似之处，但只是一些共性的表述，而不是现代意义上科学概念的展开讨论，也不能将科学精神或说科学家精神作为先哲明训的中国固有之物。

需要指出的是，对于秉志对科学家精神阐述的这一倾向我们可以予以辩护。这一倾向固然在于时代局限性和个体思想局限性，但同时也适应了文化复古心理，在一定意义上减轻了特定历史背景和社会环境中中华传统文化对西方近代科学的排斥和压力。深受传统文化影响的近代知识分子与传统文化有着千丝万缕的联系，他们认为"我国人民享受文明古国之荣誉，历经大难，终得起死回生，与世界领袖之国家，相见而无

---

① 秉志：《人类一斑》，载翟启慧、胡宗刚编《秉志文存》第2卷，北京大学出版社2006年版，第377页。

② 秉志：《师鉴》，载翟启慧、胡宗刚编《秉志文存》第2卷，北京大学出版社2006年版，第217页。

③ 秉志：《科学精神之影响》，载翟启慧、胡宗刚编《秉志文存》第3卷，北京大学出版社2006年版，第147页。

## 第六章 秉志科学家精神思想理论特质审思

愧色者，先师教诲之功也"①，甚至相信"先圣昔贤之所论述六经典籍之所一记载足以穷宇宙万物之理若道"②。对科学家精神的中国话语表述和传统文化溯源，作为一种解决中西纷争的方案，既符合科学救国的现实需求，又满足了国人尤其是传统知识分子对传统文化和民族自尊的要求。西方近代自然科学在中国的传播经历了逐渐认同的过程，其间遇到的最大障碍就是深入人心的中华传统文化的惯性思维，因此当其影响到传统文化时必然受到传统势力的抵抗，秉志尽管在这方面走得更远，但是作为一名幼承家学的晚清举人，选择"西学中源"对科学家精神进行诠释也就是"理所当然"的。

2."科学至上"的个体局限

有学者基于秉志对科学功能的阐述认为"秉志是一位科学万能论者"③。事实上秉志并非科学万能论和科学决定论者，抑或说不是在各个时期持有科学万能观点，其对科学的认识经历了由将科学视为救国之唯一要术到将科学与道德视为立国二元素的转向，将片面推崇科学精神到将科学精神与道德精神视为国家命运所系的转向。但是又不得不承认，在秉志思想深处潜在有"科学至上"的思想。在这一思想影响下，秉志将科学家视为促进人类文明、增长人类智慧的智者，作为不羡利禄、不慕虚荣，不求闻达于当世，劳其心志、殚其精力，孜孜矻矻奉身于所业的社会楷式，结合对杰出科学家的高尚行为和道德情操总结得出科学家精神。但是，仔细分析会发现，一方面，科学家也是人，其道德品性和性格禀赋具有复杂性，虽然有行为高尚、品行高洁的"真正之科学家""科学之功臣"，但同样也有"伪科学家""科学之罪人"；另一方面，即使仅将好的精神品质纳入科学家精神，将不好的精神品质排除

---

① 秉志：《师鉴》，载翟启慧、胡宗刚编《秉志文存》第 2 卷，北京大学出版社 2006 年版，第 201 页。
② 曾纪泽：《曾纪泽集》，喻岳衡校点，岳麓书社 2008 年版，第 41 页。
③ 李醒民：《秉志科学论一瞥》，《哲学分析》2017 年第 4 期。

在外也不能解决这一问题，例如什么是好的精神品质？西方科学史上许多著名科学家都带有浓厚的宗教感情色彩，同时宗教情感和信仰在科学家研究科学、塑造人格中发挥作用，爱因斯坦认为："那些我们认为在科学上有伟大创造成就的人，全都浸染着真正的宗教信念，他们相信我们这个宇宙是完美的，并且是能够使追求知识的理性努力有所感受的。"① 那么"信仰上帝"是否应该包括在科学家精神之内？

秉志提出的科学家精神在现实生活中至少在秉志所处的年代并没有普遍性，或者说具有这种精神品质的只是科学家中的少数，只是"依赖于个别科学家的社会和个人属性"构建的一种应然性倡导。究其原因，一是科学家精神本身即是一种来源于现实又高于现实的应然性、理想化的精神价值倡导；二是受到"科学至上"思想的潜在影响，秉志认为从事崇高科学事业的科学家本身即应该具备高于一般人的崇高精神品质。

## 第二节　概念比较

### 一　科学家精神与科学精神

"科学家精神"与"科学精神"尽管只有一字之差，但要准确深入辨析两者的语义却并非易事，首先结合一具体事例予以说明。2019年中央出台《关于进一步弘扬科学家精神加强作风和学风建设的意见》后，北京科技大学潜伟教授撰文《科学文化、科学精神与科学家精神》②，文中提及"科学精神和人文精神交叉融合，体现在科学家精神中"。可见，潜伟教授认为科学家精神是科学精神与人文精神的统一，事实上诸多学者对此也持类似观点。但在笔者看来，仅就界定什么是

---

① 《爱因斯坦文集》第3卷，许良英、李宝恒、赵中立、范岱年编译，商务印书馆2017年版，第256页。

② 潜伟：《科学文化、科学精神与科学家精神》，《科学学研究》2019年第1期。

## 第六章　秉志科学家精神思想理论特质审思

"人文精神"就存在诸多难题。"人文精神"在不同社会语境和文化背景中具有不同含义,西方语境中的"人文精神"同"神文"相对应,更多强调人的个体性和独立性,强调民主和自由,追求个性解放、个体平等和个人自由意志的发展;本土语境中的"人文精神"同"天文"相对应,强调人的群体性和协同性,其内在是儒家思想的"仁爱"规劝,表现为一种伦理形态,按照时代又可分为中国传统、近代、现代的"人文精神",但都内在包含了"家国情怀"和"家国同构"思想。如果将"人文精神"同"科学精神"相对应纳入"科学家精神"概念范畴,那么此处的"人文精神"是指西方语境中"以人为本的取向",强调科学精神需要作为"人"的"活生生的科学家"来实现,强调科学家的能动性和自主示范性?还是指本土语境中的"人文精神",即钱七虎院士①、杜祥琬院士②等说的中国科学家与生俱来的"家国情怀"?如果将"人文精神"看作"以人为本",强调科学精神需要通过科学家精神来体现,需要通过活生生的科学家来实现,科学家精神是科学精神的人格化和集中体现,则较为容易理解;但是如果将其置于中西方语境差异之中,此处的人文精神应该是本土语境中的"人文精神"而不是西方语境中的"人文精神",因为西方语境中的"人文精神"更多强调人的个体性、独立性和自由性,内在不包括"家国情怀"的传统规劝甚至是反对的。潜伟教授首先对将"人文精神"置于中西方差异的语境中进行考察表示赞同,同时进一步认为西方语境中的"人文精神"与中国语境中的"人文精神"并不是对立的,两者都是"人本主义"的反映,不仅是对天(自然)的回应,也是对集权制度的挑战,将"人文精神"同"科学精神"相对应纳入科学家精神概念范畴进行概括,似乎可以站得更高、看得更远。事实上,潜伟教授上述观点是突破语义

---

① 钱七虎:《科学家精神的核心是追求真理和献身科学》,《中国科技奖励》2021 年第 2 期。
② 杜祥琬:《"两弹一星"和工程科技的创新发展》,《中国科学院院刊》2019 年第 10 期。

龃龉在更为宏观的视角中对科学家精神的考察，以此就可以发现准确深入辨析"科学家精神"与"科学精神"语义问题的困难。

作为科学本身的灵魂和内在精神，科学精神是科学主体即科学家个体或科学共同体内在的精神气质和科学活动规范要求的内在统一。诚然，尽管科学精神与科学家精神之间存在密切关联，但是并不能简单地将科学精神等同于科学家精神。近代自然科学诞生以来，在发展过程中逐渐形成一套符合科学认知规范和学科价值目标的思维方式和研究方法，在促进科学自身发展的同时促使科学精神得到不断彰显。根据贝尔纳的观点，科学不是一个能用定义一劳永逸地固定下来的单一体，现代意义上的科学至少表现为三个方面，一是一种纯粹客观的知识系统；二是与社会接续互动促进科学社会化、社会科学化的社会建制；三是超越个别科学家自发认知走向自觉行动的研究过程。科学首先是一种纯粹客观的知识系统，作为人类在长期科学实践过程中逐渐形成和不断发展的一种主观精神状态，科学精神最初表现为一种突破形而上思维观念的理想化的认知态度，科学精神作为科学的灵魂不仅是从事科学实践活动的应然性规定，同时也是科学知识客观性、科学思想合理性、科学方法有效性的重要保证。① 从科学作为一种纯粹客观的知识系统出发，在一定意义上只要科学的研究范式和目标指向不变，科学精神即具有永恒的主题。而科学家精神，则是伴随科学建制化进程，科学家抑或说科学共同体成为认知科学、研究科学和应用科学的主体，科学精神聚焦该主体建构形成的一种应然性社会关系规范的语义转换，科学的多重形象和科学家个体的行动者特点，在不同时代和不同文化背景中表现出不同的精神气质，如果将"科学无国界，但科学家有祖国"的表述聚焦该问题进行概念转换，在一定意义上可以得出"科学精神无国界、无时差，但科学家精神有国界、有时差"的表述，事实上不同国家对本国科学家应该具备的精神气质具有截然不同的规定。而中国科学家精神，可以看作是

---

① 刘大椿：《论弘扬科学精神》，《求是》2001年第24期。

## 第六章 秉志科学家精神思想理论特质审思

科学精神的时代化、本土化和人格化反映，是中国科学家群体呈现出的独特的精神气质。①

中国青年政治学院肖峰教授较早在理论层面关注到科学家精神与科学精神混用的问题，指出在不少文章中把科学精神等同于科学家的精神品性，从科学家身上而不是从科学本身去概括和归结科学精神，事实上这一问题涉及科学精神的语义问题，即科学精神是指从科学这门学科的特殊性中凝练总结出的精神特质即"科学的精神"（spirit of science），还是聚焦于作为科学人格化的科学家的精神特质即"科学家的精神"（spirit of scientists）。尽管不能从狭义上将两者简单等同，但是又不能不承认科学精神最大量地体现在科学家身上。② 近代自然科学诞生以来，众多科学家、科学哲学家、科学社会学家、科学学家对科学概念进行解读，而"科学家精神"则是将高尚科学家们的种种高尚行为和情操进行总结。尽管科学具有正德进德功能，但这种功能是在科学作为研究活动和社会建制的语境中呈现的，而科学作为一种知识体系是中性的，既与伦理道德无涉也不包含价值判断，强调科学只能遵从于科学本身的规律，只能按照科学内在规定的规律活动，反对包括思想观念在内的外部因素对科学的挟持。

聚焦本书，整体而言，秉志科学家精神思想是在科学作为研究活动和社会建制的语境中，对科学精神、科学研究规范和科学方法的价值判断，而不是科学知识的事实判断。在秉志的语境中，科学精神和科学家精神具有内在一致性，他在多篇论述中对这一观点进行强调，例如"唯科学应有之精神，与一切学者应有之精神，本极相同"③，"吾尝谓科学之精神，共有五点：一曰公、二曰忠、三曰信、四曰勤、五曰久。凡真正之科学家，未有不富于此五者之精神者。"可见，秉志一方面过多强

---

① 潜伟：《科学文化、科学精神与科学家精神》，《科学学研究》2019年第1期。
② 肖峰：《科学精神的语义问题》，《哲学研究》1998年第7期。
③ 秉志：《科学精神之影响》，载翟启慧、胡宗刚编《秉志文存》第3卷，北京大学出版社2006年版，第147页。

调科学精神和科学家精神的一致性；另一方面并非完全没有意识到两者之间的区别。首先，秉志认为两者之间只是"本极相同"而不是完全一致；其次，从前文科学家精神规范论和结构论论述可知，科学家精神是统摄科学精神、科学态度和科学道德的统一体，如果说勤苦奋励、持久不懈的科学态度和仁爱之心的科学道德更多关注于科学家科学研究和应用过程中的精神规范，但公而忘私、忠于所事、信实不欺为主要内容的科学精神，则更多关注于科学本身，"盖科学之工作，以求真理为唯一之目的。故科学家之所言，最重信实无欺。科学家之所为，最重精诚无二。而对于所心得者，尤重公之于世，不容严守秘密。故公、忠、信三者为治科学者所不可无"①。

## 二 秉志科学家精神思想与国内同期相关认识

聚焦科学家在精神框架下如何有效认识和处理科学认知规范和社会价值规范的关系的讨论由来已久，包括科学家、思想家等在内的众多学者对此提出诸多思想认识，构建得到不同的理论框架。作为"殷忧启圣，多难兴邦"的一代学人，中国第一代职业科学家从20世纪上半叶诞生伊始，在思想深处就超越了"为学问而学问"的价值中性框架，赋予了更多探究纯粹客观知识之外的价值判断和责任命令，在科学实践过程中体现出科学救国、经世济民的鲜明价值取向。那么，本书为何在众多富有价值的思想认识和理论架构中择取秉志科学家精神思想予以考察？

通过比较与秉志所处同一时代的中国学者对科学家精神的讨论，可以发现秉志科学家精神思想具有完整性和系统性。诚然，科学家精神不是秉志的"专有名词"，早在20世纪上半叶，国内就有学者指出："科学家一方面须具备科学的精神，另一方面还须具备所谓科学家的精神，

---

① 秉志：《师鉴》，载翟启慧、胡宗刚编《秉志文存》第2卷，北京大学出版社2006年版，第237页。

## 第六章　秉志科学家精神思想理论特质审思

如果一个从事科学研究的人,仅有科学的精神,而缺乏科学家的精神,那他便不能成为一个伟大而崇高的科学家。"① 尽管没有对"科学家的精神"的内涵主旨展开详细讨论,但是实际上已经意识到"科学家的精神"问题。与秉志所处同一时代的众多中国第一代职业科学家对科学家精神进行过考察,例如科学救国先驱任鸿隽(1886—1961)认为,科学家"虽然不敢当,却是不敢不自勉"效仿"牛顿、法勒第(法拉第)、兑维(戴维)、阜娄(维勒)、达尔文、沃力斯(华莱士)"等杰出科学家的精神气质;② 气象学家竺可桢(1890—1974)将"科学家的精神"总结为三个方面,一是不盲从,不附和,依理智为归,如遇横逆之境遇,则不屈不挠,不畏强暴,只问是非,不计利害;二是虚怀若谷,不武断,不蛮横;三是专心致志,实事求是,不作无病之呻吟,严谨毫不苟且;③ 天文学家陈遵妫(1901—1991)在翻译鲍尔的著作《天文家名人传》时将"科学家之精神"与"文学家之才具"进行比较,认为"精研数理,格物致知,详察细微,耐烦忍苦,科学家之精神也。雄辩纵横,逸情潇洒,陈述华丽,间出诙谐,文学家之才具也"④。

从上述论述中可以看到与秉志同一时期的众多学者对科学家精神的概念阐释和价值推崇。但是整体而言,以上对科学家精神的阐述存在两个方面的问题:第一,多数学者仅从概念层面使用"科学家之精神""科学家的精神",将其作为一种聚焦科学家主体精神气质的表述,但是在具体展开过程中缺乏对"科学家之精神""科学家的精神"内涵的系统阐释;第二,尽管有学者对科学家精神进行内涵阐释,但是没有展开详细论述和深入分析,仅为内涵罗列或例举。而秉志不仅有对科学家精神的具体概念表述,而且进行了颇为详细的论述和深入的分析,尤其是在秉志的语境中科学家精神的各条规范内涵之间内在构成一个纲举目

---

① 邱瑞五:《效法科学家的精神》,《读书通讯》1942年第36期。
② 任鸿隽:《何为科学家》,《新青年》1919年第3期。
③ 竺可桢:《科学方法与精神》,《思想与时代》1941年第1期。
④ [英]鲍尔:《天文家名人传》(中),陈遵妫译,商务印书馆1935年版,第199页。

张的完整结构体系，就笔者目前掌握的文献资料而言可以看作是同时期对科学家精神概念内涵相对完整的表达和颇为系统深入的分析。

## 三　秉志科学家精神思想与"科学的精神气质"

同20世纪上半叶中国科技发展面临诸多阻碍一样，20世纪30年代科学发展以及科学家社会角色的确立在西方社会也产生诸多争论。第一次世界大战期间科学被不合理应用于战争，造成民众对科学的怀疑和对科学家的质疑，战后发生的经济危机进一步暴露出科学的负面作用，在一定程度上造成反理智主义盛行，"信任危机"和反理智主义对科学家科学实践工作的开展造成干扰，影响科学研究工作的正常秩序。与此同时，纳粹德国在科学从属主义者立场下将科学作为一种意识形态限制科学自主发展，对犹太科学家进行清洗，苏联受意识形态影响将科学划分为"无产阶级的"和"资产阶级的"，以"李森科事件"为代表的一系列事件接连发生，由此进一步引起科学界对科学自主性的关注。在此背景下，受到帕森斯功能主义和科学的社会关系运动（"SRS"运动）的影响，基于阐明科学与社会关系以及减少战争对科学的束缚的需要，默顿认为"受到抨击的制度必须重新考虑它的基础，重申它的目标，寻找它的基本原则。危机唤起了自我评估"[①]，并在20世纪40年代基于对当时开展科学活动的社会考察，首次将"科学的精神气质"概念在范式意义上进行考察，将以普遍性、公有性、无私利性和有组织的怀疑性为主要内涵的"默顿规范"作为约束科学家的有情感色彩的价值观和规范的综合体。

在默顿的语境中，科学规范由"科学的制度性目标"决定，"科学的制度性目标"是"扩展被证实了的知识"。普遍性、公有性、无私利性和有组织的怀疑性分别通过在科学评价、科学交流传播和运用、科学

---

① ［美］R.K.默顿：《科学社会学》（上），鲁旭东、林聚任译，商务印书馆2017年版，第363页。

家科研动机选择、科学成果的接受或承认的过程中排除科学家的社会属性，减少个人主观因素和社会因素对科学事业的阻碍。在四条规范内涵中，普遍性强调科学知识的逻辑标准以及经验基础，通过科学知识的客观评价为知识积累提供根本遵循，最重要也最基础。公有性、无私利性和有组织的怀疑性则从不同侧面保障"扩展被证实了的知识"目标的实现。① 四条规范内涵共同对科学家行为准则进行规定，为阐明科学与社会关系以及保证科学自主性提供了充分根据。

  通过比较发现，秉志语境中的科学家精神与默顿语境中的"科学的精神气质"存在以下四点关联，第一，在形成时间方面，秉志科学家精神的形成事实上早于默顿对"科学的精神气质"的讨论，秉志早在1935年发表于《中央日报》的《科学精神之影响》中就做出"公、忠、信、勤、久"的内涵表述；在1936年发表于《大公报》的《科学精神与国家命运》中将其进一步解释为"公而忘私、忠于所事、信实不欺、勤苦奋励、持久不懈"，而普遍性、公有性、无私利性和有组织的怀疑性首次出现在默顿于1942在《法律社会学与政治社会学杂志》发表的《论科学与民主》一文中。第二，在价值指向方面，秉志科学家精神思想寄希望于克服20世纪三四十年代国内科学发展面临的社会动荡不安、资金严重短缺、各学科发展不平衡、门户之见和学术派系倾轧严重等困境，以及科学界存在的缺乏学术民主、缺乏诚信、缺乏公开精神、缺乏敬业奉献精神、缺乏家国情怀等作风和学风问题；"科学的精神气质"寄希望于维护科学自主性、赢得社会对科学的信任、保障科学家有效开展科学实践活动，就其最终旨归而言，"科学的精神气质"的目标指向在于"扩展被证实了的知识"，聚焦纯粹客观知识本身较少与外界因素发生关联，科学家精神的目标指向在于通过发展科学实现科学救国和"科学立国"，聚焦科学的社会效用注重科学功能的发挥。第三，在具体内涵方面，"科学的精神气质"主要涉及普遍性、公有性、

---

① 马来平：《关于默顿科学规范的几个理论问题》，《科学文化评论》2006年第3期。

无私利性和有组织的怀疑性,科学家精神主要涉及公而忘私、忠于所事、信实不欺、勤苦奋励、持久不懈、仁爱之心,前者从不同维度聚焦于科学知识本身,后者则融入了更多的中华传统文化因素影响的传统规训和人文关怀。第四,在时代价值方面,"科学的精神气质"提出之后默顿本人以及巴伯、齐曼、斯托勒等又对其规范内涵陆续进行补充,增加了客观性、中立性、独创性、无偏见性、谦虚等规范,默顿本人也表示这些科学规范都不是一成不变的,对于"科学的精神气质"的时代价值问题,有学者认为科学实践活动的时代演进出现新的特点,尤其是科学与社会的关系进一步复杂,科学共同体内部运行机制和科学价值取向的变化已经超出默顿的解释范围,需要根据时代和科技发展的要求进行调整和补充。① 有学者认为"科学的精神气质"作为规范科学家道德底线的行为规范和最基本的科研行为准则,不是对科学家的"高标准"而是"低要求",尽管这一规定是理想的科学规范,但是在保证和维护科学健康发展方面具有重要作用,相关规范标准不仅现在没有过时而且将来也不可能过时,因为"离开了默顿规范的科学将彻底消亡"②。事实上,科学家精神与"科学的精神气质"两者本身都是聚焦科学家主体所倡导的一种应然性的价值规范和理想运行状态,是一种精神框架的理论原点,科学求真的学科要求和科学向善的价值导向内在规定了这种精神框架的正确性。如果否定了应然性的价值规范和理想运行状态,就会失去判断科学家行为的标准,消解科学家的社会角色,进而带来科学事业的功能紊乱。

## 四 秉志科学家精神思想与新时代科学家精神

为树立科技界广泛认可、共同遵循的价值理念,2019 年中央办公

---

① 卢艳君:《默顿规范在大科学时代的必要性及其扩展问题》,《科技管理研究》2012 年第 11 期。

② 夏文利:《默顿规范是高标准吗?》,《自然辩证法研究》2009 年第 7 期;马来平:《默顿科学规范再认识》,《自然辩证法研究》2008 年第 4 期。

厅、国务院印发《关于进一步弘扬科学家精神加强作风和学风建设的意见》，将新时代科学家精神内涵概括为胸怀祖国、服务人民的爱国精神，勇攀高峰、敢为人先的创新精神，追求真理、严谨治学的求实精神，淡泊名利、潜心研究的奉献精神，集智攻关、团结协作的协同精神，甘为人梯、奖掖后学的育人精神六点。通过弘扬新时代科学家精神进一步加强作风和学风建设，营造崇尚学术民主、坚守诚信底线、反对浮夸浮躁和投机取巧、反对科研领域"圈子"文化的科研环境，以此凝聚起科技界促进科技事业健康发展的强大精神动力。通过前文论述，可以发现秉志语境中的科学家精神与新时代科学家精神之间既存在一致性也存在差异性。

在两者的一致性方面，第一，两者之间具有相似的内涵表述。新时代科学家精神内涵主要包括爱国、创新、求实、奉献、协同、育人六点；秉志科学家精神思想内涵主要涉及公而忘私、忠于所事、信实不欺、勤苦奋励、持久不懈、仁爱之心六点，同时有以创新术、诚恳合作、作育人才三点隐藏内涵。第二，两者之间具有相似的问题意识。新时代科学家精神基于改变当前科技界作风和学风建设存在的问题提出；秉志科学家精神思想基于改变20世纪三四十年代科技界作风和学风存在的问题提出。第三，两者之间具有相似的价值归旨。弘扬新时代科学家精神的价值指向在于凝聚起新时代广大科技工作者建设科技强国、实现高水平科技自立自强的精神力量；秉志科学家精神思想的价值指向在于凝聚起当时广大科技工作者投身科学救国、"科学立国"的精神力量。

在两者的差异性方面，一方面，两者之间存在相异的生产语境和提出主体，秉志科学家精神是20世纪三四十年代在救亡图存和科学救国背景下秉志个体思想认识的反映，新时代科学家精神是在建设科技强国、实现高水平科技自立自强背景下国家意志的反映，以上差异较为明显且在前文中多有论述;另一方面,由于生产语境的不同,两者在内涵表述具有一致性的同时也存在差异,如果以新时代科学家精神作为考察秉志科学家精神思想的"坐标系",仅就两者内涵表述可以发现两点差异(见表6.4):第一,新时代科学家精神内涵中的求实、奉献与秉志科学家精神内涵中的信实不欺、公而忘私、仁爱之心存在对应关系,而爱国、创新、协同、育人则作为隐含内涵体现,秉志在规范内涵中并未将其明确纳入考察范围;第二,秉志科学家精神规范内涵中的忠于所事、勤苦奋励、持久不懈在新时代科学家精神内涵中则没有体现,而在笔者看来,这正是由于科技发展的不同阶段和科学效用体现的不同程度所造成的。

表6.4　　秉志科学家精神与新时代科学家精神内涵表述

| 新时代科学家精神内涵 | 秉志科学家精神 ||
| --- | --- | --- |
| | 规范内涵 | 隐含内涵 |
| 爱国:胸怀祖国、服务人民 | | 国家观念 |
| 创新:勇攀高峰、敢为人先 | | 以创新术 |
| 求实:追求真理、严谨治学 | 信实不欺 | |
| 奉献:淡泊名利、潜心研究 | 公而忘私、仁爱之心 | |
| 协同:集智攻关、团结协作 | | 诚恳合作 |
| 育人:甘为人梯、奖掖后学 | | 作育人才 |
| | 忠于所事 | |
| | 勤苦奋励 | |
| | 持久不懈 | |

一是由小科学到大科学的不同阶段。伴随科学建制化的展开和科学社会功能的不断显现,尤其是20世纪上半叶以来科学在特殊国际环境中的效用凸显,科学已经超越传统意义上科学家"单兵作战"的模式,

## 第六章　秉志科学家精神思想理论特质审思

20世纪中叶温伯格（Weinberg S.）首次提出"大科学"概念，此后普赖斯（Price D. J. D.）通过对温伯格思想的借鉴，在60年代初期的《小科学，大科学》中对小科学和大科学问题进行进一步分析。但是普赖斯并没有给大科学进行明确定义，事实上直到今天学术界对于大科学内涵仍然没有形成一致看法。在小科学时代，科学较少与社会发生关涉，科学实践主要是科学家个体基于闲暇和好奇心开展的纯粹理智活动，个体因素在科学实践中占主导位置，要求科学家个体通过勤苦奋励、持久不懈的精神气质从事科学实践。而大科学具有投资巨大、多学科交叉、大型装置设备、目标宏大、高级科研人才高密度汇集、科研成果重大等特征，大科学组织研究除却需要巨额投资建造、运行和维护大型研究设施，还需要进行跨学科合作的大规模、大尺度研究工作，通常大量协作单位和众多科研人员围绕一个总体研究目标，在相对分散开展研究的同时展开组织分工和协同合作。因此大科学研究对科研活动提出协同性要求。在秉志提出科学家精神思想时期，尽管科技发达国家已经逐步进入大科学时代，但是总体而言国内科技发展相对落后未形成现代意义上的大科学组织模式，因此尽管秉志对科学家协同、育人抑或说诚恳合作、作育人才问题有所关注，但是未作为明确内涵纳入科学家精神思想体系，而是在隐含思想中有所体现。需要指出的是，尽管现代科技发展由小科学进入大科学时代，同时有学者认为正在向超大科学时代迈进，[①] 但是大科学与小科学不是彼此独立甚至相互对立的关系，在一些学科领域大科学和小科学需要融合发展，即使在大科学和超大科学时代，依然需要科学家以忠于所事的职业精神和勤苦奋励、持久不懈的科学态度开展科学实践活动，尤其是在基础科研领域，事实上这种职业精神和科学态度也是科学家围绕大科学组织模式诚恳合作、作育人才的内在保障。

---

① 沈律:《小科学，大科学，超大科学——对科技发展三大模式及其增长规律的比较分析》，《中国科技论坛》2021年第6期。

二是从注重科学发展到强调知识创新的不同阶段。尽管"创新"一词在当下为社会公众熟知且广泛纳入各学科领域，但就其本源而言"创新"既不是一个特定的哲学概念也不是特定的科学概念，而是源于对经济学概念的移植嫁接，由熊彼得（Schumpeter J. A.）在1912年首次提出，认为创新就是在生产体系中纳入生产条件和生产要素的新组合，即"建立一种新的生产函数"①。从词源学解释看，汉语中现代意义上的创新是一个外来词，在20世纪80年代以前的各种汉语词典都没有"创新"一词，在20世纪七八十年代从英文单词"innovation"翻译而来。可见，秉志所处时代国内语境中并没有现代意义的"创新"概念。事实上科学的"创新"长期以来主要代指理性——逻辑趋向所呈现的"发现"，培根从经验论出发，认为发现是"根据已经建立起来的方法，沿着不变的道路，合乎规则的通过经验之林走向公理的发现"②，即归纳推理的过程；笛卡儿从唯理论出发，认为发现是"从哲学原理中可以推出关于世界上万有的知识"③，即演绎推理的过程。由此可以理解秉志为何在上文所述的相关表述中用"新奇之发明""新发见""求新知""以创新术"等代指现代意义上的创新。随着知识经济的发展与兴起，知识作为财富创造的主要源泉逐步变成现实，科学技术作为技术创新的源头也逐渐成为促进经济发展的内生力量。在此背景下"创新"的概念内涵也逐步得以扩展。因此，秉志科学家精神思想与新时代科学家精神中对"以创新术"和"创新"的强调，尽管在一定意义上都是创新、发现、发明、新知、进步等内涵规定在科学家科学实践开展过程中的要求，但是基于特定的时代背景以及对科学目标指向抑或说知识效用发挥的不同认知又存在一定的差别。

---

① ［美］约瑟夫·熊彼特：《经济发展理论——对于利润、资本、信贷、利息和经济周期的考察》，何畏、易家详等译，商务印书馆2020年版，第73页。

② ［英］弗朗西斯·培根：《培根论说文集》，水天同译，商务印书馆2017年版，第138页。

③ ［荷兰］斯宾诺莎：《笛卡尔哲学原理》，王荫庭、洪汉鼎译，商务印书馆2017年版，第93页。

## 第三节 现实价值

### 一 秉志科学家精神思想主旨的现实契合

秉志科学家精神思想是否已经过时，在科学技术发展日新月异、科学家精神气质理论建构不断丰富的当下是否还有挖掘和存在的价值？对这一问题的探讨首先要明确秉志科学家精神思想的适用对象。应当说，秉志对于他所提出的科学家精神规范的适用对象已经进行了明确交代，科学家精神是内在统摄以"诚"为核心的"科学之精神"，以"仁"为核心的"科学之道德"，以"久"为核心的"科学之态度"，"科学之精神"聚焦于科学家如何有效实现科学认知，"科学之道德"聚焦于科学家以何种情感实现科学合理运用，"科学之态度"聚焦于科学家开展科研工作的意志需要，科学家在这一价值规范引领下，通过有效认知科学、研究科学、应用科学以此实现科学救国和科学立国的目的，是对科学家"怎样认识科学""怎样开展科学"以及"为谁开展科学"的根本性回答。基于此，秉志科学家精神规范的适用对象既不是小科学或学院科学，也不是大科学和后学院科学，而是自近代自然科学诞生以来伴随科学社会化、社会科学化发展中的科学认知、研究和应用部分。原则上说，只要科学活动存在，只要科学发展求真、向善、臻美、致用的价值目标不变，只要科学家抑或说科学共同体从事科学研究的主体性地位不变，秉志科学家精神规范作为协调科学家与科学和社会之间的规范倡导就不会过时，也不可能过时。

事实上，早在20世纪三四十年代秉志就指出当时国内科技界存在缺乏学术民主、缺乏诚信、缺乏公开精神、缺乏敬业奉献精神、缺乏家国情怀等作风和学风方面的问题，尽管跨越百年，以上诸多问题在当下却依然不同程度存在。科学成就离不开精神支撑。精神自立自强根植于民族自信和文化自信，民族自信和文化自信的提高为高水平科技自立自强提供精神支撑。一方面，精神自立自强是通过增强民族自信实现高水平科技自立自强的基础。中华民族为世界科技进步做出了重大贡献，尽管近代以来中国科技发展相对落后，但新中国成立后几代科技工作者接续努力，不仅助力中国科技状况发生了根本性转变，而且极大增强了民族自尊心和民族自信心，中国科技工作者不仅能够以科技创新驱动经济社会发展，也能够为世界科技进步贡献中国力量。事实证明中国人有能力做好科学技术工作，这也为中国科技事业的自立自强提供了信心和动力。另一方面，精神自立自强是通过增强文化自信实现高水平科技自立自强的核心。精神问题和科学问题，归根到底都是一种特殊的文化形态，秉志科学家精神思想的文化元素在中华传统文化中都可以找到印证，中华传统文化为秉志科学家精神思想奠定了文化根基，新时代科学家精神也为中华传统文化增添了时代内容、进行了时代诠释。当前，面对如何增强原始创新力和创新驱动力、通过从0到1的突破解决科技领域"卡脖子"问题，需要从精神层面激发以精神自立自强助力高水平科技自立自强的内在动力。

当前世界科技发展日新月异，社会民众也对科学技术的发展和运用给予了支持和信任，作为以科技工作为职业的科学家，在获得重视、支持、信任的同时，理应承担起相应的责任、义务、使命。不仅要以"为科学而科学"的理想主义情怀潜心做好科学研究，还要以"为人而科学"的人本主义情怀正确认识和有效处理好科学和社会、个体和共同体、自律和他律、求真和求善之间的关系，形成同建制发展和时代要求相契合的价值规范。如果没有伦理道德的价值约束和精神层面的规范引导，完全依靠功利的驱使和资本的推动，这既与以求真、向善、臻美为主要价值取向的科学发展目标不相适应，长此以往也会对科技发展和社会风气产生不良影响。影响科技发展的精神瑕疵违背科技发展规律，违背包括中国在内的世界科学共同体的主流价值观，在加大外部保障和内部治理的同时，如何借鉴前辈先贤的宝贵思想财富，有效处理好科学家精神层面与科技进步和社会发展的关系，以应然之目标逐步破解实然之问题，仍然是当前面临的重要理论课题和紧迫现实课题。

## 二　秉志科学家精神思想：新时代科学家精神的前影之一

科学家作为一类专门职业是从事科学研究、推动技术进步的直接执行者，在实践过程中形成了契合科学认知规律和社会价值规范的精神气质，既在其指导下自由实践，也受其内在价值框架的规范约束。中国科技工作者在科学救国到科学报国、科教兴国、科学强国的实践过程中，积累形成科学家精神，铸就了彰显中国科学家意志品格和精神风貌的独特精神气质，而秉志科学家精神思想，可以视为新时代中国科学家精神萌发阶段的组成部分和前影之一。

20世纪初，中国第一代科学家群体在中华民族内忧外患的历史背景下产生，一批富有爱国情怀的有识之士怀揣徐图自强、科学救国理想远赴海外学习先进科学技术，这批留学生同本土新式学堂培养的科技人员一道为中国近代科技事业奠定了人才基础。中国第一代科学家群体克服巨大困难做了不少奠基性工作，向世界证明中国人民有能力发展现代科学技术。但总的说来，所做科研工作的总体量还比较小，在大多数领域的成就不高，[①] 同时，在作风学风方面也存在不足。针对这些问题，科学救国的先驱秉志注重通过建构和倡导科技界广泛认可、共同遵循的价值理念，在深入分析20世纪三四十年代中国科学家精神面貌的基础上，提出并系统阐述了以公而忘私、忠于所事、信实不欺、勤苦奋励、持久不懈、仁爱之心为主要内涵的科学家精神，指出"科学家之精神，在寻求真理；科学家之目的，在造福人类。故能称得起科学家之人，不独其在专门学问上，有精深之造诣，而其道德人格，亦必高尚纯洁，有

---

[①] 曹效业、熊卫民、王扬宗：《关于中国现代科学发展历史的反思》，《科学文化评论》2014年第11期。

深邃之修养"①。呼吁科学同人秉承科学家精神摒除陋习，实现科学救国理想。

科学救国理论具有完整的体系结构，就秉志科学家精神思想本质而言是秉志科学救国思想观照下的一个子思想，秉志从科学何以是救国之唯一要术、科学救国的主张和举措等方面对科学救国进行了思考，呼吁国人认清科学救国和立国的物质和精神双重功能，相较于物质功能，他更为看重公而忘私、忠于所事、信实不欺、勤苦奋励、持久不懈、仁爱之心在科学救国中的精神功能。秉志注重科学在救国中的作用，无论是将科学者视为救国之唯一要术，还是将科学和道德视为立国之二元素，都一直强调科学在救国中的作用。但是科学救国的实现不会自发呈现，发展科学可以巩固国防、增强民力、改善政事、发展实业、改善人民生活，最终实现科学救国的目的，而科学家在这一过程中发挥重要作用，"各国之科学家，能本其所学以利其国，福其民。吾国之科学家，已有少数人之努力矣，更愿所有同人，奋发踔厉，相率而前，共救国家，挽回厄运也"②。

历史已经证明，片面依靠科学救国的思想既不可能挽救民族危亡，也不可能富国兴邦。新中国成立后科学事业受到重视，新中国成立初期国内科技人才极端匮乏，专门从事科研工作的人员仅600人。③面对促进经济社会发展、维护国家安全的需要和外部势力的遏制，国家强调要独立自主、自力更生发展科学技术。大批海外留学和访学的中国科学家纷纷归国，到1957年归国人员已有3000多人，占新中国成立前海外留学学生和学者的一半以上。④老一辈科学家以科学报国为己任促进了中

---

① 秉志：《科学与世界和平》，载翟启慧、胡宗刚编《秉志文存》第3卷，北京大学出版社2006年版，第361页。

② 秉志：《彻底之觉悟》，载翟启慧、胡宗刚编《秉志文存》第3卷，北京大学出版社2006年版，第143页。

③ 中华人民共和国科学技术部：《中国科技发展70年（1949—2019）》，科学技术文献出版社2019年版，第3页。

④ 何国祥、刘薇、施云燕、刘春平、张楠、吕华：《百年历程：中国科技工作者群体的起源与成长》，科学出版社2017年版，第129页。

国科技事业大发展，在多个具有关键意义的领域取得了重要的进展。尤其是在"三老四严"作风指引下"两弹一星"独立研制成功，不仅维护了国家安全和民族尊严，而且振奋了民族精神和自信心，铸就了伟大的"两弹一星"精神。

1978年的全国科学大会成为中国科技发展新的重要转折点。面对世界科学技术迅猛发展的态势和国内科技发展总体水平较低、科技创新力不足的客观现实，国家层面的科技体制改革措施纷纷出台。国家对于科技事业的重视促进了国内科研条件和环境持续改善，对于人才的尊重进一步提高了科技工作者的积极性，科学技术水平和自主创新能力不断提高，在数学机械化、单分子磁性控制、非典型冠状病毒全基因组序列测定等基础研究领域，高性能计算机、超导材料、系统控制等前沿技术领域，杂交水稻超高产育种、农业生物药物研制等农业科技进步等领域的科技成果纷纷涌现，[①] 尤其是神舟六号载人飞船的顺利升空和返回不仅圆了中国人民百年航天梦，也铸就形成了载人航天精神。

党的十八大以来，国家大力推动实施创新驱动发展战略，在有力的科技政策和科研条件保障下我国整体能力得到了显著提升，科技发展从以跟跑为主，步入跟跑、并跑、领跑并存的历史新阶段。在一系列重大科研成果中凝练形成的载人"深潜"精神、"天眼"精神、"探月"精神等集中彰显了新时代中国科学家的精神风貌。2019年中央出台《关于进一步弘扬科学家精神加强作风和学风建设的意见》，号召科技工作者大力弘扬科学家精神，第一次以中央文件的形式对科学家精神做了全面概括；习近平总书记在2020年科学家座谈会上希望广大科技工作者继承和发扬老一辈科学家胸怀祖国、服务人民的优秀品质，把自己的科学追求融入全面建设社会主义现代化国家的伟大事业中去。《意见》的出台和习近平总书记的讲话集中体现了对科学家群体弘扬科学家精神的期望，为科技工作者以科学家精神为引领投身科学强国、实现高水平科

---

① 中华人民共和国科学技术部：《中国科技发展70年（1949—2019）》，科学技术文献出版社2019年版，第3页。

技自立自强提供了鲜明的价值导向和精神支撑。

秉志科学家精神是中国科学家精神特定发展阶段的组成部分。科学家精神既是特定时期杰出科学家精神气质的呈现，也反映出国家和社会对不同历史阶段科学家的期盼。中国科学家精神的形成是接续互动的历史过程，早在新民主主义革命时期（1919—1949），中国第一代职业科学家秉持"科学救国"理念孕育了科学家精神。秉志作为中国第一代职业科学家群体之一，在该时期较早关注到科学家精神气质问题并建构形成科学家精神主体框架。同时秉志科学家精神思想与新时代科学家精神不仅具有相似的内涵表述，而且具有相似的问题意识。尽管将秉志科学家精神思想与新时代科学家精神存在相异的生产语境和提出主体，即秉志科学家精神是20世纪三四十年代科学救国背景下秉志个体思想认识的反映，新时代科学家精神是建设科技强国、实现高水平科技自立自强背景下国家意志的反映，但两者之间在一定意义上又存在传统承续和时代回归的关系，共同构成不同时代背景和社会环境下在本土语境中考察科学家精神的话语体系。

## 三 秉志：传承老一辈科学家精神的典型案例之一

纵观新中国科技发展史，老一辈科技工作者为中国科技事业做出了重要贡献，这一贡献不仅体现在科技成果方面，也体现在精神塑造方面，无形的精神力量相较于有形的科技成果具有更为深远的意义和更为长久的生命。当前，我国科技界作风学风方面总体上是好的，但也毋庸回避问题所在，例如：学风和作风建设问题依旧突出，部分科研工作者心沉不下来，冷板凳坐不住，硬骨头不愿意啃；[1] 科学诚信处于灰色地带，部分科研工作者从事肆意扩张的"大型豪华"研究；[2] 价值追求出

---

[1] 《塑新时代科学家精神 强科研作风学风建设 科技部部长王志刚解读〈关于进一步弘扬科学家精神加强作风和学风建设的意见〉》，《中国科技产业》2019年第7期；怀进鹏：《擎起新时代科学家精神火炬》，《瞭望》2020年第43期。

[2] 孙昌璞：《营造良好的作风学风，践行科学家精神》，《中国科学基金》2019年第33期。

## 第六章 秉志科学家精神思想理论特质审思

现偏差,民族自信心受到损害,似乎觉得讲爱国、讲团结已不合时宜,遗忘了科学家精神的精髓"敬业与忠诚"。① 传承老一辈科学家精神,弘扬新时代科学家精神改进作风学风建设,不仅是明确科技工作者开展科学研究规范准则的需要,也是加强科技工作者思想建设价值准则的需要,既是提升公众对科学家信任度的认同需要,也是维护中国科学界公信力的现实需要。

秉志晚年也回忆:"我是一个七十余岁的老人,我过了六十余年的黑暗日子。我刚刚懂得人事的时候,就是甲午那一年,我国被日本帝国主义打败,受到割地赔款的痛苦,国家在世界上的地位一落千丈。嗣后又遭到庚子八国联军占据北京,从此接二连三,不断地受帝国主义的压迫,旅顺、大连、青岛、威海卫、广州湾、台湾等地,都被列强占据。沿海沿江及内地各重要城市又都有租界,洋人在我国内横行无忌,骑在我国人头上。最痛苦的是日本的'二十一条'要求,几乎把我国降成属地。'九·一八'事变后,日本帝国主义得寸进尺,直欲把吾国灭亡,以遂其独霸东亚大陆的野心。'七七'事变吾国人忍无可忍,奋起拼死抵抗,日寇遂攻进吾国内地,尽量逞其凶焰,到处焚掠、屠杀、奸淫,吾国人为其所残害者不知几千万。在抗战前后二十余年中,国民党政权腐朽透顶,专以贪污剥削人民为能事。蒋宋孔陈四大家族之富可敌国,搜刮人民,把造孽钱存于美国银行,已为举世皆知之事。这是最近六十年来之情形,我亲身经过者。"②

通过前文论述可以看到,秉志早年头顶科举举人、留美博士光环,年幼时却心思顽钝,求学时也有着乡试不第、英文不及六十分的经历;他毕生服膺达尔文思想,呼吁按照进化法则改造民性适应环境,却因此被人指责为顾此失彼缺乏斗争精神;他怀揣科学救国梦想,却无力改变

---

① 陆大道:《以 SCI 为主导的"论文挂帅"对我国科技发展的负面影响》,《经济地理》2020 年第 40 期。
② 秉志:《国庆感言》,载翟启慧、胡宗刚编《秉志文存》第 3 卷,北京大学出版社 2006 年版,第 347 页。

动荡时局只得藏身药厂研究蛀虫；他毕生致力于开拓中国现代生物学事业，开疆拓土般架构起中国现代生物学的四梁八柱，而所著华章也伴随时代进步和科技发展翻开新的一页。作为科学救国的先驱、中国现代生物学的一代宗匠，他有"书生报国，笔扫千军"的豪迈、有"五心""三不怕"的精神；作为子女心中的慈父、学生眼中"严而不厉"的业师，他有相伴四十年的发妻离世后"从今相见唯凭梦，来世相期岂易期"[①]的柔情、有三岁的小孙儿去往外地时"追看壮大成丁日，来与尔翁拭泪痕"[②]的挂念。蓦然回首，在"灯前不胜当年感"之余，却依然"剩有初心未肯忘"。行文至此，不禁要问秉志的初心是什么？未曾经历此间种种的人们或可得出诸多答案，置身其中的他暮年亦曾说道：

> 我所惭愧的是终身作一书生，未曾参加革命工作。我的能力有限，不能偏为，性好科学，未曾作官，未曾经商，唯想以科学教育帮助人民，使国家提高地位。[③]

初心易得，始终难守。然而，初心易得岂易得？获得这份初心，源自将个人价值同祖国前途命运休戚与共的情感认同；源自扎根中国、放眼世界"中西会通"的理论素养和实践经历；源自深入思考、勇于实践"神行兼备"的思想认识和实践理性；源自对科学事业的热爱、科学精神的内化、科学意志的坚守。始终难守岂难守？坚守这份初心，他广泛涉猎生物学各分支学科50余年，在昆虫学、脊椎动物形态学、生理学、动物区系分类学、古生物学等领域进行大量开拓性研究，尤其精于解剖学和神经学，开创鲤鱼实验形态学先河，直至辞世前一天还在实验室工

---

① 秉志：《悼亡二首》，载翟启慧、胡宗刚编《秉志文存》第3卷，北京大学出版社2006年版，第381页。

② 秉志：《忆宏仁》，载翟启慧、胡宗刚编《秉志文存》第3卷，北京大学出版社2006年版，第381页。

③ 秉志：《自传》，载翟启慧、胡宗刚编《秉志文存》第3卷，北京大学出版社2006年版，第305页。

## 第六章 秉志科学家精神思想理论特质审思

作；他几十年如一日投身教育、奖掖后学，在多所高等院校和科研机构工作任教，受其直接或间接训练的逾千名学生成长为我国20世纪教育界和科技界的重要骨干；他23岁时在国家内忧外患之际怀揣科学救国梦想远赴海外寻求救国之道，年逾花甲时在新中国成立后秉持科学报国之志积极投身祖国建设。

在1986年秉志100周年诞辰、2006年秉志120周年诞辰之际，学界分别召开纪念会追忆秉志。在秉志100周年诞辰纪念会上，时任中国科协主席周培源院士认为举行纪念会在缅怀秉志的同时，更重要的是学习秉志精神，以此激励科技工作者贡献力量，指出秉农山先生一生，他的为人，他的教学、科学研究，是有很多地方可以学习的。首先，他在那种十分艰苦的情况下，坚持学习，努力克服困难，攀登科学高峰，这种顽强的斗争精神，我们应该好好学习，并且应该用这种精神来教育我们后一代。秉农山先生在那样艰苦的情况下，一面做教育工作，一面做科学研究工作，这种精神要大力提倡。其次，我们也要学习他愿意做社会工作，愿意献身科技方面的群众性活动。在秉志120周年诞辰纪念会上，时任国家自然科学基金委员会主任陈宜瑜院士认为，秉志实事求是、开拓创新的科学精神，严谨治学、身体力行的工作作风，谦虚谨慎、大公无私的高尚品德是我国科学界的宝贵财富。今天缅怀和纪念秉志，对于继承以秉志为代表的老一辈科学家的优良传统、提高我国自主创新能力、清除浮躁之风、培养造就大批高素质科技人才、激励我们不断为人类文明与进步做出更大创新贡献、努力推进我国科技事业发展具有重要现实意义。

周培源早在秉志1920年归国初期在南京高等师范学校任教时就与秉志相识，同秉志的学生伍献文、王家楫等一样被认为是秉志的"晚辈"。陈宜瑜自述："余忝为伍献文先生门墙，属再传弟子，然余生也晚，未曾亲炙教益，但从先师的训谕当中，获悉先生不仅功业至伟，且道德纯粹，忠信笃敬。二十年前，尝襄助先师编辑《秉农山先生诗

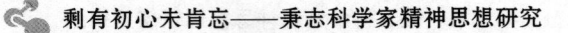

存》，又得读先生诗作，对生平事迹更增了解。"[①] 诚然，以上来自"晚辈"和"再传弟子"的总结评价可能带有主观色彩和感情意愿，几十年后在注重创新发现和理性严谨的学术论文中对此引用难免有"旧调重弹"和"主观意愿"之嫌。但理性分析，"实事求是、开拓创新、严谨治学、身体力行、谦虚谨慎、大公无私"的"秉志精神"在今天过时了吗？即使抛却秉志本人，"公而忘私、忠于所事、信实不欺、勤苦奋励、持久不懈、仁爱之心"的科学家精神在今天过时了吗？

秉志国学造诣深厚，尤以诗词为最，遗留诗草稿两千余篇，后择取184首集为《秉农山先生诗存》，现摘其八首集句权作回顾：

太学同游忆昔年[②]，茫茫学海浩无边[③]。
百年国步遭突变[④]，先生夙有报国愿[⑤]。
又见人间岁月新[⑥]，埋头还把虫鱼注[⑦]。
牖下书生已白头[⑧]，剩有初心未肯忘[⑨]。

---

[①] 陈宜瑜：《序》，载翟启慧、胡宗刚编《秉志文存》第1卷，北京大学出版社2006年版，第2页。

[②] 秉志：《赠辛心禅》，载翟启慧、胡宗刚编《秉志文存》第3卷，北京大学出版社2006年版，第376页。

[③] 秉志：《斗室》，载翟启慧、胡宗刚编《秉志文存》第3卷，北京大学出版社2006年版，第381页。

[④] 秉志：《岁暮吟》，载翟启慧、胡宗刚编《秉志文存》第3卷，北京大学出版社2006年版，第371页。

[⑤] 秉志：《寿权锡山》，载翟启慧、胡宗刚编《秉志文存》第3卷，北京大学出版社2006年版，第374页。

[⑥] 秉志：《丁酉元旦书怀》，载翟启慧、胡宗刚编《秉志文存》第3卷，北京大学出版社2006年版，第379页。

[⑦] 秉志：《辛丑元旦与宜之灯下畅谈感赋》，载翟启慧、胡宗刚编《秉志文存》第3卷，北京大学出版社2006年版，第373页。

[⑧] 秉志：《赴京开会》，载翟启慧、胡宗刚编《秉志文存》第3卷，北京大学出版社2006年版，第377页。

[⑨] 秉志：《灯下感怀》，载翟启慧、胡宗刚编《秉志文存》第3卷，北京大学出版社2006年版，第382页。

# 结论与展望

萨顿认为:"有不少的科学家,都只是通过科学的物质成就来理解科学,却不去思考科学的精神,既看不到它内在的美,也看不到它不断地从自然的内部提取出来的美。现在我要说,在过去的科学著作中发现的那种没有也不可能被替换的东西,也许正是我们自己研究中最重要的部分。"① 1936年秉志接受《世界日报》采访,当记者贺逸文问及秉志科学发达后最容易见着的进步是什么时,秉志说:"我们不要说那些大的事情,就以个人来说罢。中国人最大的毛病,就是偏私,而科学都是注重公的,中国人的营私舞弊,就是不忠,说谎是没有信,懒惰是不勤,而且做事没有恒心。提倡科学的最大结果是使少数科学家变成多数的。"秉志的回答看似答非所问却与萨顿的见解有异曲同工之处,他没有就科学的物质效用具体展开,而是着重强调科学的精神功效,认为通过克服偏私、舞弊、说谎、懒惰、无恒的弊端,使能公、能忠、能信、能勤、能久的少数科学家变成多数,通过多数科学家"应该"的努力发展科学解救国家危急、解除人民痛苦,"欧洲科学家苦力奋斗,将中古黑暗的欧洲变成文化灿烂的欧洲。中国的科学家也应该努力!救国家的危急,解除人民的痛苦"。② 在笔者看来这即是秉志提出"科学家之

---

① [美]乔治·萨顿:《科学史和新人文主义》,陈恒六、刘兵、仲维光译,上海交通大学出版社2007年版,第4页。
② 贺逸文:《生物学家秉志》,载贺逸文《北平学人访问记》(下),商务印书馆2020年版,第215页。

精神"的归旨。

回到本书开篇提出的三个问题：（1）新时代科学家精神是否具有理论前影或说有类似内涵的概念表述？（2）当前科技界不同程度存在的作风学风问题是时代的凸显还是长期固有？（3）如何通过挖掘老一辈科学家典型案例传承老一辈科学家优良传统弘扬新时代科学家精神？通过前文论述现在可以对以上三个问题进行初步回应。

（1）秉志科学家精神思想可以看作新时代科学家精神理论的前影之一，新时代科学家精神在一定意义上是秉志科学家精神思想的时代回归。新中国成立以来，广大科技工作者在科学实践过程中形成了中国科学家精神，诚然这一精神气质的形成是接续互动的历史过程，早在新民主主义革命时期中国第一代职业科学家秉持"科学救国"理念孕育了科学家精神。该时期科学救国的先驱、中国现代生物学建制化的主要开拓者和重要奠基人、动物学家秉志关注到科学家应然性精神气质问题。秉志早在留学时期对"真正之科学家"表现出的精神气质有了感性认识和直观了解，归国初期意在通过提倡"纯洁之科学家"减少国内科技发展的诸多困境对科学发展和对科学家精神状态的影响；抗日战争期间基于科学救国目的倡导科学家精神，立足国难时期分析科学家的社会责任，阐明科学精神与科学家精神的内在关联；抗战胜利后通过对抗日战争的审思和科学立国目的，在精神框架内部和外部辩证审思科学家精神的效用限度，并最终在20世纪60年代对科学家精神概念正名。秉志科学家精神思想主要涉及本人系统总结的"公而忘私、忠于所事、信实不欺、勤苦奋励、持久不懈、仁爱之心"六条内涵，同时有"以创新术、诚恳合作、作育人才"等隐含内涵，该思想具有完整的逻辑结构，将"德"视为科学家精神核心，内在统摄以"诚"为核心的公而忘私、忠于所事、信实不欺的"科学之精神"，以"久"为核心的以勤苦奋励、持久不懈的"科学之态度"，以"仁"为核心的仁爱之心的"科学之道德"。受实证精神和结构功能主义影响，秉志呼吁科学家秉承科学精神认知科学把握客观真理,坚守科学态度研究科学发现客观真理,内化科学道德转化科学应用客观真理,通过弘扬与科学认知规范和社会价值规范相适应的科学家精神克服科学发展的困境和作风学风方面存在的问题发展科学,通过科学物质功能和精神功能的彰显实现科学救国和科学立国归旨。尽管秉志科学家精神思想是秉志的个体认识而非国家意志,提出语境与新时代中国科学家精神存在相异的社会历史背景,但两者之间在一定意义上具有相似的内涵表述和价值归旨。

(2)秉志科学家精神思想与新时代中国科学家精神在解决科技界作风和学风存在的问题方面具有相似的价值指向。弘扬新时代科学家精神旨在树立科技界广泛认可、共同遵循的价值理念,通过崇尚学术民主反对门户偏见和"学阀"作风、坚守诚信底线反对违背科研诚信要求的行为,反对浮夸浮躁和投机取巧,反对科研领域"圈子"文化,转变作风改进学风,为建设科技强国汇聚力量。事实上,秉志科学家精神思想的建构过程并非形而上的主观意愿,而是来源于对所处时期科技界作风和学风存在问题的深入考察,是分析国内科技界作风学风"实然性"状况基础上提出的"应然性"价值呼吁。20世纪上半叶中国科学发展面临社会动荡、资金短缺、学科发展不平衡、门户之见和学术派系倾轧严重等困境,不仅影响了国内科学发展水平,而且对科技界作风学风的整体状况和科学家的精神状态产生影响,秉志认为20世纪三四十年代国内科技界在作风学风方面存在缺乏学术民主、缺乏诚信、缺乏公开精神、缺乏敬业奉献精神、缺乏家国情怀等陋习,具体表现为门户妒嫉恶习和学术专制,缺乏诚信作假造假,居奇自私不愿提携后学,不专心本业见异思迁,浮夸浮躁盲目追逐热点,对待工作怨天尤人,不肯为国效力甚至仗其所学剥削民众。基于改变当时科技界作风学风方面存在的问题,秉志希望通过建构一种作为应然性价值规范的科学家精神突破困境,通过精神力量克服客观环境的阻碍,实现发展科学和科学救国的目的。事实上,秉志科学家精神思想的建构正是围绕这一价值指向展开的，通过对科学家精神的倡导改善科技界作风和学风方面的问题，内在呈现出"聚焦科学主体→批判作风学风问题→倡导精神气质→发展科学技术→实现科学救国"的逻辑发展趋向。

（3）秉志对科学家精神的思考和践行体现出"神行兼备"的实践理性。科学家作为一类专门职业是从事科学研究、推动技术进步的直接执行者，在实践过程中内在形成了契合科学认知规范和社会价值规范的精神气质，既在其指导下自由实践，也受其内在价值框架的规范约束。秉志科学家精神思想作为"科学之精神""科学之意志""科学之道德"的统摄和科学家主体的人格化反映，在向科学家精神转化的过程中，聚焦科学家在科学实践过程中的主体性作用和精神作为一种实践理性的能动性，不仅在思想上形成一套颇为完整和系统的思想理论体系，而且将对该思想的认同转化为科学研究、科学救国和科学建制开拓的具体行动，对科学家精神的思想认同为秉志的具体实践提供了价值导向，同时伴随这一实践过程的展开丰富和完善了科学家精神思想。尤其是在开拓中国现代生物学建制化的具体实践中，秉志能在科学建制化理论系统传入中国之前结合国情进行理论上的思考阐释，能克服国家局势内忧外患、科学发展举步维艰的不利环境勇于实践并做出开拓性贡献，彰显的精神气质和"神行兼备"的实践理性不仅是走好中国科学建制化未来之路的宝贵精神财富，也是传承老一辈科学家精神的典型案例。

整体而言，本书通过对秉志科学家精神思想的生成语境、发展演进、内涵诠释的探究，并借助案例分析完成了对秉志科学家精神思想的梳理，对上述三个问题进行了回应，基本实现了本书的研究预期。但是笔者深知这只是完成了阶段性工作，秉志科学家精神思想仍然有很大空间值得发掘。以下仅从比较研究角度对今后的研究做一展望。

第一，与同一时代国内先进人士关于科学家精神认识的比较研究。正如在本书序言部分提到的，与秉志同一时代的中国第一代职业科学家从20世纪上半叶产生伊始就被赋予了诸多探究纯粹知识之外的价值判断的责任使命，体现出科学救国、经世济民的鲜明价值取向，尽管他们在思想深处对科学的关照程度不同，但大都倡导通过建构科学家应然性精神气质发展科学。通过将秉志科学家精神思想与同一时代国内先进人士关于科学家精神的认识进行比较，一方面有利于深化对秉志科学家精神思想的认识；另一方面能够深化对近代中国科学家精神气质的认识。尽管笔者对秉志同一时期的中国学者对科学家精神的讨论有所考察，认为秉志科学家精神思想较之其他学者的论述更具有完整性和系统性，书中也涉及与梁启超、任鸿隽、竺可桢等的思想认识的比较，但总体而言深度和广度都不够。事实上，每位思想者或者说每个人的思想都有复杂性、多样性和可借鉴性，对于个体思想的考察尤其是深入挖掘看似简单实际上并非易事，需要研读大量资料、进行长期思考，由于学术积累和时间精力方面的局限本书关于该问题的深入挖掘还有很大提升空间，有待笔者在今后的研究中进一步完善，同时更期待学界的共同研究。

第二，与国内外在不同时代提出的相关概念的比较研究。一方面，尽管科学家精神是一个具有中国特色的概念，但是国外并非没有类似研究，例如默顿提出的"科学的精神气质"、爱因斯坦倡导的"科学家的良心"、贝尔纳提出的"科学家的社会责任"等，均是基于规范和倡导科学家内在品行和外在行为，从不同角度对科学家的精神道德和社会责任的思想认识；另一方面，新中国成立以来，广大科技工作者铸就形成了诸多精神丰碑，例如"两弹一星"精神、"载人航天"精神、"探月"精神、"深潜"精神等，是对不同历史发展阶段某一科研群体或具体科研过程中彰显的精神气质的总结，尤其是2019年中央首次概括总结了新时代中国科学家精神。受中外之别、时代之异，以上国内外在不同时期提出的相关概念与秉志科学家精神思想既具有内在一致性又存在具体差异。将以上概念作为考察秉志科学家精神思想的"坐标系"或"参考系"，能够进一步搭建理解秉志"科学家之精神"思想的"抓手"或"脚手架"。但是由于这些思想认识和概念同样内涵深厚，尽管笔者对科学精神与科学家精神，秉志语境中的科学家精神与国内同期相关认识、"科学的精神气质"、新时代科学家精神做了比较，但是思考高度和深度都不够，有待笔者在今后的研究中进一步加强深入思考，同时更期待学界的共同研究。

# 参考文献

## 一 著作类

安维复：《科学哲学的后现代转向》，广西师范大学出版社2018年版。

郭郛、钱燕文、马建章：《中国动物学发展史》，东北林业大学出版社2004年版。

何国祥、刘薇、施云燕、刘春平、张楠、吕华：《百年历程：中国科技工作者群体的起源与成长》，科学出版社2017年版。

胡守钧：《文明之双翼——关于科学精神与人文精神的对话》，复旦大学出版社2011年版。

胡宗刚：《静生生物调查所史稿》，山东教育出版社2005年版。

李佩主编：《学在康大 志在中华——康奈尔大学的中国校友》，社会科学文献出版社1999年版。

李思琪、李斌编：《科学救国启蒙人 中华科技拓荒者》，大象出版社2021年版。

李喜所：《中国留学史论稿》，中华书局2007年版。

李醒民：《中国现代科学思潮》，科学出版社2004年版。

李醒民主编：《见微知著——中国学界学风透视》，河南大学出版社2006年版。

李正风：《科学知识生产方式及其演变》，清华大学出版社2006年版。

林丽成、章立言、张剑编注：《中国科学社档案整理与研究 发展历程史料》，上海科学技术出版社 2015 年版。

刘大椿、吴向红：《新学苦旅　中国科学文化兴起的历程》，广西师范大学出版社 2003 年版。

刘大椿等：《师夷长技：中国近现代科技转型的历史轨迹与哲学反思》（第二卷），中国人民大学出版社 2019 年版。

刘大椿等：《西学东渐：中国近现代科技转型的历史轨迹与哲学反思》（第一卷），中国人民大学出版社 2018 年版。

刘萱、王宏伟等：《中国学术环境建设研究报告 2018》，清华大学出版社 2019 年版。

罗桂环：《中国近代生物学的发展》，中国科学技术出版社 2014 年版。

罗桂环、李昂、付雷、徐丁丁：《中国生物学史》（近现代卷），广西教育出版社 2018 年版。

罗桂环、汪子春主编：《中国科学技术史》（生物学卷），科学出版社 2005 年版。

骆郁廷：《精神动力论》，武汉大学出版社 2003 年版。

冒荣：《科学的播火者——中国科学社述评》，南京大学出版社 2002 年版。

邵延淼主编：《辛亥以来人物年里录》，江苏教育出版社 1994 年版。

孙文治主编：《东南大学校友业绩丛书》（第一卷），东南大学出版社 2002 年版。

王德滋主编：《南京大学史（1902—1992）》，南京大学出版社 1992 年版。

王天骏：《文明梦　记第一批庚款留美生》，清华大学出版社 2012 年版。

王扬宗编校：《近代科学在中国的传播——文献与史料选编》（上），山东教育出版社 2009 年版。

王扬宗编校：《近代科学在中国的传播——文献与史料选编》（下），山东教育出版社 2009 年版。

夏文华：《中国现代科学文化共同体研究——以中央研究院为考察中心》，中国社会科学出版社 2018 年版。

薛桂波：《科学共同体的伦理精神》，中国社会科学出版社 2014 年版。

翟启慧、胡宗刚编：《秉志文存》（第 1 卷），北京大学出版社 2006 年版。

翟启慧、胡宗刚编：《秉志文存》（第 2 卷），北京大学出版社 2006 年版。

翟启慧、胡宗刚编：《秉志文存》（第 3 卷），北京大学出版社 2006 年版。

张剑：《科学社团在近代中国的命运——以中国科学社为中心》，山东教育出版社 2005 年版。

张剑：《赛先生在中国——中国科学社研究》，上海科学技术出版社 2018 年版。

中国科协发展研究中心编：《科技工作者的社会责任》，科学出版社 2009 年版。

中国科学院编：《科研活动道德规范读本》（试用本），科学出版社 2009 年版。

中国科学院档案馆编：《中国著名科学家手稿珍藏档案选》，广东教育出版社 2019 年版。

中国科学院学部联合办公室编：《中国科学院院士自述》，上海教育出版社 1996 年版。

中华人民共和国科学技术部编：《中国科技发展 70 年（1949—2019）》，科学技术文献出版社 2019 年版。

周桂发、杨家润、张剑编注：《中国科学社档案整理与研究　书信选编》，上海科学技术出版社 2015 年版。

朱华：《近代中国科学救国思潮研究》，人民出版社 2010 年版。

朱一雄主编：《东南大学校史研究》（第二辑），东南大学出版社 1992

年版。

朱一雄主编：《东南大学校史研究》，东南大学出版社1989年版。

朱一章、郑姚铭主编：《东南大学校史研究》（第三辑），东南大学出版社1998年版。

[法] 昂利·彭加勒：《科学的价值》，李醒民译，商务印书馆2007年版。

[法] 加斯东·巴什拉：《科学精神的形成》，钱培鑫译，东方出版社2022年版。

[美] R. K. 默顿：《科学社会学》（上），鲁旭东、林聚任译，商务印书馆2017年版。

[美] R. K. 默顿：《科学社会学》（下），鲁旭东、林聚任译，商务印书馆2017年版。

[美] 巴伯：《科学与社会秩序》，顾昕等译，生活·读书·新知三联书店1991年版。

[美] 乔治·萨顿：《科学史和新人文主义》，陈恒六、刘兵、仲维光译，上海交通大学出版社2007年版。

[以色列] 约瑟夫·本-戴维：《科学家在社会中的角色》，刘晓译，生活·读书·新知三联书店2020年版。

[英] A. N. 怀特海：《科学与近代世界》，何钦译，商务印书馆2017年版。

[英] J. D. 贝尔纳：《科学的社会功能》，王文浩译，商务印书馆2023年版。

[英] M. 戈德史密斯、A. L. 马凯：《科学的科学——技术时代的社会》，赵红州、蒋国华译，科学出版社1985年版。

[英] P. B. 梅多沃：《对年轻科学家的忠告》，蒋效东译，南开大学出版社1986年版。

[英] 卡尔·皮尔逊：《科学的规范》，李醒民译，商务印书馆2012

年版。

［英］马克·埃里克森：《科学、文化与社会——21世纪如何理解科学》，孟凡刚、王志芳译，上海交通大学出版社2017年版。

［英］约翰·德斯蒙德·贝纳尔：《历史上的科学》（卷一 科学萌芽期），伍况甫、彭家礼译，科学出版社2015年版。

［英］约翰·德斯蒙德·贝纳尔：《历史上的科学》（卷二 科学革命与工业革命），伍况甫、彭家礼译，科学出版社2015年版。

［英］约翰·德斯蒙德·贝纳尔：《历史上的科学》（卷三 我们时代里的自然科学），伍况甫、彭家礼译，科学出版社2015年版。

［英］约翰·德斯蒙德·贝纳尔：《历史上的科学》（卷四 社会科学：结论），伍况甫、彭家礼译，科学出版社2015年版。

## 二 论文类

曹效业、熊卫民、王扬宗：《关于中国现代科技发展历史的反思》，《科学文化评论》2014年第1期。

陈先达：《寻求科学与价值之间的和谐——关于人文科学性质与创新问题》，《中国社会科学》2003年第6期。

陈宜瑜：《在秉志先生诞辰120周年纪念会上的讲话》，《动物学报》2006年第6期。

刁生富：《大科学时代科学家的社会责任》，《自然辩证法研究》2001年第7期。

樊洪业：《秉志先生早期学历考实》，《中国科技史料》1989年第2期。

范岱年：《关于留美华裔科学家》，《自然辩证法通讯》2012年第1期。

范岱年：《唯科学主义在中国：历史的回顾与批判》，《科学文化评论》2005年第6期。

范思璐、宋怡凡：《"科学救国"先驱秉志的"国民性"认识》，《自然辩证法研究》2013年第5期。

范铁权:《中国科学社研究概述》,《自然辩证法通讯》2003年第4期。

范晓锐、冯立昇:《中国动物学会的成立及其早期活动(1934—1949)》,《自然辩证法通讯》2019年第10期。

方新、王灏晨:《塑造科学文化 弘扬科学精神》,《科技导报》2019年第10期。

高策、宋艳琴:《"两种文化"论战主题的历史变迁与意义分析》,《科学技术哲学研究》2009年第6期。

高懿:《科学家具有独特的人格特征吗?》,《自然辩证法通讯》2019年第10期。

郭建荣:《关于秉志先生早期学历的一点史料补证》,《中国科技史料》2002年第2期。

韩启德:《我对科学文化与科学精神问题的看法》,《科技导报》2012年第26期。

郝刘祥:《科学与中国传统文化讨论的三个误区》,《科学文化评论》2012年第6期。

洪晓楠、王丽丽:《科学家的责任分析》,《哲学研究》2007年第11期。

胡祥明:《中国科学家精神时代内涵的凝练及塑造》,《科协论坛》2018年第12期。

胡宗刚:《科学家秉志的家训》,《科学文化评论》2004年第6期。

贾晓慧:《"科学救国论"的特征及现代价值》,《科学技术与辩证法》2005年第1期。

柯遵科、李斌:《中国科学社的兴亡》,《自然辩证法通讯》2016年第3期。

李斌:《百年复兴与科学家精神的形成》,《中国科学院院刊》2021年第6期。

李辉芳、张培富:《中国近代科学救国思想的先行者——秉志》,《山西高等学校社会科学学报》2006年第6期。

李科：《中西科学家社会责任之比较》，《科学学研究》2010年第11期。

李响、刘兵：《提升科学家的人文教育》，《中国科技论坛》2020年第5期。

李醒民：《秉志的科学救国和科学立国思想》，《山东科技大学学报》2018年第3期。

李醒民：《秉志科学论一瞥》，《哲学分析》2017年第4期。

李醒民：《秉志论科学与人生》，《社会科学论坛》2020年第1期。

李醒民：《科学家的品德和秉性》，《自然辩证法通讯》2009年第1期。

李醒民：《科学家对社会的道德责任》，《民主与科学》2011年第5期。

李醒民：《论科学家的科学良心：爱因斯坦的启示》，《科学文化评论》2005年第2期。

李醒民、胡新和、刘大椿等：《"科学、技术与社会发展"笔谈》，《中国社会科学》2002年第1期。

李正风：《再论科学的规范结构》，《自然辩证法通讯》2006年第5期。

刘兵：《从科学主义到人文主义》，《史学月刊》2007年第9期。

刘兵：《科学家的社会责任感与面向科学家的科学传播》，《科学与社会》2011年第1期。

刘大椿：《科学文化与文化科学》，《自然辩证法通讯》2012年第6期。

刘大椿：《师夷长技与中国近现代科技转型》，《自然辩证法研究》2019年第3期。

刘大椿：《西学东渐与中国近现代科技转型的若干问题》，《天津社会科学》2021年第4期。

刘霁堂：《科学家职业演变与科普责任》，《自然辩证法研究》2004年第8期。

刘立：《科学的精神气质："面子"和"位子"一个都不能少》，《自然辩证法通讯》2005年第6期。

刘学礼：《近代中国科技教育的兴起——以生物学教育为例》，《广西民族大学学报》（自然科学版）2009 年第 2 期。

刘学礼：《中国近代生物学如何走上独立发展的道路》，《自然辩证法通讯》1992 年第 4 期。

陆景一：《我国生物科学的开拓者》，《生物学通报》1986 年第 7 期。

陆景一：《忆秉志先生二、三事——为纪念秉志先生诞生一百周年》，《动物学杂志》1986 年第 2 期。

马佰莲、欧阳志远：《论科学家个人自由的三种形态》，《哲学研究》2006 年第 8 期。

马来平：《关于默顿科学规范的几个理论问题》，《科学文化评论》2006 年第 3 期。

马来平：《科学家的价值追求和社会责任》，《科技导报》2014 年第 30 期。

马来平：《默顿科学规范再认识》，《自然辩证法研究》2008 年第 4 期。

莫少群：《"科学家社会责任"问题的由来与发展》，《自然辩证法研究》2003 年第 6 期。

潜伟：《科学文化、科学精神与科学家精神》，《科学学研究》2019 年第 1 期。

任爱玲：《科学家伦理责任的哲学思考》，《科学技术与辩证法》2001 年第 6 期。

任鸿隽：《中国科学社社史简述》，《中国科技史料》1983 年第 1 期。

尚智丛、田喜腾：《矢志不渝科学救国 治学育人奉献一生——传承秉志先生科学家精神》，《中国科学院院刊》2019 年第 7 期。

尚智丛、田喜腾：《科学与社会秩序共生的理论探索》，《科学学研究》2020 年第 2 期。

孙孝科：《科学家的社会责任：不是什么与是什么？》，《科学技术与辩证法》2006 年第 1 期。

汪子春：《中国近现代生物学发展概况》，《中国科技史料》1988 年第

2 期。

王家楫：《悼念秉志先生》，《科学通报》1965 年第 5 期。

王家楫、张孟闻、郑集等：《回忆业师秉志》，《中国科技史料》1986 年第 1 期。

王前：《新时代弘扬科学精神面临的新问题》，《科学与社会》2021 年第 3 期。

魏洪钟：《对科学家社会责任研究的反思》，《科学与社会》2012 年第 4 期。

吴国盛：《科学精神的起源》，《科学与社会》2011 年第 1 期。

伍献文：《秉志教授传略》，《中国科技史料》1986 年第 1 期。

夏从亚、梁秀文、孔巧晨：《试论把科学精神融入中华民族精神》，《自然辩证法研究》2015 年第 3 期。

夏劲：《民国初期科技教育蓬勃发展的动因、特点及其影响探析》，《自然辩证法通讯》2017 年第 5 期。

肖峰：《科学精神的语义问题》，《哲学研究》1998 年第 7 期。

徐飞：《科学文化另面观——赛先生为何要与德先生同行》，《科学与社会》2017 年第 2 期。

薛桂波：《论科学家的"道德世界观"》，《科学技术与辩证法》2006 年第 3 期。

姚丽霞：《现代科技工作者与政府的关系转型》，《自然辩证法研究》2016 年第 1 期。

叶继红：《"科学家"职业的演变过程及其社会责任》，《自然辩证法研究》2000 年第 12 期。

余平：《科学与科学精神之思》，《哲学研究》1996 年第 10 期。

袁江洋、佟艺辰：《回到历史还是穿越历史？——科学的历史哲学的反思》，《科学技术哲学研究》2021 年第 2 期。

翟启慧：《秉志传略》，《动物学报》2006 年第 6 期。

翟启慧：《秉志教授主要论著目录》，《中国科技史料》1986年第1期。

张剑：《从"科学救国"到"科学不能救国"——近代中国"科学救国"思潮的演进》，《自然科学史研究》2010年第1期。

张剑：《从"科学救国"到"科学建国"的践行者——中国科学社对中国近代科学发展的三大贡献》，《自然辩证法通讯》2016年第3期。

张剑：《另一种抗战：抗战期间以秉志为核心的中国科学社同仁在上海》，《中国科技史杂志》2012年第2期。

张孟闻：《回忆业师秉志先生》，《中国科技史料》1981年第2期。

张致一、宋振能、薛攀皋：《中国科学院生物学四十年》，《中国科学院院刊》1989年第3期。

周程：《新文化运动时期科学何以能够战胜儒学》，《科学学研究》2019年第5期。

# 附　　录

1. 欢迎秉志博士

笔者按：1920年秉志留学归国后受聘为南京高等师范学校农业专修科教授。同年11月4日该科举行欢迎会，该科师生冯泽芳、王家楫、邹秉文对秉志加入南京高师过程、留学期间经历等进行介绍，秉志结合留学经历就国内进一步推行科学教育、加强科学研究、坚定科学信仰等观点进行了阐述。

农科动物学教授秉农山先生现已由美回国。三日下午到宁。四日下午四时，农科全体同学特在梅庵开会欢迎。首奏音乐，次冯君泽芳报告开会宗旨，略谓：秉先生之学问、人格，在座诸同学皆知之，无庸再述。我们得如此良师，实为无上荣幸，有无限快乐。因此不得不有欢迎会之正式表示。此种欢迎会并非寻常可比，实为农科全体学生欢迎诚意之真实表现。继王君家楫致欢迎词，略谓：对于秉农山先生特别可欢迎之点有三。第一，当民国六年本校农科始开办时，已闻聘定秉先生为动物学教授，而秉先生留美研究不能回国。农科学生盼望三年余，致第一次毕业同学不能受到秉先生之教益。即今之三年级动物学课程本在第一年授者，直迁移至今。现秉先生到后，意觉得可喜。第二，秉先生留学美国十二年，得博士学位之后，尚在美专深研究三年，其好学之心实足为学生之绝好模范，并亦为学界中罕有。第三，秉先生为动物学专家、科学社中之健将，现来本校，于提倡科学、物色专才之南高，又增一研究之中坚分子。且本校明年即改为东南大学，秉先生之来必能于将来之东南大学及中国之科学上多所贡献云。

又次，农科主任邹秉文先生详细介绍秉先生之历史。谓秉先生本在北京大学肄业，一九零九年赴美，次年入康南耳大学，一九一三年得农学士学位，专于昆虫及动物，继入毕业院研究。一九一七年得动物学博士学位，其博士论文为"一种水中动物 Salt Fly 之研究"及"鸟类之听官"二题，一九一七至一九二零年，费城韦斯特生物研究所聘为研究员，研究题目一为"人之不自然动作 Involuntary motion of man"，一为"鼠之嫡亲交配 Inbreeding"。所得结果已在各著名动物学杂志上发表。然此仅学问上之一斑，秉先生之为人更有可佩服者，一为刻苦向学。秉先生向学之勤真人所难能。有一次入湖中提 Salt Fly 几至溺死。余与秉先生同校时，曾同习植物分类学程，以余暇往校外采集，秉先生辄为前驱，采集所得，夜必详为鉴定面分类之，每至半夜或早晨一二时始寝。二为急公好义。秉先生自奉甚薄，公事甚热心。科学社成立时，秉先生搏节费用，捐充社费。民国三年，日本为"二十一条"要求时，秉先生尽出其所积着与同志办一种报，反对日本人之蛮横。有时朋友容急，秉先生慷慨助之，并按月助以学费，而自己因膳食不足，仅吃白菜，故秉先生之咬菜根为同学中所常称道。最近在费城研究时，与同学办一学校以教导华工，其他类此者甚多。余以四五年之同学。故知之领悉，以介绍于诸君。

邹先生词毕，秉先生起而演说，略谓：承诸君欢迎甚不敢当。鄙人所以不早回国者以学问不足不敢回国也，鄙人回国未数日，国内情形不慎熟悉，唯以中国之大，仅有国立大学一所，且不甚完备。故美国教士之在中国办学者如岭南大学校长爱理门、圣约翰大学校长卜防济回国对人言，辄称中国学校以彼所办之大学为第一，虽言不足尽信，然亦因我国无著名之大学故，彼敢出此狂言，以动人听闻，美国阿海阿一省面积不及江苏三分之一，而有大学五十所。以此推之，中国将来之大学至少每省设立五所，今南京高师将改为东南大学，适为应大学紧要之需求，至学生之求学态度至为紧要。鄙人在美有日本人同学，见其资质实不及中国人，而其信仰科学之心实可候服。我们对于科学，虽不能不加判断，遂加以迷信。然经世界公认为有研究之价值者，即当笃信而研究之，不必计及将来有若何用否，即不有直接之用，此种智识之发明亦有极大之价值在也。南京高师，鄙人早闻其学风甚好。诸君皆有志向学者，以此相勉，以后相聚之机正长，谈话时再细述。

以上所言皆足以代表秉先生及农科学生之所以特开会欢迎者，故详记之，秉先生于五日乘津浦车北上，回开封原籍一行，不久即到校授课云。

——《欢迎秉志博士》，《南京高师日刊》1920 年 11 月 5 日第 2 版

## 2. 秉农山先生讲演题目时间及地点表

笔者按：秉志和任鸿隽是美国康奈尔大学校友，共同发起创办《科学》杂志和中国科学社，尽管双方在中国古代有无科学、科学方法与科学概念的关系等具体问题的认识方面存在不同甚至相左的学术观点，但两人依旧为终生挚友。任鸿隽任国立四川大学校长期间，于 1937 年邀请秉志莅校讲演，多场讲演内容被整理后在《川大周刊》或外部报刊发表。

查本大学

聘请秉农山先生莅校讲学业经分函布告在案，兹将秉先生每周讲演题目时间地点列表布告，仰各院学生一体知照，此告。

附表一份

校长 任鸿隽
二十六年三月十八日

| 时间 | 题目 | 地点 |
| --- | --- | --- |
| 第六周星期四日（即三月十八日）午后七时至八时 | 科学与民族复兴 | 理学院礼堂 |
| 第七周星期一日（即三月二十二日）午前十一时至十二时 | 生物学研究与农业 | 农学院礼堂 |
| 第七周星期二日（即三月二十三日）午后七时至八时 | 生物学之片面观（一） | 理学院礼堂 |
| 第七周星期三日（即三月二十四日）午后四时至五时 | 生物与文化（一） | 文学院礼堂 |
| 第七周星期四日（即三月二十五日）午后七时至八时 | 科学家对于社会之责任 | 理学院礼堂 |
| 第八周星期二日（即三月三十日）午后七时至八时 | 生物学之片面观（二） | 理学院礼堂 |
| 第八周星期四日（即四月一日）午后七时至八时 | 科学家之修养与环境 | 理学院礼堂 |
| 第八周星期五日（即四月二日）午后七时至八时 | 人类之天演 | 农学院礼堂 |
| 第八周星期六日（即四月三日）午后三时至四时 | 生物学与文化（一） | 文学院礼堂 |
| 第九周星期一日（即四月五日）午前十一时至十二时 | 生物与人生 | 农学院礼堂 |
| 第九周星期二日（即四月六日）午后七时至八时 | 生物学之片面观（三） | 理学院礼堂 |

附注：法学院讲演题目时间与文学院同地点在文学院礼堂

——《秉农山先生讲演题目时间及地点表》，《川大周刊》1937年3月28日第1版

### 3. 科学家对于社会的责任

笔者按：该文即为秉志在四川大学演讲内容之一，经过整理后在《科学世界》发表。文中秉志一方面呼吁科学家面向社会研究科学，尤其在国家内部空虚、外受强敌压迫之际更不能忘记科学家对于社会的责

任；另一方面呼吁科学家秉持公、忠、信、勤、久的科学信条，承担起"研究"和"推广"责任；同时认为中国人民有天赋的才力，中国有统一的文字和悠久的历史，如果科学家真正负起责任、做出贡献，中国科学的发达将会充满希望。

  现在学科学的人，和以前学科学的态度不同了。以前的人学科学，完全为好奇，为求学问，为真理，任个人的兴趣而研究，对于国家社会的情形毫不过问；但现在的科学，不论中外，皆与社会发生关系。

  研究科学的目的，不一定对于社会上有用，只要得到真理，自然会应用于社会，增进人类的智慧，扩大人类的眼光，所以科学研究，有了结果，就可以与实用发生关系。例如意人 Galvani 是发现电流的人，当他解剖青蛙，挂在铁丝上时，青蛙的肌肉因触电而跳动，由此发现电流，在他发现电流的时候，决没想到电流在现代的重要。又如牛顿见苹果坠地而发明力学，当他发明力学的时候，决没想到现在的一切机械，都是利用他的力学原理而制造成功。所以研究科学，不一定先求实用，只要得到结果，求得真理，自然会应用到社会上。中国在国难最严重的时候，科学的研究，更为重要，更不能忘了对于社会的责任。

  科学不仅以科学与物质有关系，并且与精神上、道德上都是息息相通。如科学上之五个信条（公、忠、信、勤、久）可以陶冶人民，使成品格健全的优良分子，养成科学的头脑，所以科学不仅在智识上可以提高人类的文化，更可以增进人民的道德观念。那末科学家的责任是什么呢？

  第一是研究：广义的来说，读书用功，都是研究；但是严格的或狭义的来说，必须具备科学的六个方法（观察、实验、比较、分类、演绎、证实）应用到问题上，去解决问题，这才是真正的研究。研究可分两种：一种是学习研究，就是把人家研究过的东西重复一次，一种是创作研究，就是用新的材料，找出新的结果，发前人所未发，供给新贡献，创造新局面，不论价值的大小，只要是用以上六个方法找出来的结果，都是真正的研究。

在中国环境之下，人人都要研究是不可能的。就是在学校或在研究机关里，研究工作也很困难。如一个学生，初做研究的时候，必须由教授指导，经过相当时间的训练，经验丰富了，再自己设法研究，等到基础知识充实，经验更加丰富之后，已经不知废了多少精力和时间。所以独立研究，当然是很不容易的一件事。说起研究来，第一就是设计问题，中国做科学研究的设备，有的地方非常简陋，尤其是四川，因交通不便，更加困难，所以科学家应负的责任很重，要对付的困难很多。但不能因为困难而放弃责任，当初欧洲的环境也很恶劣，但是经过几位大科学的奋斗和努力，才有现在的成功，我们也当本着这种精神去研究。但有些科学是有地方性的，如生物学比较容易从事研究，有些没有地方性的，如物理、化学、天文等等，须有充实的设备，方可研究，所以更加困难。但是不管容易或困难，都得要我们能耐劳，找机会设法去工作，虽在千难万难之中，总可以找到解决的办法！德人 Kepler 有志于天文学之研究，因家境贫寒不能购置仪器，甚至生活都不能维持，无法之中，以星相糊口，幸遇德之某亲王，信其所说，与之建一观象台，他一方面敷衍亲王，一面努力研究，得到亲王很多帮助，终于成为大天文学家。又德人韦斯曼四十岁时，目已失明，但自四十至八十岁间或，对于科学的贡献最多，并且最有价值，他决不因失明而放弃研究责任，靠他的学生替他看显微镜、看书、写文章，才得到最后的成功，他在这样困难的环境中，还能得到胜利。四川的环境是困难，决不能因困难而不作科学的研究，否则太可惜了！要在困难中找容易，一步一步的做上去，自然会慢慢的征服了环境和困难，达到研究成功的境界。

第二是推广：推广对于社会是直接发生关系的。例如英国大科学赫胥黎，终身做高深的研究，对于社会的贡献很大，他所学的范围很广，如解剖学、生理学、人类学、古动物学、地质学，皆造诣精深，而哲学文学等也独成一派，他在英国文学界上占重要地位，英国教育的改革，也是受他的影响。他不但对于高深的研究非常努力，对于推广工作也很热心，他常在家中公开的向工人们讲科学常识，有一次讲的是"一段粉笔"，从这个很小的题目出发，一直谈到至精至微的地方，到现在还是一篇有名的文章。由此可以看出他的推广工作的责任了。19世纪的下叶，他不满英国的中古势力，意欲摧毁而革改之，故特别努力于科学之研究及推广。结果，使英国大学教育改进，使众议院无形中有不成文之宪法，即公务人员亦能富有科学常识，其学生 Wells 及其孙 Gulian Huxley 曾合著《生命科学》（*Science of Life*）一书，为供给英国社会上一般商人阅读，但内容及文字之深刻，就是中国受大学教育者尚不容易看懂，可知英国科学智识的水准很高，这都是赫胥黎推广的成功，所以为德法美诸国的科学家所效法。

至于中国的科学家，既不能做高深的研究，又不能做推广工作，对于社会毫无贡献，实在辜负了国家。余常以此自誓，并勉励同辈，告诫学生，想尽推广的责任。但是中国的环境，实在太坏，当开始演讲时，听的人很多，以后逐渐减少，这也是天然淘汰的现象，但我们也曾再三考虑，设法向社会上推广，才可以使科学智识灌到民间。我又记得赫胥黎幼年讲学的时候，先讲的是脑子，一般听众因不感兴趣，都昏昏入睡，只有一妇人精神贯注，似乎能懂得他所讲的，他认为只要有一个人懂得，也值得把科学推广给他，因此仍继续讲下，讲毕听众退散，但是那位妇人，非但不走，还去问他说："小脑究竟在头骨之外，抑在头骨之内？"这可说是赫胥黎平生遭遇到的最有趣的奇问，由这个情形看来，当时欧洲人的科学智识，也并不高深，可是经不得有人去推广，终有一日使科学智识会提高的。

我国的科学家，若具有研究和推广二种责任心，去为国家努力，久而久之，国家一定可以得到许多的好影响。第一是教育方面：英国的教育，因有赫胥黎而改善了，我国的教育，矛盾的地方，需要改善的地方很多，必须运用科学的方法和科学的精神施行科学教育，才可使一般人民的科学智识提高。第二是实业方面：对于实业，影响更大，因为实业上的技术人材，都需要科学智识，外国的技术人材，都是科学专家，有研究的能力，所以进步很快。其他如交通、经济、国防，莫不受到科学的影响。曾听人讲南京中央兵工厂内，专门研究化学的人有八个，而日本的军事方面，专门研究化学的有一千多人，相形之下，差得太远，以后的战争是科学的，凡衣食住行日用品以及军士的智识，都要科学化才行。意阿战争，阿国有天时地利和强悍的人民，但终于被意国消亡了，意国所以战胜的原因？全是科学的力量，意国的科学家很多，如发明无线电的马可尼等。我国士兵的科学智识太差，简直不能和外国相比，我国人因为缺乏科学智识，做出许多造孽的事情，最坏的习惯，是喜欢"坐享其成"，外国发明了汽车轮船火车飞机，我国拿钱去买，结果把金钱送到外国去了，科学也永远不会进步，单就汽油一项的消耗，就足以亡中国。我国也曾仿效他们去造船造枪炮，如上海兵工厂、马江船厂等，都有数十年的历史，可惜中国人太缺乏科学智识，不曾有一点进步，反而造出许多的罪恶，外国在这数十年间，不知有多少新的发明，日新月异，造成光辉璀璨的世界。

爱迪生是个发明家，他不但自己发明，而且还用科学方法培养出不少人材，他所培养的人材有两种：一种是培养大学教育家，如培养大学教授助教研究员等，专门从事于原理之研究，为发明家所借用。一种是直接参加发明工作的人员，培植青年助手，帮助他做发明的人，如福特（Ford）即系爱迪生培养而成的人材，他后来发明特种的汽车，至今有汽车大王之号。

我国从前也曾应用科学的原理，创办大规模的新式工厂，如汉阳铁厂、甘肃毛呢厂、上海招商局等，可是所有的技术事情，完全依赖外人，本国的人既无科学常识，又不肯尽心学习，就是有少数科学常识的人，也不继续研究，或以其所知推广于一般人士，结果，没有一个不遭很大的失败,中国人既已饱受了这些痛苦,应该大家快快觉悟,力矫前非!

我国正当多事之秋,内部空虚,外受强敌压迫,急宜设法来解除困难,我国要想和各国竞争,互相对立,只有在科学上努力。好在中国人口很多,人人都有天赋的创造能力,所以我们应当好好的利用这健全的头脑,向正当的途径上,走上科学的大路,努力奋斗,才有希望。曾有友人告我说:我国以前学化学的总有五千多人,以后放弃化学的就有四千多人,这个现象是不对的,是和科学精神相违背的,所以我们必须具有科学的五种精神,才能使中国的科学发达。

我国既没有宗教的压迫,人民思想很自由,又有天赋的才力,和统一的文字,以及悠久的历史,所以要使中国的科学发达,也是很有希望的。若科学家真正知道他们的责任,将来一定有很好的贡献,科学家的责任是什么?就是"研究"和"推广"!

——秉志:《科学家对于社会的责任》,《科学世界》1937 年第 7 期

### 4. 论科学

笔者按:《论科学》是能够较为全面反映秉志思想认识的文章之一。文中秉志对科学概念、科学方法、科学效用、科学救国途径等进行了言简意赅的阐述,一方面呼吁国家和社会大力提倡科学;另一方面号召科学家努力进行科学研究、开展科学普及、培养科学后备人才。

科学的范围很广。今天我只是概括的谈一谈。作一个科学的小引罢了。"科学"是我国现在所最急需的东西。他使着我们这老大的民族活泼起来,并能把他从贫穷危困的境地里挽救出来。这并不是理想。历史的事实却已如此地告诉我们了。我们现在果能集中力量来研究发展,不久的将来,国势定有可观的进步。

什么是科学呢?现在我们可以加一个界限,凡具有以下六个条件

的，都可以称之曰"科学"。1. 观察，凡遇到一个物体或一种现象，我们就详细的来审查审查他。2. 实验，像在实验室里，将某项物体放在试验的玻璃管里烧一烧，或加些别的东西，看看他们起些什么变化，诸如此类的方法，就称作实验。3. 比较，拿此物体与另一物体比一比，看看他们的大小轻重质量等有无相同或差别。4. 分类，就是将某种东西分门别类，有系统的分类出来，假如这里有两个虫子，就可以看一看他是属于甲类呢，或是属于乙类。如某种现象，亦可按其状态性质等，分为各类。5. 演绎，拿此类物体或事件，推定他种物体或事件，如几何学中之甲等于乙，乙等于丙，所以知道甲也等于丙。6. 证实，有某种原因，而后得了某项结果，若再以同样的原因试一试，看他能否还可以得到此类结果。又如计算一个问题，得出结果之后，再反证一下，看看所得的结果是否准确。凡具备以上六个条件的，就叫"科学"。

"科学"两个字，是由日本文中得来的，而日文又是从希腊文中得来的。希腊文中"科学"二字，本是分科的意思，仅占了以上六个条件中之分类一项，并没有包括了现在所谓科学的整个意义。如我国原用"格物致知"，也不能包括以上六个条件。迄今尚没有一个合适的名词，可以将整个意义代表出来。所以我们只得还是沿用着"科学"两个字。

"科学"与人民的生活，是有密切关系的，再进一步说，他与国家的强弱，也就有了密切的关系。请看我们日常生活中的衣食住行，样样都离不开"科学"。像电灯比油灯亮多了，汽车比牛车快多了，而电灯汽车是用科学方法制造的，油灯与牛车是不科学的。用科学方法制造的，就比较便利。不然就感觉笨拙。由此可以推知科学愈发达，人民的生活就愈舒适，而国家也就因之而愈富强。现在可以举个例子，世界上最强的国家，要推英国，而在科学上发明东西最多的，也以英国为最多，世界最富有的国家，首推美国，而美国之所以富，也正是由于他能吸收科学。像日本维新不过几十年的工夫，而因为能提倡"科学"，现在居然也成了强国，可知国家的强弱，与"科学"发达的程度，是成正比例的。

欧洲在中古黑暗时代,科学还没有发达,人民的生活痛苦极了。大部人民,都是佃农,一个星期里,他们要为地主(贵族)工作五天。另用一天,礼拜上帝,其余所剩的一天,才能为自己工作。假如两个地主起了纷争,双方的佃农,都要各为其主,战争流血。至于宗教上的黑暗,更是笔难尽述。又如百年战争、三十年战争、英伦的黑死病、大火等等灾害,更是我国人民所未遭遇受过的。岂知他们科学发达之后,人民生活就有了新的气象,将以往的痛苦,解除净尽。尤其是俄国革命之后,利用科学,数年之间,竟变成了富强的国家,而使我们望尘莫及了。所以说要想国家有出路有办法,非提倡科学不可。

以科学救中国有两条出路。一个是少数的科学家,努力发明,来为大多数的民众制造幸福,像美国的爱迪生,他一个人发明了电灯,而现在若干人得享其利。希望我国的科学家,努力研究,也出来若干爱迪生,以他们科学上的发明,来促进我国人民的生活。若是不幸失败,也不必灰心,仍须努力工作去,像美国发明飞机的人,最初是失败了,而别人再继续研究他研究下去,最终仍是成功了。现在世界上正待发明的东西很多,诸位科学家,很可努力作去。第二条出路,是将科学普及到民间去,他不但能改进人民的生活,同时尚可协助高深的科学前进。因为有科学天才的人极多,可惜多是被恶劣的环境泯没了。假如农间有科学天才的人,因受有普通科学知识的熏染,而发动了他那研究的兴趣,将来或者也可以成为大科学家。像美国的爱迪生,最初是个卖报的人,而最后却成了有名的科学家。这就是极好的例子,我国如果能将科学普及到民间去,一二十年之内,定可造成一番新气象。

——秉志:《论科学》,《合作讯》1935 年第 115 期

## 5. 科举与科学

笔者按:秉志早年曾孜孜不倦考取功名并成为晚清举人,后作为首

批庚款留学生中唯一具有"举人"功名的留学生赴美留学。但是随着科学熏陶和人生阅历的增加,秉志的思想发生转变,将"求真理"的科学精神与"为虚名"的科举时代人士的精神进行比较,并以此颇为深入地考察了部分科学家在留学期间和归国后精神状态产生差异的原因,呼吁作为科学家后备人才的初习科学者不要为虚名、为富贵利达求学问,而要为求真理、为造福人类求学问,终身企勉、不容怠懈。

为求真理而研究学问,与为虚名而求学问,其兴趣至不同也;为造福人类而求学问,与为富贵利达而求学问,其目的至不同也。兴趣目的之不同,故学人之精神遂分道而驰。一则终身以有,有朝闻道可以夕死之志,一则恃所学者为敲门砖,得其所欲,即中道而废。吾国一般人士以求科举之精神而从事科学者,无乃于后一说相类乎?当其在学校肄业,汲汲唯知较量每次考试分数之高下,以考第一名最优等毕业为莫大之荣。在国外大学从名师作专门之研究,其目的在得荣誉,得高等学位,勉强砥砺,冀博教授之称许。及其归国,以为所学者足以惊国人而有余,只欲得优美之位置,丰厚之报酬,以便一生吃着不尽,此与科举时代之灯窗辛苦,穷年咕哗,登第之后,即经史束阁,不复一观者,无以异也。以如此之精神,而欲其于困难之环境奋斗,为科学之研究,披荆斩棘,创造出路,岂可得乎?不幸此种人士,为数不甚少,科举之流弊,中人人心。科学在国内数十年间,上之不能有高深之贡献,下之不能普及于民众,大半坐是之故。前车既覆,后轸方遒。今日国内青年,从事科学者,望力戒前人之非。将科举时代人士之精神,涤荡廓清。为学问而求学问,不可兢兢然唯分数学位及一切虚荣之事务。尽心努力于格物致知,利用厚生之实学,为终身企勉之事业。一息尚存,不容怠懈。科学在国内庶绩有发展之希望,国家人民当深受其裨益也。

——骥千:《科举与科学》,《申报》1939年7月5日第2版

## 6. 花头怪

**笔者按**：秉志认为人民由于没有科学常识不免对自然环境中的各种现象产生误解从而滋生迷信，科学家在开展科学研究的同时还应该面向民众普及科学知识破除迷信。事实上秉志本身即是一名"业余科普作家"，仅在抗日战争期间，秉志科研工作受阻，化名"骥千"为《申报》《科学画报》的"科学聊斋"专栏撰稿，该文即为其中之一。文中秉志借助儿时巧遇"花头怪"的经历，阐明"科学之精神，在求真理"，凡遇一种现象无论如何奇突必寻究根底以求获得确实原因，呼吁民众寻求真理、破除迷信。

余儿时游玩，晚餐后辄往塾友某君家看戏，一夕，为雨所阻，倾盆不息，迄其势少杀，已夜半矣。乃忽遽返家，独行僻巷间，阒无人声，处处皆水所漫。余适着新履，俱泥污，将被母嗔。遂沿途之一边以进，旋至一大树下，枝叶密茂，受雨垂下坠，极阴森，倏见一物，其高不及人身之半，体灰色，头黑而有白斑，此物适当余路，近窥之，而时时蠕动。余惧甚，欲前不能，左水而右墙。急欲退，忽闻爆裂之声，余惊骇失声，蹈水而遁于途之对面。此物闻余奔呼声，乃起而言曰："汝何为乎"？余始知其人而非鬼也，询之，盖其人在树下大解，恐雨浸滴，以蓝巾蒙头，巾上有白花，身着白布夏衣，蹲于地上，而又在浓阴老树之下，骤视之颇疑以为怪。余又询以所作何声，而其解时所下气也。余惊吓之余，不禁为之粲然，而所着之新履，已泥涂斓漫矣。

世人所传鬼怪，皆以真象不明，遂笃信以为真也。以上所言，设当时其真像竟未大白，岂不最令人见信乎？科学之精神，在求真理，凡遇一种现象，无论如何奇突，必寻究根底，而得其确实之原因。此鬼神迷信之事，不能容于其间也。然犹有从事科学而不免迷信者，其浅薄可胜叹哉。

——骥千：《花头怪》，《科学画报》1940 年第 8 期

## 7. 秉志论著条目

秉志：《1960年元旦感言》，《科学报》1960年1月6日第2版。

秉志：《关于动物学的几个问题》，《科学》1960年第1期。

秉志：《达尔文〈物种由来〉的一世纪》，《科学》1959年第1期。

秉志：《祖国发展动物学的前瞻》，《动物学杂志》1957年第1期。

秉志：《绝不能容忍美国进行细菌战的罪行》，《解放日报》1952年5月7日第2版。

秉志：《国内生物学工作之展望》，《科学》1950年第12期。

秉志：《纪巴甫洛夫教授》，《科学》1949年第9期。

秉志：《群性改进说》，《南行》1949年第7期。

秉志：《训子女书（续）》，《南行》1949年第7期。

秉志：《章荣初先生行义纪念辞》，《社友通讯》1949年第91/92期。

秉志：《理想之大学教育》，《科学》1948年第9期。

秉志：《训子女书（续）》，《南行》1948年第5期。

秉志：《训子女书（续）》，《南行》1948年第4期。

秉志：《生物学与社会科学的关系》，《英士大学校刊》1948年第27期。

秉志：《生命之途径》，《科学》1947年第11期。

秉志：《科学头脑》，《科学画报》1947年第4期。

秉志：《物竞钩玄（三）：人为之竞争》，《读书通讯》1947年第144期。

秉志：《物竞钩玄（二）：人类之克服环境》，《读书通讯》1947年第143期。

秉志：《物竞钩玄（一）》，《读书通讯》1947年第142期。

秉志：《科学与国运》，《南行》1947年第3期。

秉志：《立国之二元素（续）》，《南行》1947年第3期。

秉志：《训子女书（续）》，《南行》1947年第3期。

秉志：《立国之二元素（续）》，《南行》1947年第2期。

秉志：《训子女书：居家第一（续）》，《南行》1947 年第 2 期。

秉志：《行知先生悼辞》，《生活教育通讯》1947 年 7 月 24 日第 4 版。

秉志：《戢辞》，《中仪新声》1947 年第 1 期。

秉志：《赠中大毕业诸生》，《国立中央大学校刊》1947 年第 14 期。

秉志：《关于民族之进化》，《中国建设》1947 年第 2 期。

秉志：《科学教育刍议（续）》，《读书通讯》1946 年第 121 期。

秉志：《科学教育刍议》，《读书通讯》1946 年第 120 期。

秉志：《大学教育之生物学》，《读书通讯》1946 年第 118 期。

秉志：《科学研究之需要》，《读书通讯》1946 年第 114 期。

秉志：《极乐世界》，《科学画报》1946 年第 5 期。

秉志：《富人之保险》，《科学画报》1946 年第 4 期。

秉志：《发刊词》，《南行》1946 年第 1 期。

秉志：《进化之正轨》，《南行》1946 年第 1 期。

秉志：《训子女书》，《南行》1946 年第 1 期。

秉志：《急切之需要》，《罗汉菜》1946 年第 50 期。

秉志：《专才培养论》，《中国建设》1946 年第 5 期。

秉志：《进化论之真义》，《理论与自由》1946 年第 3 期。

秉志：《人类身心后期之发展》，《昌言》1946 年第 6 期。

秉志：《读"美国文化在中国"感言》，《大公报》1960 年 6 月 18 日第 2 版。

秉志：《科学呼声》，中国科学图书仪器公司 1946 年版。

秉志：《生物学与民族复兴》，中国文化服务社 1946 年版。

秉志：《生活贫苦者所宜法》，《科学画报》1946 年第 3 期。

秉志：《生活饶裕者所宜取法》，《科学画报》1946 年第 2 期。

秉志：《科学失败中之成功》，《科学画报》1945 年第 1 期。

秉志：《青年与科学》，《平论半月刊》1945 年第 4 期。

秉志：《关于教育之三点》，《平论半月刊》1945 年第 3 期。

秉志：《食的问题：糙米运动》，《新语》1945 年第 3 期。

秉志：《推进一步》，《民主》1945 年第 3 期。

秉志：《怎样研究生物学》，《读书通讯》1942 年第 38 期。

秉志：《竞存论略》，开明书店 1940 年版。

秉志：《动物与人生（续）》，《申报》1938 年 12 月 17 日第 7 版。

秉志：《动物与人生》，《申报》1938 年 12 月 16 日第 8 版。

秉志：《悼葛霖满先生》，《科学》1937 年第 8 期。

秉志：《生物学与民生问题》，《科学》1937 年第 7 期。

秉志：《如何利用国内之科学家》，《科学画报》1937 年第 3 期。

秉志：《生物学与近代文化》，《图书展望》1937 年第 9/10 期。

秉志：《抗战中之平民教育》，《大公报》1937 年 12 月 19 日第 1 版。

秉志：《战事科学家之责任》，《大公报》1937 年 10 月 24 日第 1 版。

秉志：《科学与国内之青年》，《大公报》1937 年 6 月 20 日第 2 版。

秉志：《动物之竞存》，《科学》1936 年第 10 期。

秉志：《谢泒成传》，《国风》1936 年第 11 期。

秉志：《河南动物志序》，《国风》1936 年第 3 期。

秉志：《奇特可怜之现象》，《海王》1936 年第 10 期。

秉志：《急务耶不急之务耶》，《海王》1936 年第 4 期。

秉志：《国家观念与国防》，《大公报》1937 年 12 月 1 日第 3 版。

秉志：《科学精神与国家命运》，《大公报》1936 年 8 月 9 日第 2 版。

秉志：《西北生物调查之需要》，《大公报》1936 年 6 月 14 日第 3 版。

秉志：《关于国防之三点》，《大公报》1936 年 5 月 17 日第 2 版。

秉志：《国难时期之科学家》，《大公报》1936 年 4 月 3 日第 4 版。

秉志：《民性改造论》，《大公报》1936 年 1 月 21 日第 2 版。

秉志：《科学与民族复兴》，《科学》1935 年第 3 期。

秉志：《论科学（续）》，《海王》1935 年第 116 期。

秉志：《论科学（未完）》，《海王》1935 年第 115 期。

## 附 录

秉志：《儿歌：今年要比去年好》，《小朋友》1935 年第 12 期。

秉志：《彻底之觉悟》，《大公报》1935 年 8 月 29 日第 3 版。

秉志：《所望于科学同人者》，《大公报》1935 年 4 月 12 日第 4 版。

秉志：《青年的健康问题之响应（续）》，《大公报》1935 年 2 月 13 日第 3 版。

秉志：《青年的健康问题之响应》，《大公报》1935 年 2 月 12 日第 3 版。

秉志：《科学精神之影响》，《中央日报》1935 年 9 月 28 日第 8 版。

秉志：《科学与女子教育》，《科学》1934 年第 6 期。

秉志：《动物天演之一瞥》，《科学》1934 年第 5 期。

秉志：《科学在中国之将来》，《科学》1934 年第 3 期。

秉志：《长江下游动物之分布》，《科学》1934 年第 2 期。

秉志：《吾国科学发展之障碍》，《科学画报》1934 年第 7 期。

秉志：《科学三点》，《科学画报》1934 年第 21 期。

秉志：《动物学与人生》，《科学》1933 年第 5 期。

秉志：《生物学发达史略》，《科学》1933 年第 4 期。

秉志：《动物学之研究基础》，《国风》1933 年第 9 期。

秉志：《科学与国力》，《科学》1932 年第 7 期。

秉志：《人类天演之问题》，《科学》1931 年第 4 期。

秉志：《动物学研究之趋势》，《学艺》1931 年第 4 期。

秉志：《生物学与小学教育》，《师范生》1931 年第 11 期。

秉志：《国内生物科学近年来之进展》，《东方杂志》1931 年第 13 期。

秉志：《中文之双名制》，《科学》1926 年第 10 期。

秉志：《生物学与大学教育》，《科学》1926 年第 2 期。

秉志：《赫胥黎》，《科学》1925 年第 10 期。

秉志：《天演现象之窥测》，《科学》1925 年第 12 期。

秉志：《外斯门事略》，《科学》1923 年第 5 期。

秉志：《倡设海滨生物实验所说》，《科学》1923 年第 3 期。

秉志：《介绍昆虫学名家》，《科学》1923 年第 1 期。

秉志：《杜里舒生机哲学论》，《东方杂志》1923 年第 8 期。

秉志：《人类与动物》，《科学》1922 年第 12 期。

秉志：《生物学与女子教育》，《科学》1922 年第 11 期。

秉志：《人类之天演》，《科学》1922 年第 9 期。

秉志：《自然学之价值与方法》，《科学》1922 年第 1 期。

秉志：《辛酉夏季采集动物标本记事》，《科学》1922 年第 1 期。

秉志：《动物学讲习法》，《新教育》1922 年第 5 期。

秉志：《生物学与社会学之关系》，《科学》1921 年第 10 期。

秉志：《动物与天演》，《科学》1921 年第 7 期。

秉志：《美国韦斯特生物学研究所报告》，《教育杂志》1920 年第 7 期。

秉志：《养马》，《科学》1917 年第 6 期。

秉志：《古今生物学名人考》，《科学》1916 年第 9 期。

秉志：《说蚌》，《科学》1916 年第 8 期。

秉志：《虫害》，《科学》1916 年第 6 期。

秉志：《细胞分裂论》，《科学》1916 年第 5 期。

秉志：《昆虫发达论》，《科学》1916 年第 2 期。

秉志：《疟蚊（续前期）》，《科学》1916 年第 1 期。

秉志：《疟蚊（续前）》，《科学》1915 年第 12 期。

秉志：《疟蚊（未完）》，《科学》1915 年第 11 期。

秉志：《种树（二）》，《科学》1915 年第 10 期。

秉志：《种树（一）》，《科学》1915 年第 9 期。

秉志：《说树》，《科学》1915 年第 8 期。

秉志：《细胞原理之由来害》，《科学》1915 年第 7 期。

秉志：《达尔文动植畜养论（三）》，《科学》1915 年第 6 期。

秉志：《军事上医学之功用》，《科学》1915 年第 5 期。

秉志：《昆虫》，《科学》1915 年第 5 期。

秉志：《军事上医学之功用（未完）》，《科学》1915 年第 4 期。

秉志：《达尔文动植畜养论（二）》，《科学》1915 年第 3 期。

秉志：《达尔文动植畜养论（一）》，《科学》1915 年第 2 期。

秉志：《生物学概论》，《科学》1915 年第 1 期。

秉农山：《科学家对于社会的责任》，《科学世界》1937 年第 7 期。

秉农山：《科学与中国》，中国科学化运动协会北平分会 1936 年版。

秉农山：《中国生物学之现状》，《科学教育》1934 年第 3 期。

秉农山：《生物学研究之基础》，《学艺》1933 年第 6 期。

秉农山：《研究长江流域动物之建议》，《科学》1933 年第 11 期。

翟无衣：《科学聊斋（一续）》，《知识与趣味》1940 年第 3 期。

翟无衣：《科学聊斋》，《知识与趣味》1940 年第 1/2 期。

伏枥：《科学家的制造环境》，《科学画报》1945 年第 9 期。

伏枥：《科学家之慈善事业》，《科学画报》1945 年第 8 期。

伏枥：《中国先哲之科学方法》，《科学画报》1945 年第 7 期。

伏枥：《中国文字之科学性质》，《科学画报》1945 年第 6 期。

伏枥：《易经之天演论》，《科学画报》1945 年第 5 期。

伏枥：《科学之德育》，《科学画报》1945 年第 4 期。

伏枥：《最经济的科学推广法》，《科学画报》1945 年第 3 期。

伏枥：《反科学》，《科学画报》1945 年第 2 期。

伏枥：《反科学》，《科学之罪人》1945 年第 1 期。

伏枥：《科学之功臣》，《科学画报》1944 年第 12 期。

伏枥：《科学备荒》，《科学画报》1944 年第 11 期。

伏枥：《科学消遣》，《科学画报》1944 年第 10 期。

伏枥：《科学生活》，《科学画报》1944 年第 9 期。

伏枥：《科学进种》，《科学画报》1944 年第 7/8 期。

伏枥：《业余科学》，《科学画报》1944 年第 6 期。

伏枥：《农民科学》，《科学画报》1944 年第 5 期。

伏枥：《工人科学》，《科学画报》1943 年第 4 期。

伏枥：《妇女科学》，《科学画报》1943 年第 3 期。

伏枥：《儿童科学》，《科学画报》1943 年第 2 期。

伏枥：《合作之天演》，《学林》1941 年第 6 期。

伏枥：《生物之化学观》，《学林》1941 年第 4 期。

伏枥：《生命与生存》，《学林》1940 年第 2 期。

骥千：《普及教育与科学》，《科学画报》1942 年第 12 期。

骥千：《动物之慈幼》，《科学画报》1941 年第 9 期。

骥千：《人类之演进（三）》，《科学画报》1941 年第 8 期。

骥千：《人类之演进（二）》，《科学画报》1941 年第 7 期。

骥千：《科学聊斋：固圉》，《科学画报》1941 年第 7 期。

骥千：《人类之演进（一）》，《科学画报》1941 年第 6 期。

骥千：《科学家之长寿与大器晚成》，《科学》1940 年第 4 期。

骥千：《科学与青年》，《科学》1940 年第 2 期。

骥千：《科学聊斋：发愤为雌》，《科学画报》1940 年第 6 期。

骥千：《殷鉴不远》，《科学画报》1940 年第 4 期。

骥千：《乩师》，《科学画报》1940 年第 3 期。

骥千：《科学聊斋：白手绢（附图）》，《科学画报》1940 年第 1 期。

骥千：《同仇》，《科学画报》1940 年第 8 期。

骥千：《科学聊斋：党将军·花头怪·日蚀月蚀》，《科学画报》1940 年第 8 期。

骥千：《科学聊斋：地儿·鬼声》，《科学画报》1939 年第 6 期。

骥千：《自力更生》，《科学画报》1939 年第 4 期。

骥千：《科学聊斋：鬼声》，《申报》1939 年 7 月 26 日第 2 版。

骥千：《改良社会之先锋》，《申报》1939 年 7 月 19 日第 2 版。

骥千：《科学聊斋：虎威》，《申报》1939 年 7 月 12 日第 2 版。

骥千：《科举与科学》，《申报》1939 年 7 月 5 日第 2 版。

骥千：《全体之认识》，《申报》1939 年 6 月 28 日第 2 版。

骥千：《动物与空间》，《申报》1939 年 6 月 21 日第 2 版。

骥千：《提高与推广》，《申报》1939 年 6 月 14 日第 2 版。

骥千：《科学家之大器晚成》，《申报》1939 年 5 月 24 日第 2 版。

骥千：《一误岂可再误》，《申报》1939 年 4 月 19 日第 2 版。

骥千：《科学家之长寿》，《申报》1939 年 5 月 17 日第 2 版。

骥千：《蚊虫猛于虎》，《申报》1939 年 4 月 12 日第 2 版。

骥千：《科学与富有之青年》，《申报》1939 年 4 月 26 日第 2 版。

骥千：《科学与穷苦青年》，《申报》1939 年 4 月 5 日第 2 版。

骥千：《科学聊斋：大王、将军、咬狐》，《申报》1939 年 3 月 22 日第 2 版。

骥千：《寒气之功》，《申报》1939 年 3 月 15 日第 2 版。

骥千：《科学聊斋：襄蝗、梦鱼、鲸腹余生》，《申报》1939 年 3 月 8 日第 2 版。

骥千：《科学聊斋：黑矿、大老妖、蛙类》，《申报》1939 年 2 月 22 日第 2 版。

骥千：《"科学与人生"发刊辞》，《申报》1939 年 2 月 1 日第 2 版。

夷：《科学教师所宜注意者（一）》，《科学画报》1942 年第 1 期。

夷：《科学教师所宜注意者（二）》，《科学画报》1942 年第 2 期。

夷：《科学教师所宜注意者（三）》，《科学画报》1942 年第 3 期。

夷：《科学教师所宜注意者（四）》，《科学画报》1942 年第 4 期。

夷：《科学教师所宜注意者（五）》，《科学画报》1942 年第 5 期。

夷：《科学教师所宜注意者（六）》，《科学画报》1942 年第 6 期。

夷：《科学教师所宜注意者（七）》，《科学画报》1942 年第 7 期。

夷：《青年之科学进修问题（一）》，《科学画报》1942 年第 9 期。

夷：《青年之科学进修问题（二）》，《科学画报》1942 年第 10 期。

夷：《青年之科学进修问题（三）》，《科学画报》1942 年第 11 期。

夷：《青年之科学进修问题（四）》，《科学画报》1942 年第 12 期。

# 后 记

如何有效引导科学家处理好科学技术与社会发展关系的讨论由来已久。默里（Murray G.）认为："人们可以粗略地说物质的东西被更换了，但不能说精神的东西被更换了。或者，可以说被看作是成就的每一个事物能够说被更换了，但对于被看成是生命的东西却不能这样说。"① 科学创造的物质可以被替换，而科学本身呈现的精神却不能被替代，科学本身所体现的精神往往在作为科学研究实践主体的科学家身上表现更为明显。就精神的动力效用而言，精神的动力作用是客观的，恩格斯认为"就单个人来说，他的行动的一切动力，都一定要通过他的头脑，一定要转变为他的意志的动机，才能使他行动起来"②；就精神的约束效用而言，20 世纪 40 年代，默顿首次在范式意义上系统论述了"科学的精神气质"，指出"科学的精神特质是指约束科学家的有情感色彩的价值观和规范的综合体。这些规范以规定、禁止、偏好和许可的方式表达。它们借助于制度性价值而合法化"③。跨越百年，尽管科学、技术与社会的相互作用日益加深，以科学家个人或科学小组为主体独立进行科学研究的小科学建制逐渐向大科学建制转变，但其思想实质及许多基

---

① ［美］乔治·萨顿：《科学史和新人文主义》，陈恒六、刘兵、仲维光译，上海交通大学出版社 2007 年版，第 4 页。
② ［德］弗里德里希·恩格斯：《路德维希·费尔巴哈和德国古典哲学的终结》，中共中央马克思恩格斯列宁斯大林著作编译局编译，人民出版社 2018 年版，第 48 页。
③ ［美］默顿：《科学社会学（上）》，鲁旭东、林聚任译，商务印书馆 2003 年版，第 363 页。

# 后 记

本观点对于引导科学家研究和应用科学依然具有指导意义。

"所谓东海有圣人，西海有圣人。此心同，此理同乎。"包括秉志在内的中国第一代职业科学家登上历史舞台肇始就体现出科学救国的价值取向，为达到这一目的，希望通过精神力量克服科学发展困境，通过规范科学家精神气质实现发展科学、科学救国目的。抗日战争结束后，秉志认为，"吾国今日所患者，即是无大科学家。而真正之科学家，有伟大之精神者，为数亦甚少，远不能与科学先进之国家，同日而语"。在科技工作者的努力下我国科技事业取得长足发展和进步，同时存在关键核心技术短板突出、原始创新性不强等问题，破解这一矛盾需要科技工作者思考和回应"怎样开展科学"和"为谁开展科学"问题。而其"科学家之精神"思想，即是在特定时代对这些问题的具体回应。

本书是我在中国科学技术大学攻读博士学位期间的研究选题，主要观点和内容源自博士学位论文。在攻读博士学位期间，导师史玉民教授给予我悉心指导和学术支持，对本书的关键内容提出了宝贵的意见和建议，在研究方向和写作架构上给予了全力支持，向史玉民教授表示由衷的感谢。感谢中国科学技术大学徐飞教授、孔燕教授，中国科学院动物研究所姜秉国老师、王雅男老师、成烨老师，中国科学院庐山植物园胡宗刚研究员，中国科学院大学方新研究员，宁波诺丁汉大学曹聪教授，北京科技大学潜伟教授，南京林业大学薛桂波教授，安徽大学张能为教授、陈发俊教授，中国人民大学王伯鲁教授对我博士学位论文撰写给予的帮助和指导。本书得以付梓，得到西南科技大学蒋志强教授、陈清贵教授、蒋道平教授、顾倩副教授、李群山教授、朱光良博士、刘霞老师等师长和同人的大力支持，在此一并表示真挚的感谢！由于笔者才疏学浅，书中错误和疏漏在所难免，望专家、同人和读者批评指正。

秉志先生说："人之一生，其成就之大小，固未能必。然专心一志，以为利国利民之资，终能建设不少成绩也。"仅以此自勉。

孙炜

2024 年 10 月